巴菲特終生推崇的啟蒙導師
「只要讀過他的書，沒有人會淪為窮人」

葛拉漢
永恆的投資智慧

喬・卡蘭 *Joe Carlen* 著｜黃怡芳 譯

THE EINSTEIN OF MONEY

The Life and Timeless Financial Wisdom of Benjamin Graham

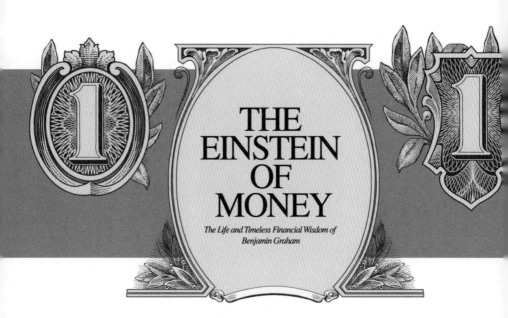

【作者簡介】

——喬・卡蘭（Joe Carlen）

匹茲堡大學（University of Pittsburgh）商業管理及卡內基美隆大學（Carnegie Mellon University）系統管理雙碩士。

策略顧問公司「市場先探公司」（Know Thy Market, LLC）共同創辦人暨首席市場分析師；商業類傳記《從救生員到防曬大王》（*From Lifeguard to Sun King*）的共同作者（與「香蕉船公司」〔Banana Boat〕創辦人羅勃特・貝爾〔Robert Bell〕合著），為《華爾街日報》企管類暢銷書。

【譯者簡介】

——黃怡芳

國立台灣大學圖書資訊系畢業，美國紐約市立大學企業管理碩士（MBA），主修市場行銷學，曾任職於外商科技及資產管理公司，目前專職從事翻譯與行銷專案工作。譯作包括：《2秒優勢力》《但願我18歲就懂的成功學》《總裁座上賓》《9堂課，做自己的財務顧問》等書。

目錄

目錄

目錄

【致謝】

首先，我要感謝我的父母彼得（Peter）和莎拉（Sarah），還有兄弟艾默斯（Amos）。其次，我要謝謝普羅米修斯圖書公司（Prometheus Books）的總編輯米契爾（Steven L. Mitchell），感謝他及普羅米修斯其他工作人員的慧眼獨具，肯定出版班傑明・葛拉漢當代傳記的價值，並給予編務上的支持。同時，也要感謝麥瑪漢（Brian McMahon）、麥錫克（Jill Maxick）、羅伯特艾伯（Catherine Roberts-Abel）、雪佛納（Melissa Shofner）、巴拉德（Jade Zora Ballard）、麥可斯基（Lisa Michalski），及普羅米修斯圖書公司全體同仁，對這次出版計畫的種種協助。承蒙加州大學聖地牙哥分校——成人教育部國際學生商業課程經理佛拉那根（Mindy Flanagan）的支持，大力促成帕克（Jisun Park）、西澤由美（Yumi Nishizawa）和克麗斯汀（Christine Xie）的實習機會，本書的研究工作，獲得以上幾位學生的協助，特別是有些最新的投資案例，都得歸功於帕克女士的居中幫忙。謝謝該課程另外一位實習生加藤由紀（Yuki Kato），支援本書的推廣工作。

感謝華倫・巴菲特（Warren Buffett）給予訪談機會，分享他對「班老」的寶貴見解——班傑明至今仍被巴菲特奉為他的首席商業／投資導師，也是深受巴菲特敬重與愛戴的摯友。我也要向巴菲特先生的兒子，也是備受讚譽的音樂家，表達謝意，能結識他的父親，彼得・巴菲特（Peter Buffett）的穿針引線功不可沒。此外，也深深感激葛拉漢的一對兒女——小葛拉漢醫生（Benjamin Graham Jr.）和已故的瑪喬里（Marjorie Graham Janis）——他們毫不吝惜地撥冗接受我的訪談，小葛拉漢醫生更提供了一些傑出人士的訪談聯絡資料及家族照片。瑪喬里的女兒夏綠蒂・瑞特（Charlotte Reiter），和夏綠蒂的表妹赫塞爾提（Pi Heseltine）——葛拉漢的另一個孫女，貢獻了非常精彩的觀點和照片，我對此感激不盡。

我也要特別感謝其他和葛拉漢有私交及工作關係的夥伴，與我分享他們對葛拉漢的回憶：查爾斯・布蘭帝（Charles Brandes）、厄文・卡恩（Irving Kahn）、湯瑪士・卡恩（Thomas Kahn）、漢柏格醫師（Dr. Robert Hamburger）及其夫人索尼亞（Sonia）、已故的薩奈特醫生（Dr. Bernie Sarnat）及其夫人羅達（Rhoda）、加州大學洛杉磯分校商研所已故的魏斯頓教授（Professor Fred Weston）。他們的訪談內容，平添了更精彩的細節和小故事，讓我們得以一窺葛拉漢的高超智識和古怪性格。

我也要感謝其他幾位接受本書訪問的卓越價值投資人及學者，包括馬克・羅素（Mark Russo）、派特・道西（Pat Dorsey）、羅爾教授（Professor Richard Roll）、卡恩（Andrew

Kahn）、鶴尾光伸（Mitsunobo Tsuruo）、青木秀幸（Hideyuki Aoki）、海格斯壯（Robert Hagstrom）、波列特（David Poulet）及摩諾（Raphael Moreau）。大多數的訪問，都是經由聲譽卓著的巴菲特／波克夏專家麥爾斯（Robert Miles），藉「二〇一一年價值型投資人會議」（2011 Value Investor Conference）的策畫一手促成的。

此外，我也要感謝我的朋友和同事：貝爾（Robert Bell）、史汀森（Nathan Stinson）、帝芬布朗（Jeremy Tiefenbrun）、荷姆（David Kanoa Helms）、威靈默（Russ Weinzimmer）、布維（Hannah Bui）、黎魯托（Max Rizzuto）、伊斯納（Simon Eisner）、弗萊赫提（Tom Flaherty）、弗萊爾（John Friar）、依登（Ieden）及華爾（Harlan Wall、戴維斯（Jon Davis）、舒爾曼（Elizabeth Shulman）、赫爾（Ron Hall）、懷特邁爾（Lynn Whitmire）、希爾（Cheri Hill）、安德魯（Mary Anne Andrews）、弗南德茲（Sergio Fernandez）、庫瑪（Shefali Kumar）、麥森爵（Karen Messenger）、威茲曼（Michael Weitzman），和已故的里奧納（Eric Leonard）。我也要向鮑伯叔叔（Bob）、莫妮卡阿姨（Monica）、伊蓮阿姨（Eliane）、馬克與珍妮佛（Mark and Jennifer）、艾爾與達芬（Al and Daphne），和其他家族成員致謝。另外，感謝史卡東尼（Frank Scatoni）的力挺，勉勵我努力完成葛拉漢的當代傳記。最後，但絕對更重要的是，我要感謝班傑明．葛拉漢本人，感謝他留給世人一個非凡的流風遺澤，「富裕」了我們的投資智慧與人性洞察力。

【各界讚譽】

此書強化愈低風險的有價證券，享有愈高潛在報酬的邏輯思考。從了解葛拉漢的生長、學習、思考過程，是一趟豐收的價值投資之旅。

——郭恭克

鉅豐財經資訊執行長

班傑明・葛拉漢這位在效率市場假說提出的數十年前，便徹底戳破其漏洞的人物，關於他的生平事蹟，文獻記載的數量實在太少！本書詳盡介紹葛拉漢及其思想，為投資人帶來真正的福音。書中傳遞的重要訊息，絕不容錯過。

——霍華・馬克斯（Howard Marks）

橡樹資本管理公司（Oaktree Capital Management）董事長，

著有《有關投資與人生最重要的事》（*The Most Important Thing*）

班傑明・葛拉漢傳授的智慧，經得起時間的千錘百鍊。喬・卡蘭以其睿智的眼光發現這點，並將我們的注意力，傾注於吾師的教學和人生故事。

——厄文・卡恩（Irving Kahn）

特許財務分析師暨卡恩兄弟集團（Kahn Brothers Group, Inc）董事長

本書研究詳盡，為葛拉漢這位價值投資之父增添了許多精彩的個人敘述。此書也針對葛拉漢提出的重要而基本的投資原理，進行了充分討論。

——查爾斯・布蘭帝（Charles H. Brandes）

布蘭帝投資夥伴公司（Brandes Investment Partners, LP）董事長

讀到喬・卡蘭這本關於班傑明・葛拉漢（和我同名）的書令我無比振奮。它使我想起，若是不了解葛拉漢的成就，一個人不可能成為「智慧型投資人」。

——湯瑪士・葛拉漢・卡恩（Thomas Graham Kahn）

特許財務分析師暨卡恩兄弟集團（Kahn Brothers Group, Inc）總裁

【推薦文】耐心等待出手，仍是最後贏家

美國特許財務分析師（CFA），財金博士，政大財務管理學系副教授　吳啟銘

由於多年來在政治大學講授企業評價與個人理財，對巴菲特的價值投資哲學相當認同，也了解到葛拉漢身為巴菲特的老師，對巴菲特的投資思維影響很大。再加上身為CFA，本人也了解葛拉漢對發起推動證券分析專業有很大的貢獻。因此，十分樂意為商周出版《葛拉漢永恆的投資智慧》一書寫推薦文。

近年來，不論是美國次級房貸的泡沫使全球最大保險公司AIG近乎破產，對金磚四國股市追高後的重挫，太陽能產業的由盛而衰等等，這些使不少投資人受傷慘重的事件，皆出自於盲目的一窩蜂，也讓人更加確認，唯有「價值投資」才能確保長期高報酬與低風險。希望本書有助於國內投資人透過葛拉漢的投資思維，強化自己對價值的深刻理解，避免犯了一味追隨市場，追高殺低的錯誤。

本書給我最大的啟示有三：

一、追求富有、避免財務困境的強烈動機，是積極追尋理財成功的最大力量。

葛拉漢家道中落，獨自背負重振家庭經濟榮耀的負擔，而身為東歐猶太人，卻想在美國華爾街建立社會地位的自卑感，讓他在哥倫比亞大學就學期間，積極打工的同時，也渴於追求各項知識。畢業後，為了追求高薪，他不惜放棄喜愛的大學教職（教語言學），投入從未接觸的華爾街工作；為了賺更多錢，寧可自創公司去面對股東的壓力，寧願冒風險當合夥人，以求成功後的更多分紅。

這種從小就積極打工賺錢，又不放棄學業的精神，確實與巴菲特非常相似。此外，葛拉漢因專注投資工作而輕忽了對家人的關懷，導致家庭婚姻不圓滿，也與巴菲特有類似之處。雖說偏執可成就偉大，但多少是要付出代價的。

二、提出簡易的價值評估方法，便可獲利。

早期華爾街投資人只看股價等市場資訊作交易，缺乏完整的公司資訊，也不流行透過財務分析的基本面分析；葛拉漢應是最早提出調整股價淨值法（Adjusted Price to Book Value）的人。

當時，葛拉漢發現不少每股營運資金（含現金、存貨、應收款，扣掉負債）小於股價的股票，現在看來，價位如此便宜的機會，幾乎不可能。也證明股票市場對價值的無知，使葛拉漢用簡易的價值評估方法便可賺錢，然而，一旦人們起而仿效，此方法也就不容易找到標的了。

巴菲特在早期的投資選股也是追隨葛拉漢，因而賺到第一桶金。但此評價方法忽略了企業的未來成長價值，且找不到太多投資機會，因此，巴菲特後期轉向投資偉大卓越企業，才得以維持高投資報酬率。不過，葛拉漢提出的安全邊際思維，以及看穿會計舞弊的簡易財務比率公式等等，在那個時代是很大的創見，現在看來，更可算是基本分析的先驅。

實際上，現今市場仍存在假財報事件，而過度追逐成長股的偏誤行為及市場的不理性，也與葛拉漢所處時代並無不同。葛拉漢的著作《證券分析》一出新版，自己也會有昨是今非，對自己前版看法的批判與否定，這正是證券分析師追求真理的珍貴特質。

三、滾雪球的人生，愈滾愈大。

毋庸置疑地，葛拉漢多才多藝的聰慧，嚴守「受人之託，忠人之事」的專業道德紀律，以及言無不盡、誨人不倦的大器特質，贏得他的老師、學生與社會顯貴的信賴，也因而得到不少貴人提攜。此外，不少學生（包括巴菲特及眾多知名基金經理人）的口碑效應，也是其受人尊敬的原因。人生態度的認真嚴謹（除了感情生活），讓他到了晚年，聲望像滾雪球般，愈滾愈大，又是另一個與巴菲特相像之處。

《葛拉漢永恆的投資智慧》讓人了解，一位可敬的投資先驅的形成，自有其時空環境與人格特質因素，雖然有些是無法複製的，但仍有不少地方是值得我們去學習的。

投資紀律強調的是「寧可錯失機會，也不在偏高的價位投資不當的標的」，正如葛拉漢的價值投資哲學強調的「低風險便等於高報酬」，這種機會或許不多，但耐心等待出手，仍是最後贏家；其學生巴菲特便是最好的印證。

【前言】華爾街院長的膽識與智慧

根據二〇一一年《富比世》（*Forbes*）公布的全球富豪排行榜，卡洛斯・史林姆（Carlos Slim）位居第一，比爾・蓋茲（Bill Gates）居次，巴菲特名列第三。本書的主角班傑明・葛拉漢（Benjamin Graham），被巴菲特本人及研究巴菲特現象的學者，喻為對他的投資法則影響最深遠的人物；尤有甚者，巴菲特能獲得有史以來最偉大投資家的成就，葛拉漢絕對居功甚偉。不過，雖然比爾・蓋茲直到一九九三年才閱讀葛拉漢的《智慧型股票投資人》（*The Intelligent Investor*）一書，但其實蓋茲在那之前早已久慕葛拉漢的大名。至於卡洛斯・史林姆這位墨西哥裔的世界首富，也經常提到自己不僅崇拜巴菲特，更對巴菲特的恩師——葛拉漢的著作敬佩不已。

巴菲特曾用其獨特的平淡口吻說道：「只要讀過葛拉漢的書，沒有人會淪為窮人。」確是至理名言！所幸，儘管葛拉漢本人已過世超過三十五年，但是他在自己博大精深的著作中發展出來的創富引擎，並沒有被當今稱霸《富比世》億萬富豪榜的三巨頭所埋沒。現代的投資圈，長期注意到葛拉漢對投資策略的影響力：「金融界的天才」、「投資傳奇」、「價值派大師」、「價值型投資人的開山鼻祖」、「二十世紀的頂尖金融大腦」、「價值投資權威」，這些全都是《紐約時報》（*New York Times*）、《華爾街日報》（*Wall Street Journal*）、《彭博美國商業週刊》（*Bloomberg Businessweek*）、《吉普林雜誌》（*Kiplinger's*）和《英國金融時報》（*Financial Times*）描述葛拉漢的措詞。值得注意的是，這些封號是引述自二〇〇五年至二〇一一年的文章，文中記述葛拉漢大約於一百年前（西元一九一四年）展開華爾街生涯，並於西元一九五六年畫下句點的事蹟。

更具體來說，許多世界頂尖的基金經理人，不分古今，都和葛拉漢創立的「價值」投資學派有直接關係。除了巴菲特之外，還包括布蘭帝和厄文・卡恩之流的人物（這兩位都是和葛拉漢有私交、成就非凡且仍然活躍的價值型基金經理人）、蓋伯里（Mario Gabelli）、約翰・柏格（John Bogle），及許多近來竄起的價值投資門徒，都留下數十年來基金績效持續大幅領先大盤的輝煌紀錄。魯安（Bill Ruane）和華特・許羅斯（Walter Schloss）也是價值投資學派的代表——兩位都是葛拉漢迷，在葛拉漢後半時期的人生，和他們的投資導師有相當多的個人接觸，各自操盤基金的績效表現也極具傳奇色彩。而且，就跟巴菲特一樣，他們將自己大部分的成就，歸功於葛拉漢。

這項了不起的投資法則，其創始人生於十九世紀英國維多利亞時期，八十二年後卒於法國；出生的本名是班傑明・葛拉斯本（Benjamin Grossbaum），在廚具進口商的猶太人家族中排行老三，以班傑明・葛拉漢——「華爾街院長」的名號辭世。

和當時及我們這個年代的股市投機客不同，葛拉漢同時具備了膽識和智慧，發明更理性和可靠的選股基礎。葛拉漢將嚴謹的學術紀律，帶進經常充斥「欺騙手法」的華爾街股市及交易系統，構思出一個健全的投資選股機制，而且和絕大多數的投資方法大不相同，他創造的投資法則，從創立至今八十餘年，仍然可以創造獲利績效。葛拉漢投資法的長遠影響力，在內布拉斯加州奧瑪哈市（Omaha, Nebraska）舉行的「二〇一一年價值型投資人會議」最能看得出來。這個會議的舉辦時間，通常是巴菲特旗下波克夏公司召開年度股東大會前幾天。

參加「價值型投資人會議」的基金經理人、演說者和與會者，不管是聲望或是其多元背景，都是大有來頭。有些演講人的專長是全球價值投資，有些則專注於特定類型的國內價值投資。至於與會的基金經理人，他們來自全球各個角落，從二十五歲到七十幾歲都有。其中，有年輕一代的傑出價值投資者，例如著名的作家兼基金經理人道西，也有在價值投資界重要應用領域表現優異的人才，例如全球價值投資專家湯姆・羅素（Tom Russo），以及在亞洲、歐洲、拉丁美洲和非洲各個金融中心操盤的價值型基金經理人。除此之外，他們許多人都持有特許財務分析師（CFA）執照，這項資格的認定跟價值投資一樣，都得歸功於葛拉漢的創造！本書引述這些專業基金經理人的訪談內容，對於我們了解全世界持續採用葛拉漢的投資法則及方法，提供了精闢的見解。

至於投資生手，我為本書訪問巴菲特時，他特別強調葛拉漢的《智慧型股票投資人》這本書（一九四九年初版，主要閱讀對象是非專業投資人），在亞馬遜網路書店（Amazon.com）銷售超過七百萬冊風格獨具的圖書當中，持續占據暢銷榜前三百名。在本週暢銷書經常喧騰一時，但沒幾週或幾個月就被讀者遺忘的出版生態中，經過數十年仍能獲得如此強勁的銷售成果，幾乎是前所未有的。巴菲特先生說，「或許可以媲美聖經！」

葛拉漢更早期出版、篇幅更長、更偏技術投資的大書《證券分析》（*Security Analysis*，與陶德〔David Dodd〕合著，一九三四年出版），至今仍被許多專業投資者奉為「價值投資聖經」，據說到今天已賣出超過七十五萬冊。事實上，這部經典的最新版本，在二〇〇六年獲奧斯卡提名的熱門影片《當幸福來敲門》（*The Pursuit of Happyness*）當中扮演了要角。片中為生活奮鬥的克里斯・賈德納（Chris Gardner），一九八一在添惠公司（Dean Witter，現在的摩根史坦利添惠）擔任實習生被要求研讀的，就是這本書。

這些突出的現象，只不過是葛拉漢不凡而屹立不搖的傳奇史中，最醒目的一部分。不過，儘管這些例子已經令人印象深刻，但仍未淋漓盡致地展現葛拉漢的高超智力。也許，葛拉漢自己舉的例子是最好的註解，葛拉漢在一九五七年寫道：「假如我的名字有一絲機會被後代子孫記得，那會是『大宗商品儲備貨幣計畫』的發明人。」葛拉漢並沒有對自己在投資金融界的貢獻故作謙虛，從他那個年代的觀點來看，這樣的說法顯得相當合理。畢竟，在一九三〇年代和一九四〇年代，有多少非經濟學家提出的經濟政策，能同時獲得羅斯福政府及凱因斯（John Maynard Keynes）和海耶克（Friedrich Hayek）這種等級的經濟理論家重視？而且，那些文字還是在巴菲特成為今日家喻戶曉人物的多年前就寫下的。

因此，從一九六五年的觀點來看，根本無法確定葛拉漢的投資哲學，將會受到巴菲特創紀錄投資法的加持而獲得舉世矚目。然而，現今對大部分聽過葛拉漢大名的人來說，他們只知道葛拉漢是《智慧型股票投資人》一書的作者和巴菲特的導師。當然，價值投資確實是葛拉漢職業生涯和傳奇史上最舉足輕重的一個面向。但是，就像經濟學家的葛拉漢、商業倫理學家的葛拉漢、發明家的葛拉漢（他發明好幾個屬於數學和摩斯電碼系統等領域的創新專利），甚至文學家的葛拉漢（和別人共同創作的劇本曾被搬上百老匯舞臺；將最喜歡的西班牙小說翻成英譯本，獲得最高水準的評價）一樣，投資家的葛拉漢，無論在深度和廣度上都展現出無與倫比的智慧。

讀過許多投資書的人都會同意，希臘羅馬哲學、伊麗莎白時期的詩集和廣泛的行為心理學，幾乎不會是這類典籍的標準題材。然而，我們在葛拉漢所著的投資及經濟學書籍中，發現了這些主題的豐富論述。葛拉漢完成哥倫比亞大學的學位後，他是唯一同時獲得三個不同科系（數學系、古典文學系和英語系）教職的奇葩。此外，葛拉漢死後出版的回憶錄（僅完成一部分），顯示他是一個對人類各方面的狀態：心理學、友誼、愛戀／情欲、哲學，和人生其他深刻的個人及爭議問題，具有深度及批判性思考的人，其中也包括了相當程度的自我批判。

在這樣的時空背景下，從葛拉漢「全能型」的腦袋萌生而出的價值投資典範，成為如今分配數千億美元資產的管理哲學。葛拉漢兒時親身經歷過家道中落的打擊，有部分是因為他母親在「一九〇七年恐慌」的股票市場損失慘重。一九二八年，葛拉漢的個人所得高達六十萬美元——換算成今日幣值相當於超過七百五十萬美元。後來，爆炸性成長的二〇年代結束後，他自己也在經濟大蕭條期間賠了很多錢。因此，要將葛拉漢主要的投資概念真正內化，透過他的人生經驗來學習是極具意義的。此外，現在經濟的高度波動性和巨大的不確定性，也使得葛拉漢所處的時代背景，比起過去數十年和我們更為息息相關。

因此，本書以半編年體形式來編寫，每個章節敘述葛拉漢人生某個特定時期，隨後緊接著的章節，就會說明和前一章側重的葛拉漢經驗有重要連結的某個投資概念。以這樣的架構，讀者就能充分理解葛拉漢的各項主要投資原則。同時，按年代順序排列的章節，也能保有葛拉漢扣人心弦人生故事的清晰脈絡。

我從葛拉漢存活下來的子嗣及其他朋友和家人的訪談中，得知葛拉漢的個性在很多方面都透露著古怪。其中，最讓巴菲特大惑不解和印象深刻的，是葛拉漢超乎尋常的大方。例如葛拉漢在教授投資課時，決定以他手上的選股作為講課的實例，這基本上透露出他的交易機密，有損他自己的投資表現。至於其他親近葛拉漢的人士，則對他的感情世界感到錯愕和失望。不過無論如何，葛拉漢仍然贏得普遍的尊敬和多數人的愛戴。畢竟，他強大的正向特質——不凡的智慧、紀律、在財務和各方面的慷慨大度，以及最重要的、無可挑剔的職業道德——蓋過了他個人的缺點。

在華爾街及世界史上幾個最重要的事件中，葛拉漢這種特立獨行的性格、從一貧如洗到嶄露頭角的竄起故事，是格外令人振奮的。由於葛拉漢活躍及崛起的年代，剛好處於美國史上的重大時刻——一八九四年至一九七六年，因此我們的討論會橫跨他接觸到的兩次世界大戰、「爵士年代」、經濟大蕭條、二次大戰後的經濟繁榮時期，以及一九六〇年代和一九七〇年代初的動盪時期。

確實，葛拉漢的人生是珍貴的傳記資料之一，它具備了重大的歷史意義及戲劇化的個人故事。不過最主要的是，葛拉漢是一個觀點大師。因此，這本書的編排，希望能達到雙重目的：讓讀者認識葛拉漢本身，以及理解他最重要的觀點；對現代讀者來說，這兩大面向是極富意義與實用價值的。

第一章

窮途末路

班傑明・葛拉斯本一八九四年出生於英國倫敦，維多利亞女王統治的後期。葛拉斯本是班傑明原來的宗族姓氏，約莫二十三年後，他的家族才將其姓氏改為「美國化」的葛拉漢。葛拉漢的父親艾薩克（Isaac）出生於英國，他對自己的英式教養引以為傲。葛拉漢的母親朵拉（Dora）則擁有波蘭血統。

艾薩克和他五個兄弟及父親伯納德（Bernard），經營從奧地利和德國進口瓷器、小古玩以及相關商品到英國的生意。葛拉斯本家族是相當能幹及刻苦耐勞的商人，尤其艾薩克在經商方面格外有天賦。此外，葛拉斯本一家也是非常傳統的猶太教徒。

—傳統的猶太家庭—

艾薩克家裡有十一個孩子，在信仰虔誠猶太教或其他宗教的家庭中，這麼大的家族並不稀奇。比較特殊的是伯納德對子女的紀律要求，即便以傳統猶太家族的標準來看，都是極為嚴格的。因為伯納德對任何「邪惡的」影響力充滿戒慎恐懼，因此他在家中訂下嚴苛的行為準則，禁止吹口哨這種「罪孽深重的放蕩舉止」！不過，由於班傑明生長在一個接受法式教育和其他世俗／非猶太教活動的家庭，因此即便葛拉漢出生的家庭，形式上是傳統的猶太教徒，但是他們的信仰已經不像伯納德時代那般虔誠。

除此之外，儘管艾薩克和朵拉是一對年輕力壯的夫妻，但是從班傑明出生到艾薩克去世、相隔多年的這段期間，他們並未再添一兒半女。在篤信正統猶太教的家庭中，這樣的斷層是極為罕見的。就像葛拉漢在回憶錄中所述：「出於體貼或是缺乏好奇心，我從來沒向母親問起，為什麼他們生完我之後，沒有再添弟弟妹妹。」

朵拉的家族也都是極其虔誠的正統猶太教徒，她的宗族姓氏被人稱為「蓋森海特氏」（Gesundheits）。葛拉漢記得，他的外祖父是「蓄著白鬍子、身材魁梧、性格豪爽的男子」，至於外祖母則是一個「專橫跋扈、情緒化的肥胖女士」。當然，蓋森海特這個引人發笑的族名（德語有祝您健康之意）不會被人忽視，如同葛拉漢數十年後在回憶錄的描述，蓋森海特「這個姓氏，時常遭到別人的訕笑，使我們淪為笑柄。」於是，葛拉漢移民到美國的表兄弟，最後紛紛把自己的宗族姓氏改為傑拉德（Gerard）。傑拉德家族有位成員向我說明：「這是為了孩子著想。」然而，在這個滑稽的姓氏背後，其實連結著一個令人肅然起敬的高智商血統。

—卓越智能的優勢—

在十九世紀的波蘭，葛拉漢的外曾祖父是一位赫赫有名的宗教學者，甚至曾任華沙的「首席拉比」多年。在那個時代，對虔誠的猶太教徒來說，首席拉比是地位最崇高的教職。一個人必須深入鑽研許多不同領域，才能成為任何猶太社區的首席拉比，更遑論當時全世界最大的猶太社區了。華沙的猶太人，占波蘭首都總人口約百分之三十至四十。的確，從十九世紀猶太人的觀點來看，首席拉比一職，幾乎等同於當時波蘭天主教和世界各地教皇的地位，如此位高權重的地位，以及受到全世界最大猶太社區的尊敬和信任程度，確實為葛拉漢外曾祖父帶來的一定影響力。

在《猶太百科全書》（*Jewish Encyclopedia*）當中，有一個詞條「雅各・班・艾薩克・

蓋森海特（Jacob Ben Isaac Gesundheit）一八一五—一八七八」，記載的就是葛拉漢外祖父的事蹟。雖然葛拉漢的外祖父在葛拉漢出生前就已經去世，不過蓋森海特先生這個詞條，仍然顯示這兩人的三個顯著相似之處：雅各在他的領域（猶太法律和宗教）是一位著名學者，寫了許多「受到東歐猶太法典學者高度推崇」的著作；顯然他也是一位熱心的老師，在華沙領導神學院長達四十二個年頭；最後，雖然他是忠貞的宗教學者，也是循規蹈矩的猶太教徒，然而身為首席拉比，他對某些宗教事務的觀點，在猶太社區部分更虔誠教徒的眼中看來，顯得過度自由，後來甚至還掀起一場軒然大波，使他失去崇高的教職。

莫里斯（Maurice Gesundheit，朵拉的哥哥）之女羅達，和葛拉漢生前有廣泛的接觸。我訪問她及丈夫薩奈特醫師，倆夫婦仔細研究族譜後向我表示，他們發現蓋森海特家族的智力表現，和葛拉漢在高度分析領域樹立的標竿成就，具有密不可分的關係。

事實上，羅達的父親，也就是朵拉的哥哥——莫里斯，本身就是受人景仰的知識分子。奇怪的是，莫里斯研究數年猶太法典之後，反而深信自己其實是個「不可知論者」，進而放棄宗教研究，轉而鑽研數學。其後，他成為曼徹斯特大學（University of Manchester）的數學系教授。後來，莫里斯離英赴美後，就像葛拉漢在回憶錄中提到的，「更成為最早的『系統設計師』或『效率工程師』之一而獲致極大成就」。在不同程度上，這種高智商在莫里斯許多兒女身上都很明顯，他們大部分在醫學和各項學術領域都有傑出的表現。也許其中最出色的就是雷夫（Ralph Waldo Gerard）。雷夫是莫里斯第一段婚姻所生下的兒子，也是羅達同父異母的哥哥，擁有神經生理學博士學位，他的研究曾贏得兩次諾貝爾獎提名，但並未得獎，其聰明才智，緊追在他的大表哥葛拉漢之後。

雷夫的表現都和葛拉漢旗鼓相當，或許是因為他們兩人難分軒輊的高超智力，這對表兄弟向來不合。蓋森海特家族還有一個名人是麗塔・奧雅巴哈（Rita Auerbach）——朵拉的大表姊。根據薩奈特夫婦的說法，她是第一批當選英國國會議員的女性之一。雖然這項政治上的成就是否能和優異智力畫上等號並不明確，不過它絕對展現出藐視傳統的意圖。

遺傳影響一個人一生發展的程度，屬於「先天－後天」難題的核心範疇，這個懸而未解的爭論，不在我們的討論範圍。然而，蓋森海特家族眾多成員展現出的卓越智能和原創思維，在以介紹葛拉漢聰明才智為主的著作當中，絕對值得探討。這樣的血統淵源，顯然是驚人才華背後順理成章的解釋因素，成為界定葛拉漢人生和傳承的特徵。至於葛拉斯本家族，雖然智力表現遠不及母系成員，不過伯納德和艾薩克的經商才能，也能在被父母喚為「小班」（Benny）的葛拉漢身上看出端倪。葛拉漢不到三十歲，就創立第一家成功的投資公司，後來共擁有三家公司，就這點而論，他也遺傳了父執輩的部分經商才華。此外，他為這些事業擔任經理人和共同經理人的生涯，也證明葛拉漢不管對客戶、員工和夥伴，都能夠進行同樣有利而公平的互動。

葛氏家族企業（Grossbaum & Sons）是葛拉斯本家族經營的廚具／飾品進口公司，當其發現在美國擴張事業的大好機會後，艾薩克和朵拉生下老三班傑明才一年，夫婦倆就決定展開從歐洲遠渡艾利斯島（Ellis Island）的傳奇航海之旅。然而，和那個時期的許多歐洲移民不同，葛拉斯本一家人似乎打算來日重返故鄉。畢竟，艾薩克對英國懷有深厚的感情，對倫敦的家人也有著血濃於水的依戀，尤其是他的父親伯納德。

因此，在美國經濟蓬勃發展、震動大西洋兩岸的世紀交替時期，儘管艾薩克離情依依，「葛氏家族企業」仍把在美國建立據點視為重要的一步。一旦生意上了軌道，葛拉斯本一家很可能打算回到倫敦。據說，艾薩克在美國持家的前四年，葛拉斯本一家人分租一間私人住宅。雖然有各式各樣的方法可以承租或購買自己的房子，但艾薩克在美國居住多年後，才寬待自己，為家人建立獨立的家園。

一八九五年，交雜著希望和一絲感傷，艾薩克偕同家人登上一艘從倫敦航向紐約市的船隻。在移民潮湧入美國的特殊時期，除了祖籍有些特別之外，葛拉斯本一家和踏上艾利斯島的大宗南歐與東歐移民，還有兩個重要的差異：他們攜帶龐大資金，欲在美國建立「葛氏家族企業」的分支機構；和艾利斯島時代絕大多數的移民不同，他們本來說的就是英文。相對富裕，加上精通自己的母語，讓葛拉斯本第一代移民，在適應美國生活時占了相當大的雙重優勢。

和艾利斯島極盛時期多數猶太移民必須忍受的荒廢貧民區聚落大不相同，葛拉斯本抵達紐約的第一個住處，便緊臨公園大道（Park Avenue），雖然要和房東住在一起，不過可想而知，住在這樣的地段，肯定能提高聲望，花費也很可觀。除了公園大道的住家，葛拉漢早期的童年回憶，提及的都是爵士年代富裕生活的寫照：在時髦的避暑勝地度假、維吉尼亞州的熱泉市之旅、家庭教師、經常光顧時尚精品店及高級餐館、金錶、最新穎的留聲機和唱盤、廚師、女傭，甚至還有「傭人房」。葛拉漢回想起中央公園的兒童火車、葛拉斯本家的小男孩成天調皮搗蛋（葛拉漢是其中年紀最小、最不會惹麻煩的被動參與者），以及艾薩克和朵拉一派和樂融融的感情，那是一段美好時光。

因此，雖然當時許多移民都深陷危難與汙穢狀況中，葛拉斯本一家人顯然生活在奢華、高貴，甚至光鮮亮麗的另一個平行世界裡。艾薩克不僅將「葛氏家族企業」的美國分公司經營得有聲有色，而且在可預見的未來，已不打算永久性地重返英國。

—悲慘事件接踵而來—

接下來幾年，葛拉漢的父親出現了幾次健康問題，幾乎可以肯定的是，他為了「葛氏家族企業」成天勞心勞力，儘管事業經營有成，卻讓他的健康賠上慘痛代價。艾薩克如此拚命地工作和四處奔波，忙於在美國各地建立通路，因此儘管父親去世時葛拉漢已經九歲，但成年後的葛拉漢仍然表示：「我對自己父親的記憶實在非常模糊。」毫無疑問，艾薩克不人道的工作量，導致他年紀輕輕便體弱多病。

在英國過完暑假不久，艾薩克之父伯納德在五十六歲這麼年輕的歲數便死於肺炎。不幸的是，「葛老爺子」的猝死，對艾薩克造成嚴重的心理衝擊——這種令人震驚和完全突如其來的痛失親人，對他早就不堪一擊的健康無疑是雪上加霜。伯納德過世之前，艾薩克就已經被診斷出「原因不明的病痛」，但受到心理打擊之後，艾薩克的胰臟癌迅速擴散全身。

沒多久，艾薩克的健康情形劇烈惡化，並迅速被送入醫院。跟他剛過世不久的父親一樣，艾薩克的免疫力可能也連帶受到嚴重的心理打擊，虛弱的免疫系統不敵疾病的入侵。然而，和伯納德不同的是，葛拉漢三十五歲的父親仍正值壯年。葛拉斯本家族歷經一連串的悲慘事件後，一九〇三年二月，維克多、里昂和班傑明被召喚到醫院，病重垂危的父親為三個不知所措的小男孩祈福。然後，他們很快被人從父親的病榻前送回家等候母親。最後，滿眼淚水的朵拉打開大門，葛拉漢回憶起：

> 看到我們驚慌失措的表情，母親哭喊著說：「我可憐的孩子，你們都變成孤兒了。」我想我們三個也都哭了起來。就連年紀最小的我，也沒有年幼無知到還不明白，從那刻起，我

們的人生將會風雲變色，遭逢不幸的劇變。

失去一家之主的葛拉斯本家族，以迅雷不及掩耳的驚人速度持續蒙受損失，幾乎可以說是失去一切。葛拉漢記得在這段悲慘時期，日益嚴峻的財務挑戰如何「把我們推向更水深火熱的困境，而且連續好幾年都在苦苦掙扎，以避免家境陷入更困頓的處境。」雖然艾薩克的三兄弟竭盡心力，終究無法讓生意維持下去。後來，管理大權轉到朵拉的哥哥莫里斯手上，雖然他擁有令人肅然起敬的聰明才智，但結果同樣不適合經營這門生意。葛拉漢以其獨特的觀察力，注意到他的舅舅「既沒有傑出的業務能力，也沒有應付日常大小事的足智多謀，那些都是父親事業成功的基礎」。

不幸的是，由於缺乏管理能力，曾經養活歐洲一個偌大家族近十年的相同事業，竟然說垮就垮。就像葛拉漢在回憶錄所述：「過了一年左右，由於『葛氏家族企業』的虧損實在太大，以致剩餘的存貨都是賣多少算多少地賠售，整個事業完全被放棄了。」同時，為了支應家裡的開銷，朵拉開始變賣家族興盛時期購入的昂貴家具、珠寶和其他有形資產。不到幾年內，這些資產以及變賣家當換來的錢全都燒光了。葛拉漢將他父親死後的前三年（一九〇三年至一九〇六年），稱為「我的人格型塑時期」。不過，那並不表示葛拉漢在厄運降臨他家之前，是那種嬌生慣養的孩子。

事實上，儘管父親的事業獲得巨大成功，葛拉漢並沒有像一般孩子那樣被「寵壞」。相反地，他的父母對他嚴加管教，早在艾薩克去世前很久，葛拉漢就已經是成績優異的學生和乖巧的孩子。不過，在那之前，葛拉漢只有從成功和富足的優越位置看過這個世界。艾薩克不幸的英年早逝，將失敗的屈辱和貧窮的痛苦帶進葛拉漢的家，形成寶貴的人生經驗，在葛拉漢身上留下鮮明和永遠的回憶。

或許這場家變對這個小男孩所帶來的人生衝擊，最赤裸裸的例子就是父親死後幾個月內，九歲的葛拉漢就流落紐約街頭兜售《星期六晚報》（*Saturday Evening Post*）。艾薩克還在世時，家人就期許「小班」取得優異的學業成績。父親去世後，他仍然被寄予厚望。事實上，由於母親將葛拉斯本家男孩的學術成就，視為幫助家族脫離貧窮的最終出口，因此更加劇了葛拉漢的學業壓力，同時還要竭盡所能地兼差和做臨時工。推銷雜誌、指導同學數學、到農場和戲院打工，以及組裝電話機，從葛拉漢九歲直到高中和大學，這些工作一直與他的人生有著密不可分的關係。事實上，即便已晉升為華爾街的年輕新秀，晚上葛拉漢仍經常從事各式各樣的工作，例如為美國高階軍官子女指導各項學科，來增加額外收入。

因此，雖然葛拉漢很晚才接受投資教育，但是他絕對很早就明白金錢的價值。葛拉漢賺到的第一筆收入，多半是出賣勞力賺來的血汗錢，讓他從此厭惡過度的財務風險。對許多華爾街人士來說，金錢幾乎是一種抽象概念，一種用來比較誰在「金字塔頂端」的記帳系統；葛拉漢的金錢觀則貼近內心許多。金錢是曾經榮耀和摧毀他家族地位的真實及具體力量，也是他從小學四年級開始就必須以勞力去換取的生存工具。

在這個時期，還有另一個奠定個性的活動，跟工作一樣，對葛拉漢的金錢觀及他後來形成的投資觀念，發揮了長遠的影響。

遣散家裡的幫傭之後，三個男孩各自分配到不同的家務事。兩個哥哥里昂和維克多負責擦碗盤、整理床鋪和幫忙其他的清潔工作；大部分的採買活動，則著落在「小班」身上。葛拉漢透露：「我們通常只買廉價品。」葛拉漢和他幾個親戚朋友都喜歡打網球，因此，以打網球為例，他記得曾經以三顆球二十五美分的大減價優惠，向曼哈頓網球俱樂部（Manhattan Tennis Club）購買「二手」網球。在葛拉漢的記憶中，這些據說已經破爛不堪的東西，結果品質相當好，而且堅固耐用。

至於葛拉漢的母親，值得讚揚的是，她改變長久以來的習慣，過著更簡樸的生活。雖然困苦和窘迫顯而易見，但是她從來不曾埋怨家道中落。儘管葛拉漢也曾發現母親在這段時期的過失，例如背著大家偷烤餅乾、把整盤相當昂貴的奶油餅乾私藏起來獨享，不過總體而言，葛拉漢對母親在那些艱困日子的無私和堅毅韌性是感佩有加的。

或許她在這段時期最有勇氣的行為，就是在家人的財務仍持續陷入困頓之際，拒絕了一個慷慨中年男子的求婚。當然，這個婚姻將會是恢復經濟能力的最快途徑，那樣她就不必再為了家人而苦苦掙扎。然而，和對方共進晚餐、觀賞表演、恣意享用昂貴的巧克力之後，朵拉還是無法答應這個婚約，因為就像葛拉漢說的：「沒有愛情，她絕對不會再嫁，無論有多大好處都一樣。」顯然，她沒有再覓得愛情，儘管多次被人求婚，她後來始終維持單身。事實上，她竭盡所能地努力讓家人不要依賴各種形式的外援。然而，接踵而來的事件顯示，儘管她有志氣，卻沒有能力或判斷力實現她的良善美意。

「葛氏家族企業」沒落之後，某天葛拉漢的母親決定將他們小而實用的房子，變成可收取租金的寄宿公寓。畢竟，那似乎是一個很簡單的生意和保證能帶進額外收入的方法。不幸的是，寄宿公寓並沒有創造預期的收入，而且不到兩年內，他們也放棄了這個事業。

投資宣告失敗時，葛拉斯本一家人失去他們唯一的收入來源，並且幾乎散盡家財，設法保住一個不賺錢的事業。因此，他們被迫拍賣自己的家和大部分的家當。顯然，葛拉漢私下將那次的損失和事情發生的經過，視為奇恥大辱，六十餘載之後，葛拉漢在回憶錄提到：「我們家在拍賣官的拍板擊錘下被公開賣掉，我對此感到無地自容。」

雖然這可能是葛拉斯本一家最屈辱的挫折，但厄運並未就此結束。投資寄宿公寓失利後，朵拉努力改善家人前途最著名的企圖，決定了她和她小兒子的命運。為了尋求獲利，葛拉漢的母親不顧一切地把她僅剩無多的財力投入槓桿，開設保證金帳戶「投資」股票市場，尤其是美國鋼鐵。朵拉對股市認識不多，股市交易的經驗更是寥寥無幾。由於這些因素，加上她不幸選在一九〇七年發生銀行大恐慌的數月前進場，導致她損失慘重。

—窮困日子下悟出的金錢觀—

這個事件雖然慘痛無比，卻是葛拉漢開始認識「市場先生」（Mr. Market）的契機。股災發生前，葛拉斯本家這個年幼而熱心的兒子，每天都會翻閱報紙財經版，追蹤美國鋼鐵的股票價值。當然，那個時候，葛拉漢對股票根本一竅不通，但是他「只要懂得股價上漲時開心、股價下跌難過就夠了」。他母親在股市的投資失利，是教會他「隨興」投資涉及極大財務風險的當頭棒喝。然而，在那之後，由於朵拉的保證金帳戶賠得一毛不剩，葛拉漢對股市的興趣也隨之煙消雲散。沉寂多年下來，對葛拉漢來說，股市就像過去那樣退居為背景雜訊。也就是說，直到後來情勢丕變，投資才躍升成為葛拉漢整個職業生涯的主要核心。誠如葛拉漢所言：

> 我或任何人都萬萬想不到，多年後，我會成為財經新聞的萬事通，而那個老愛幻想、不切實際、雙手染墨的小班•葛拉漢，竟然會成為華爾街的一號人物。

事實擺在眼前，當時朵拉根本沒有能力養活一家子。因此，曾經有兩度，雖然她心中百般為難，也不得不拋下自尊，搬去和哥哥莫里斯住。「母親很喜歡和兒子同住，但是她很討厭和別人住在一起。」對她來說，為了孩子著想，必須投靠她那時而冷酷、時而暴躁的哥哥，格外令人煩惱。葛拉漢想起朵拉和莫里斯之間的激烈爭執，有時候激動到這兩個波蘭籍的兄妹會從英文切換成波蘭文，如此一來，小孩子就聽不懂他們互相咆哮的冒犯字眼。

有一段時間，朵拉和她的兒子每月靠七十五美元過日子。以今天的幣值計算，還不到一千八百美元，即年收入不到兩萬兩千美元，遠低於一家四口的貧窮線。過去他們住在大房子，擁有全職廚師、女傭和家庭教師的光景已不復見。儘管他絕對不喜歡這種戲劇性的命運轉折，但生活被學業、工作、朋友和各式各樣書本填滿的葛拉漢，就算少了過去錦衣玉食的日子，似乎也能處之泰然。然而，和母親感情深厚的他，看到母親勇敢扛下重擔，拚命為家庭付出，感到很痛苦。這樣的煎熬，成為葛拉漢未來功成名就的主要觸媒。

著名的作家、投資人和人民公僕特雷恩（John Train）在他一九八〇年的經典著作《股市大亨》（*The Money Masters*）中，貼切地點出這樣的狀況：

> 葛拉斯本一家遭逢巨變。葛拉漢的母親從未適應這樣的變化，而她的焦慮，無疑是導致葛拉漢後來全力追求財務安全的動機。

同時，葛拉漢的母親很早就看出，由於同時具備個性和智力的優勢，她的「小班」是重新光耀門楣的最大希望。根據葛拉漢的回憶錄，母親顯然對他的未來有很深的期許。回想年少時最早的一項發明（葛拉漢不斷發明許多和投資完全不相干的創意），葛拉漢表示他曾對自己改良公寓的電鈴設計寄予厚望：「這位不切實際的夢想家將會讓葛拉斯本家重獲生機，不僅如此，還會將家族的財力推升到新的境界。」他會這麼做的，縱然透過完全不同系列的

「發明」。

葛拉漢獲得卓越成就和財務安全，賦閒在比佛利山莊的住家從事寫作時，從他的回憶錄可以明顯感受到他對這個艱困時期的鍾愛和懷念。不過，從他的隻字片語中也可以清楚感覺到，過了這麼多年之後，有些失去和屈辱的辛酸回憶仍然令人刺痛。因此，有人說葛拉漢之所以對那個時期鍾愛有加，代表他的滿足不僅壓過了痛楚，最後更因為經歷那些痛楚而蒙受其利。

如同他寫道：「逆境雖然是痛苦的，但它可以帶來甜美的果實。我們的損失雖然慘痛，但最後我們才能獲得巨大的回報。」一年邁的葛拉漢明確表示，父親死後令家人飽受折磨的困苦歲月，既使人悲痛，也激發人的鬥志。恢復家族聲望和榮耀母親的決心，成為激勵葛拉漢在學業及後來在專業領域發光發熱的主要動力。

甚至更重要的，至少從價值投資的觀點來看，葛拉漢幼時的家道中落遭遇，形成了他的金錢觀——包括收入和支出兩個面向。從幼年時期便被迫分擔家計和縮衣節食以減少開支的葛拉漢，已經明白成功的理財必須有攻（即賺錢能力）有守（即想辦法花最少的錢買到最有價值的東西）。就像他說的：

父親死後的貧困歲月只有輕微打擊到我。那些日子讓我養成對金錢嚴肅以對、願意為了小錢努力工作，和花錢習慣極度保守的個性。

這個「極度保守」的特質，讓葛拉漢在挑選股票和債券時獲得巨大的優勢，有人說是決定性的優勢。最後，這個特質表現在他的投資哲學，成為核心的投資概念，稱為：「安全邊際法則」。

第二章

尋找安全邊際：投資成功的基石

在暢銷百萬本的經典著作《智慧型股票投資人》中，葛拉漢提出，如果有人要求他將健全的投資觀念濃縮成一句話，他的答案會是什麼？回應這個自問自答的難題時，葛拉漢以大寫寫下：「安全邊際」（MARGIN OF SAFETY）。為了進一步強調這個原則至高無上的重要性，葛拉漢利用這個問題帶出一個章節標題：〈投資的核心概念──安全邊際〉。跟「葛拉漢主義」（Grahamisms）的其他內涵一樣（例如「市場先生」），「安全邊際」這個看似簡單扼要的名詞，其實包含了博大精深的概念，它已經成為價值投資人的神聖座右銘。

關於安全邊際的概念，巴菲特在一九九〇年曾寫下一個結論：「四十二年後看到這句話，我仍然認為它就是投資的四字箴言。」二十多年後我訪問巴菲特，他指出安全邊際概念，是葛拉漢三大投資原則之一：「如果你將這些原則內化成為投資的基因，你真的不可能賠錢。」本書會另闢不同章節，分別探討這三大原則。

—投資與投機—

在深入探討安全邊際之前，我們有必要了解為何葛拉漢會選擇在一九二九年股市大崩盤至少九年前，看見需要發展並在某種程度上應用這個理論。就像我們在前一章討論過的，由於葛拉漢的家在他的人格型塑期經歷過重大的財務損失，使得葛拉漢培養出極其保守的金錢觀。在股市大崩盤之前，這種風險趨避的觀點尤其罕見，此時的葛拉漢才剛開始在華爾街「嶄露頭角」。正當多數的企業及投資人受到巨大的投機獲利所引誘時，謹慎的葛拉漢主要關心的是投資本金（亦即原始投入的資金）的安全性，其次才是額外獲利。

所以葛拉漢沒多久就了解，同樣這些具有巨大及快速獲利潛力的許多證券（包含股票與債券），事實上存在高度風險，而且更有可能導致龐大而永久的虧損。一九四〇年代中期，葛拉漢在為紐約金融協會（New York Institute of Finance）所做的一場演講中，談到價值投資的優點及方法時表示：「我們都知道，如果我們盲目追隨那些投機的群眾，長期來看一定會賠錢。」

那麼，葛拉漢是如何定義投機行為呢？有意思的是，他所採取的是負面解讀法。任何一種不符合他對於真正投資行為的「操作」，就自動被視為投機。引述葛拉漢及陶德說過的話：「一個所謂投資操作行為，是經過縝密的分析後，能夠承諾本金的安全及創造令人滿意的報酬率，只要不符合這些條件的操作就是投機。」這個觀點對現代讀者來說可能是天經地義的。然而，如果我們去看一九二〇年代末期那些原本應該是專業及聲譽卓著的投資公司所購買及追捧的股票，有一大堆價格荒腔走板的情況，就可印證葛拉漢這些理所當然的觀點，在當時可說是極為少見。就在巨大的華爾街泡沫破滅的當下，本金的安全性（以及根據葛拉漢的說法，還有健全的投資），成為對當時短線股價預期主宰股市行為的深沉反省。

當然，類似的泡沫反覆發生了許多次。最近一次，便是一九九〇年代晚期發生的網際網路泡沫，其特色是許多發行股票的公司，根本還沒有產生任何獲利，股價就已瘋狂上漲！巴菲特跟他的導師一樣，不論網路股的股價飆到多高，從來不會考慮投資這種股票。畢竟，從價值投資者的觀點來看，這類投資的最終結果，並無法保證本金的安全性，也無法帶來令人滿意的回報率。

不管是對於網路股泡沫以及其他許多事件，這位奧瑪哈先知的「真知灼見」，都是根據事實進行周延分析，並仰賴自身能力而達成的結論。通常他的結論與許多人不同，有些人的預期完全是看心情或草草得出的，有些人則是受到誘導而做出毫無根據的結論，但巴菲特卻是始終如一。毫無疑問的是，葛拉漢在這方面樹立了典範。當我詢問巴菲特，葛拉漢有哪些人格特質最有助於投資的成功，巴菲特表示，在所有因素當中，最重要的就是「葛拉漢並不會因為其他人的想法，或受到這個世界當時的氣氛或類似因素的影響而搖擺不定。」

的確，葛拉漢之所以與眾不同的主因，就是他相信不能因為「大眾」追求冒險性的投資策略，就表示這種策略事實上比較不具投機性質。投機這個詞對葛拉漢而言，代表的是大膽而不必要的風險。相反地，葛拉漢把這一群輕佻投資人的喧囂視為一個惡兆。通常，這代表市場的歇斯底里已經接近危險的引爆點；也就是說，金融市場的大殺戮已迫在眉睫。然而，這種觀點跟多數人的思維是互相違背的，而且，根據某些行為科學家的看法，甚至牴觸了人類進化過程中的「從眾心理」。這就是為何葛拉漢時常被喻為「逆向投資者」。巴菲特也是如此——除了逆向投資者之外，還有誰會在二〇〇八年金融市場崩潰之際，大量投資高盛證券呢？如同葛拉漢在《智慧型股票投資人》一書寫道：

> 股市有這麼多聰明絕頂的專業人士，竟然還會有健全但相對不受青睞的投資方法，實在令人匪夷所思。然而，我們自己的事業及聲望，卻是建構在這個不可能發生的事實身上。

所幸，葛拉漢擁有充分的獨立思考能力及自信走出自己的路，即使這條路與分析師及投資大眾有志一同的方向似乎格格不入。葛拉漢一次又一次地強調：「當眾人與你意見相左時，不能代表你的看法是對還是錯；唯有當你的資料和邏輯正確的時候，你才是正確的。」因此，當華爾街的投機風潮在他身邊潮起潮落時，葛拉漢投注早年職涯大部分的心力設計出一套證券分析系統，可以預先警示危險的投機訊號，同時也可以找出真正具有潛力的投資機會。

事實上，區分投資與投機，就是葛拉漢投資哲學的核心精神，也是他發展及提倡安全邊際法則的主要推動力。既然葛拉漢觀察到預測短線股價波動是愚蠢的事情，跟賭輪盤遊戲的科學預測結果沒有兩樣，於是他開始將所有的「技術分析」及「市場預測」方法視為全然的投機操作。

因此，葛拉漢得到一個結論，那就是一個安全且可信賴的投資機制，不能繞著傳統角度的市場時機來思考。這就是為何他會提到，如果一個投資者「用預測的心態將重點放在進場時機」，那麼這個人「最後就會變成一名投機分子，並獲得投機分子的財務成果」。換句話說，這位「投資者」將不再是投資者，而是一名投機者，就葛拉漢的想法，這種人跟一個真正的投資人恰恰形成反比。安全邊際是價值投資的本質，因為它是區別危險投機行為和真正投資機會的指標。

一般來說，葛拉漢專注於挑選經營穩健的股票，也就是資產負債表扎實（資本健全，比較低的負債比例），以及長期獲利表現亮眼的公司。葛拉漢發現，雖然這種方法能夠給他對於投資結果的更高掌握度，而且也比挑選「熱門股」的方法安全得多，但它稱不上是一門精密的科學，而且如果以過高價格買進體質健全的公司，仍有可能涉入相當程度的風險。

就像葛拉漢發覺的，問題是市場不會每次都按照我們預測的方法和時間，肯定和獎勵選出健全或「投資等級」證券的投資者。更糟糕的是，經營穩健的公司，也不可能永遠自外於高度不穩定的股市定價機制。因此，即便選出體質健全的股票，也需要某種程度的價格緩衝來抵禦市場波動。這個價格緩衝就是安全邊際——企業本身股票的真實或內含價值（由獨立分析決定），以及當時這檔股票反應出來的價格（由市場決定），兩者之間的差距。

如同葛拉漢的定義，安全邊際是「股票的市場價格及其本身呈現或評估出來的價值，兩者之間的有利差距」。如果投資者可以趁內含價值與市場價格存在大幅差價的時候，買進一檔體質健全的股票，長期投資，可以確保本金的安全及一定程度的漲幅。抽絲剝繭來看，就像聲譽卓著的價值投資人及哥倫比亞大學財經教授葛林布拉特（Joel Greenblatt），在二〇一一年接受《巴隆》（*Barron's*）雜誌訪問時，為這個觀念的定調：「安全邊際就是計算一個東西值多少錢，然後付較低的價格把它買下來。」

—計算安全邊際—

安全邊際是葛拉漢設計出來的投資機制，可以用來保護投資人的本金，以及避免未來獲利受到股價短線無法預測的波動而受損。在華爾街工作數年後，葛拉漢不得不接受一個事實，那就是即便市場上存在不計其數喜歡誇大自己股市追蹤能力的「神童」（當時指的是相對於證券分析師的「市場分析師」），但事實證明，根本就沒有一個可靠的方法能預測、更遑論控制這種短線的價格波動。

不過，還是有相當可靠的獲利方式，因為最終市場確實往往會以股價顯著上漲的方式，來獎勵那些遭到忽略但體質強健的公司。其關鍵在於，投資人找出這種體質強健但暫時被低估股票的方式，就是安全邊際。根據葛拉漢及陶德在一九三四年初版的《證券分析》所述，安全邊際也是區別「證券分析」與當時盛極一時且自此歷久不衰的「市場分析」（即利用股市線圖預測價格走勢）的主要方法。

因此，證券分析和市場分析的相似之處，在於它們都分析對未來無從確認的資料。但我們必須指出，兩者之間的差異，在於證券分析師可以利用安全邊際來進行自我防護，這是市場分析師做不到的。

—內含價值—

為了計算每一檔股票提供的安全邊際，投資者需要知道兩個數值——考慮買進的股票市價，以及該股票所代表企業的內含價值。舉例來說，可口可樂（Coca-Cola）目前的股價約莫在每股七十美元附近——這就是考慮買進股票的市場價值（可口可樂普通股）。如果，仔細分析該公司的財務報表之後，投資者決定該股的內含價值每股為九十一美元（亦即分析師相信可口可樂的真實或內含價值是兩千零九十億美元，同時考慮該公司的在外流通股數約有二十三億股，則內含價值的算法，是將兩千零九十億美元除以二十三億股，等於每股九十一美元），因此該股票的市場價格與其內含價值之間存在二十一美元的價差，創造出百分之三十的安全邊際（二十一美元除以七十美元）。相反地，如果算出該股票的內含價值，低於或等於目前市值一千六百零四億美元（這是將目前每股價格乘以在外流通股數之後得到的結果），代表在今天買進可口可樂的普通股，並無法給予投資人任何安全邊際，因此該股票並不是一個健全的投資機會。

當然，可口可樂的普通股股價，就像任何一檔股票或債券一樣，是立即可知且毫無疑義的數字。然而，這檔股票所代表企業本身的內含價值，卻無法從股價線圖的表現蒐集得來。透過系統方式的分析來決定一檔股票的內含價值，是葛拉漢學派價值投資者的核心任務。透過理性客觀的事實評估所推算出來的合理內含價值（即避免受到市場的不理性因素影響），可以讓投資者判斷某檔股票是否具有安全邊際及其大小。在《證券分析》一書中，葛拉漢和共同作者陶德提到，證券分析師「關心的是股票的內含價值，尤其是找出內含價值與市場價格之間的差距」。然而，一九三四年這本經典鉅著的兩位作者也承認，內含價值並沒有那麼容易看出來，並且表示「以為內含價值就跟市場價格一樣清楚明確，是大錯特錯的。」

實際上，決定股票內含價值的技巧會受到各種因素而改變。不過，為了本章的需要，有必要簡單概述葛拉漢主要的股票評價方式。

葛拉漢認為，若一家有獲利公司的每股流動資產減去所有負債所得之數字，亦即淨流動性資產減去淨負債，應該差不多等於股價，這個數字就是相較於市場價格的內含價值，也就是可以接受的安全邊際。這個算法的問題是，就像葛拉漢在《智慧型股票投資人》所述，「雖然偶有特例可尋，但很少有公司的最終價值會低於營運資本」。這種「淨值為正」的投資機會（亦即該上市公司淨流動資產的每股定價），在今日的資本市場更是少見。此外，就像葛拉漢的評論，「一檔股票不會僅僅因為可以用接近其資產價值的價格買進，就能算是安全的投資決定」。

簡化的股票評價模型

葛拉漢發明這個相當簡單的公式，可用來求得企業內含價值的合理估計值：

$$V = E(8.5 + 2G) \times 4.4/Y$$

（V是內含價值，E是每股盈餘〔EPS〕，G是該公司的預期盈餘成長率，Y是AAA

等級公司債的平均利率，或稱「殖利率」）

當然，G值不像E和Y的數字那樣立即可得。所幸，葛拉漢還有另一套公式，可以讓投資人決定這個未來（因此在定義上，這個數值尚待確認）成長率變數的隱含價值：

$$G = (P/2 - 8.5)/2$$

（P為目前股票價格）

關於上述公式，葛拉漢提醒《智慧型股票投資人》的讀者，他提出這套公式，是因為「在進行證券分析的過程中，無可避免地必須預測大部分企業的未來成長率，希望讀者不要誤以為這個預測值具有高度的可靠性。」葛拉漢對於預測成長率公式的警語，同樣適用於上述的股票評價公式。話雖如此，這些公式仍然具備過濾的價值，可以讓投資者決定一檔股票是否值得進一步考慮買進。

現金流量折現法

估計企業內含價值還有一個更常見的方法，就是「現金流量折現法」，葛拉漢經常採用這個方法，巴菲特也是。透過現金流量折現法，所有未來的每股盈餘都會被折回現值，加總起來就得到一個「淨現值」，這個數值可以當作合理的內含價值。換句話說，股票所代表企業的每股內含價值，等於該企業未來現金流量的每股等比例價值。現金流量折現法的核心公式本身並不會非常複雜：$CFn/(1+r)^n$。CFn代表第n年的預期現金流量；r代表「折現率」，也就是未來現金流量會以多高的比率折現回來計算它的現值；至於n則代表第n年。舉例來說，一千美元的現金流量，以百分之十的折現率計算，四年後的價值會變成$\$1,000/(1.1)^4$，大約等於六百八十三美元。

不過，要為特定情況估計出正確的折現率是相當複雜的過程。備受推崇的青年價值投資人及作家道西，在他所著的《股票投資獲利的五項準則》（*The Five Rules for Successful Stock Investing*）一書提到：

> 遺憾的是，還沒有一個精確的辦法可以算出現金流量折現模型的正確折現率。學術界發表了滿滿的期刊論文，都在討論估計折現率的正確方法。

舉例來說，過去獲利不穩定的小型公司，採取的折現率應該要略高於向來獲利穩定且容易預測的大型公司。事實上，透過現金流量折現法來計算內含價值，牽涉到包含不同程度的差異及複雜性的許多步驟。

幸運的是，現在有許多免費的線上資源，例如「大師焦點」（Guru Focus）的「合理價值計算機」（網址http://www.gurufocus.com/fair_value_dcf.php），已經將整個計算過程自動化。但即便你日後偏好使用網路資源，我還是強烈建議至少要自己做一次現金流量折現法的計算步驟，才能深入了解最後的數值是如何計算出來的（見本章末的範例）。

在我們決定某檔股票是否值得更進一步考慮及進行安全邊際的粗略估算之前，建議投資人也可應用葛拉漢的基本篩選指標（彙整於第四章）。適當應用這些指標可以強迫投資人確認，除了安全邊際之外，一家公司過去和現在的表現等各個層面的數據是令人滿意的。用這個方法，投資者必須檢視這家公司的資本結構（即債務與股權的比例）、營運資金的水位（即流動性資產減去流動性負債），以及許多時候在計算內含價值並未考慮進去的其他重要因素。

最後，必須強調很重要的一點是，安全邊際這個概念的效用非常高，其實不需要達到百分之百，甚至是百分之八十的精準與確認便足以應用。如同備受讚譽的價值投資人和作家海格斯壯在《巴菲特精華：新經濟永恆法則》（*The Essential Buffett*）一書所述：

> 葛拉漢主張，基本上不需要決定一家公司準確的內含價值；相反地，只要算出一家公司大約的內含價值範圍即可接受。即便是大略估算的內含價值，若拿來與該公司的市價相比，就足夠算出安全邊際的數字。

擇時進場及安全邊際

從某一方面來看，葛拉漢不認同預測股價未來的漲跌方向，並且認為這是不健全的一種投機行為；但另一方面，他又推薦以安全邊際機制去找出未來仍有上漲潛力的股票；這兩者之間看起來似乎有互相矛盾之處。畢竟，當一名投資者買進一檔具有相當安全邊際吸引力的股票，基本上他的賭注是這檔股票的內含價值不見得會增加，但市場價值一定會上升，亦即股票價格會上漲。因此，毫無疑問地，價值投資人某種程度是在預測股價走勢。然而，其中主要的差異是，不像那些專業的擇時市場專家，價值投資人不會假定自己知道，他將會在何時、甚至是什麼程度上，因為找出一檔市場訂價錯誤的股票，亦即股價低於這檔股票代表公司事業的內含價值，而獲得獎勵。

葛拉漢了解，即使投資體質健全的公司，價格的波動仍會是一個問題。但是，他放棄去預測未來股價波動的時機及具體細節。或者，換句話說，他逐漸接受市場波動是人力無法控制的一種自然力量。就像道西告訴我的，「安全邊際對一名有紀律的投資人非常重要，因為它承認人類是有弱點的。」事實上，這個觀念的主要力量就在它的實際及人性。有別於那些模稜兩可的股價線圖法，葛拉漢完全避開那些困境，並考慮採用一個新的標準來達成獲利，而非試圖去控制市場波動性。身為一個具有創造力的思想家，葛拉漢構思出一套可以將這樣的波動性從威脅轉為龐大機會的系統。在這個可能是葛拉漢一生最具影響力的智力成就上，他成功了。

就像他在《智慧型股票投資人》一書提到，既然連高品質股票的「股價都會受到週期性因素影響而出現劇烈波動，聰明的投資人應該會有興趣從這些震盪中尋找獲利的可能性」。安全邊際法則的應用，證明是投資人發掘市場錯誤的股票訂價而蒙受其利的有效方法。重要的是，這個方法並不需要預測價格可能什麼時候會變動。相反地，它找出一個重大的價差，代表股價最後可能會大幅上漲。如此一來，便可省去非價值投資法許多無濟於事的猜測工作。著名的作家及財務教授康寧漢（Lawrence Cunningham）表示：「葛拉漢將安全邊際稱為投資學的中心思想，因為它最重要的功能，就是不必再準確地估計未來股價。」

葛拉漢注意到，在大部分的情況下，一家公司的內含價值與其市場價值的大幅差距遲早會縮小，而價值型投資人並不會假裝他們知道哪家公司具有這種價差，市場自己會承認錯誤。如同我們在第八章會討論到的，這就是為什麼，一旦價值型投資人找到購買股票的適當時機時，亦即當股票價格便宜，提供相對其內含價值的高安全邊際時，那麼股價每天的來回擺盪就不再特別重要。

葛拉漢投資學派是以安全邊際法則來找出穩健價值，並保持信念，相信適當時機一定會找到「以五十美分買到一塊美元」的機會。因此，即使當市場價格大幅下跌，有紀律的價值投資人並不會驚慌失措地賣出持股，相反地，就像在惡劣天候下出海捕魚的漁夫，葛拉漢的信徒會耐心等待暴風雨過去，因為他們知道，就像大自然的法則，雨過一定會天晴。等到風和日麗時，以五十美分買進持股的價值型投資人便處於有利位置，可以將這些便宜取得的股票以一美元賣出，若是市場「豔陽高照」時，甚至能賣到兩美元的價位。

布蘭帝是特許財務分析師及價值投資人的楷模，旗下的布蘭帝投資夥伴公司管理超過三百四十億美元資產，他在自己最新版的《高獲利價值投資法》（*Value Investing Today*）中大力推薦安全邊際法則。身為富比世四百大富豪榜成員，並曾經在一九七〇年代初期接受過葛拉漢親自指導的布蘭帝，針對投資人如何利用市場波動搶先取得最大的安全邊際，然後再藉由價差來賺取獲利，提出實用的概要說明：

> 股票價格都是在公司的內含價值上下擺盪，這些價格的波動為價值型投資人創造了機會。當公司股價跌到顯著低於內含價值時，買點就浮現了……價值型投資人預期，過了一段時間，當其他投資人看出公司的真正價值後，股價就會攀升到內含價值的水準。這種情形出現時，安全邊際便會縮小。當股價等於或超越公司的內含價值時，安全邊際就會消失，這時就應該賣出手中的持股。

即使連布蘭帝這位在世的價值投資學派大師，都不會聲稱自己知道什麼時候「股價會上漲」。不過，他累積數十年價值投資法的成功經驗，讓他有很大的信心「總有一天股價一定會上漲」。也就是說，當市場最後修正股票價格和內含價值之間的差距時，投資者買進的具有極大安全邊際的股票價格通常都會上漲。當然，當這種情形出現時，布蘭帝跟所有有效率的價值投資人一樣，就準備進行獲利了結了。

安全邊際及債券挑選

關於大部分的債券，葛拉漢認為其安全邊際通常是顯而易見的。但是，從葛拉漢與陶德在《證券分析》花了數百頁篇幅談債券挑選這點看來，債券投資有許多無法一言以蔽之的複雜及例外。基本上，除了債券價格及票面利率（支付給債券持有人的利息）之外，挑選債券時還要檢視葛拉漢所謂的「獲利償付能力」，也就是：債券發行公司的獲利，是「固定償債金額」（亦即債券發行公司必須負擔所有發行債券的全部利息支出）的幾倍。

然而，就像分析股票投資一樣，檢視過去幾年的獲利紀錄（指考慮買進的發行債券公司）有其必要性。一般來說，葛拉漢會建議計算過去五年的平均值。如此一來，投資人便可確認目前的獲利表現，與其相當長期的穩健獲利模式吻合，而且在可預見的未來將可能持續下去。基本的原則是，葛拉漢所謂的「工業類債券」，亦即非由鐵路公司或公用事業公司所發行的債券，需要有至少三倍的獲利償付能力。也就是說，一個發行債券的工業公司，例如可口可樂，每年獲利至少要比全部債券（和其他形式的負債，若適用）負擔的所有年息支出大三倍。

資產及獲利強健但價格低於票面價值的債券，大部分指的是低於一千美元的債券，某些方面和遭到低估的普通股很相似，包括挑選的分析架構。

—保障本金的安全—

如同價值投資人聖經《證券分析》所記載的文字：「證券分析的主要壓力，就在於保護本金受到不順（即不幸）事件的損害。」年輕時曾經歷過重大經濟災難，並親眼目睹華爾街各式各樣愚蠢行徑的葛拉漢，領悟到賠掉已有的資金，有可能會招致賠上更多資金的危險。

雖然不可能排除所有的投資風險，葛拉漢的方法，尤其是（但不限於）安全邊際，可以從一開始先過濾條件不佳的股票來大幅降低這種風險，這就是價值投資人的績效可以如此出色的主要原因。畢竟，即便有許多證明成功的投資經驗，但只要幾次重大虧損就會摧毀整體投資績效，或至少導致績效表現低於大盤平均報酬率。著名的作家及價值型基金經理人海格斯壯在《勝券在握》（*The Warren Buffett Way*）提到：

> 葛拉漢表示，投資有兩個原則。第一個原則就是不要賠錢，第二個原則是不要忘記第一個原則。

為了解釋投資時保護本金安全的重要性，我們有必要思考一下經典的伊索寓言「龜兔賽跑」。故事中提到，健步如飛的兔子由於愛自誇的過度自信及拙劣的判斷力，最後在賽跑中輸給速度比較慢但謹慎而努力不懈的烏龜。套用在華爾街，兔子就是「最尖端」的投資好手，他們留意哪檔股票「大熱門」的各種最新傳聞。

舉例來說，一九九五年至二〇〇〇年的「網路狂飆」年代，華爾街的「兔子」志得意滿，但後來隨著泡沫的破滅而幾乎傾家蕩產。與此同時，像巴菲特這種投資「烏龜」卻避開飆漲的網路股，以具有吸引力的價格及較大的安全邊際買進比較平凡的企業。那些「傳統無趣」的股票會這麼便宜的部分理由，是因為它們被所有的「兔子」忽略了，那些兔子追求的股票都是知名的高科技企業，譬如Furniture.com。這家已經宣告破產公司的前任員工告訴CNET：「我們會接下一張兩百美元的茶几訂單，然後花三百美元運送，我們怎麼也想不透要怎麼賺錢。」

因此，雖然「兔子」一九九九年的績效可能會勝過傳統價值投資者，但是隨著泡沫的幻滅，最後誰會擁有比較好的名聲和財富？網路股背後許多「革命性企業」紛紛在二〇〇二年宣告破產，那些投機分子在網路泡沫期間的投資績效，有可能打敗巴菲特百分之十四的年度報酬嗎？而且，這些投機客在任何泡沫期間都能打敗巴菲特嗎？追隨葛拉漢典範的價值投資人，相當滿足於任何年度都能獲得或許穩健但不見得出色的績效。當然，他們的績效不可能在市場崩盤時毫髮無傷，而且一定也有年度報酬虧損的時候。但是，長期避免及降低大額虧損的結果創造出極大的差異。

我們將在本書後面的章節，檢視波克夏‧海瑟威、紅杉基金（Sequoia Fund）、華特及愛德溫‧許羅斯投資公司（Walter & Edwin Schloss Associates），及其他投資公司遠遠超越大盤的績效，深入探討這些差異。這些具有傳奇色彩基金的共通點是，它們都是由葛拉漢的忠實信徒負責操盤。

安全邊際這個概念的主要力量在於其廣泛的應用性。它就像是一種「全方位」的降低風險工具，投資人在使用它的時候，可以非常確定不管每日股價如何變動，他的本金可以確保相當程度的安全。畢竟，這筆資金所買進的是市場嚴重低估其內含價值的股票。因此，它提供你想要的安全性，而不必去精心且通常錯誤預測未來股價的移動方向。一九四〇年代中期，葛拉漢在紐約金融學院某一場備受讚譽的演講中，將以下的智慧傳授給一群華爾街菁英：

然而我們可以從經驗中發現，過去你對於自己所投資的股票要求夠高的安全邊際，尤其是未來對每一家公司都比照過去的標準，將會讓你的投資臻於健全。

事實上，當嚴格採用安全邊際法則，再搭配一些分散風險的方法之後，這樣可以減輕偶爾雖然擁有強勁的安全邊際，但最後股價卻未如預期上漲的例外所帶來的衝擊，投資人可以確定得到有利的結果。這就是為何康寧漢會說葛拉漢的安全邊際概念是「投資法寶」的原因。

關於投資本金的安全，必須注意很重要的一點就是，安全邊際是價值型投資人首要、但絕非唯一使用的保護機制。在沒有其他檢驗措施的輔助下，我們不能永遠仰賴安全邊際作為投資安全的指標。在許多情況下，它必須配合其他因素一起進行評估。然而，選出擁有明顯安全邊際的股票，依然是價值型投資人選股時可信賴的預防措施。就像巴菲特在一九八四年慶祝《證券分析》初版印行五十週年紀念會上，告訴哥倫比亞商學院的聽講人：

你不能算得分毫不差。這就是班傑明・葛拉漢所謂要有安全邊際的意思。你不會以八千萬美元去買一間價值八千三百萬美元的公司，你會留給自己很大的空間。當你在造橋的時候，你認為它可以承載三萬磅的重量，但你最多只會開著總重量一萬磅的卡車通過。這樣的原則同樣適用於投資領域。

股價大幅上漲的獲利潛力

誠如其名，安全邊際的核心目標就是幫助投資人保護資產，免於因不健全的投機結果而導致永久性的損失。事實上，透過應用安全邊際法來找出安全投資標的，是極小化投資風險的重大突破。然而，與一般的風險／報酬關係（即低風險、低報酬）相反，安全邊際愈大，投資風險愈低、獲利潛力愈大。舉例來說，以百分之五十的安全邊際，亦即其市價只有計算出來的內含價值的一半，買進 ABC 公司，比起僅用百分之二十的安全邊際買進同一檔股票，不但提供較大的保護緩衝空間，而且獲利機會更大。

這就是為何葛拉漢的安全邊際不僅是個聰明的概念，而且是投資選股方式的真正典範轉移。它永久改變了傳統的風險／報酬關係，當安全邊際愈大，投資風險愈低、投資報酬率愈高。就像成就非凡的價值投資人馬克斯（Howard Marks）在其近期著作《有關投資與人生最重要的事》（*The Most Important Thing*）中提到：

理論家認為報酬與風險，儘管有其相關性，但它們是兩件分開的事情；而價值型投資人認為，高風險與低潛在報酬不過就是相同銅板的兩面，兩者都是起源於股價已經偏貴。因此，了解價格與價值之間的關係——不論是一檔股票或是整個市場——是成功與風險打交道的必備要素。

安全邊際已經證實是評估及測量「股票價值與市價關係」的有效方法，以及它可能如何影響評估中投資機會的長期績效。

事實上，葛拉漢就像華爾街的煉金術師，透過這個巧妙的分析架構，將市場的投機狂熱轉化成有條理且可信賴的強勁獲利方式。他決定利用摧毀許多投資人財富的市場短線愚行，來造就長線投資者的巨大優勢。他認為當短線與長期價格出現歧異時，從其中價差獲利的最好方法，就是當市場忽略這些價值時，找出其堅強的內含價值，進而為股票確立一個折現價值。

然後，如上所述，葛拉漢會等待那幾乎無可避免的時刻，直到市場真正看出股票發行公司的獲利或資產負債表有足夠強度，才將股票賣出。不過，另外重要的一點是，當市場看出原先錯誤時，價格的鐘擺通常會過度向另一邊擺動，此時市場給予該股票膨脹後的價格將遠遠高於其內含價值！這時就創造出投資者以可觀獲利賣出手中部位（先前以該公司大幅折價內含價值——即高安全邊際——買進的持股）的機會點。

顯然，葛拉漢從二十五歲（或許更早）就開始練習某種形式的「以合理價格投資體質健全股票」的方法。在他職涯早期，經常被拿來說明安全邊際的一個交易實例，就是杜邦（**Du Pont**，著名的美國化學公司）。葛拉漢於一九二三年察覺杜邦普通股的市場價格及其內含價值存有極大落差。根據他的計算，杜邦的市場價格，大約等於杜邦持有通用汽車

（General Motors）的股份價值。杜邦在更早幾年前，就開始購入這家極具潛力的汽車公司股票，當時由前任杜邦總裁皮耶禮（Pierre Du Pont）擔任通用汽車第一任董事長。令人吃驚的是，當時的市場價格完全忽略杜邦本身經營的大型化學業務，以及該公司持有的其他大型非通用汽車資產。

對於杜邦股票的大幅安全邊際，厄文・卡恩及羅伯特・米奈（Robert Milne）寫道：「後來，這個異常現象的最後結果是，杜邦市場價格上漲到足以反映這家化學公司的價值。」因此，在一場經典的價值「反擊」中，二十七歲的葛拉漢找到一個顯著的安全邊際，買進遭到低估的持股部位，並耐心等待市場修正其錯誤訂價；然後，等到時機成熟時，他便把手上持股賣掉而獲得可觀的獲利。

二十幾年後，葛拉漢以相同的基本方法，用他的合夥投資公司買下當時鮮為人知的「美國政府雇員保險公司」——又稱為「蓋可」（GEICO）。這家保險公司從那時便不斷擴張至今。當時葛拉漢花不到七十五萬美元就擁有該公司半數股份，幫他乃至後來的巴菲特賺進鉅額財富。至於巴菲特，應用安全邊際法則的經典之作，最著名的就是他在一九七三年，以超過百分之七十的安全邊際購買百分之九的「華盛頓郵報」（Washington Post）股份。如馬克斯寫道：「內含價值概念實在太重要了。如果我們持有的價值觀點，可以幫助我們在其他人賣出股票時反向買進——假如我們的看法結果是對的——那就是以最小風險賺取最大報酬的途徑。」

一九九〇年《紐約時報》有一篇文章透露，就像巴菲特做過的許多成功交易，「華盛頓郵報」當時遭到嚴重低估的內含價值，亦即安全邊際非常大，是巴菲特以一千零六十萬美元買進股權的主要理由：

根據他（巴菲特）的計算，華盛頓郵報應該價值四至五億美元，但是市場給予該公司評價僅約一億美元。「把股票賣給我的其實是法人機構」，巴菲特補充道。「在內含價值方面，他們或許可以跟我得到一樣的結論，但是他們毫不在乎，因為他們認為這檔股票明天（短線）就會下跌。」直到一九八九年底，波克夏投資華盛頓郵報的持股價值逾四億八千六百萬美元。

這就是反向價值投資法的最佳典範。然而，特別是近幾年來，巴菲特察覺似乎有必要在一定程度上調整安全邊際法則。尤其是，巴菲特受到菲利浦・費雪（Phil Fisher，投資界名人，《非常潛力股》〔*Common Stocks and Uncommon Profits*〕一書作者）的思想影響，和巴菲特好友兼合作夥伴孟格（Charlie Munger）的忠告，他開始去看比較偏向質性的因素，例如管理團隊的誠信、品牌獨特性等，來評估公司價值。結果使他放寬葛拉漢便宜買進股票的傳統方法，而且在某些案例中，可以「用適度價格買進一家出色的公司」。當然，這個投資方法仍具有安全邊際的內涵，而且他依然認為自己現在的選股工作根源於葛拉漢的方法。當我詢問巴菲特先生，關於他對安全邊際的部分修正，他回答：

> 我現在的投資方法，仍然師承於葛拉漢學派，但是我的方法考量更多層面的質性分析，一方面原因是，我們管理規模如此龐大的資金，因此再也不能忙於尋找微小的獲利空間。班傑明也不會否定這一點，但是他會說，比起一般投資人，我確實需要投入更多的努力及時間。

因此，對大部分的投資人（亦即不像波克夏・海瑟威持有龐大股份，因而必須進行大筆資金配置的人）來說，巴菲特仍然建議採用葛拉漢相當傳統的安全邊際法則。

當然，在投資海外股票時，安全邊際法則也同樣適用。事實上，在某些情況下，這個法則甚至可以發揮更強大的作用，尤其是在開發中國家，因為開發中市場對發行股票企業的認知，以及企業本身真正的成長動能，兩者之間的差異可能更為顯著。我曾經採訪湯姆・羅素，他是將價值型投資法應用於全球股票的專家之一，也是享有高度評價的價值型基金賈德納、羅素與賈德納（Gardner, Russo, and Gardner）的合夥人之一。有關於安全邊際以及高度成長的發展中國家，羅素先生提出下列觀察：

> 國際市場投資的安全邊際，來自於市場的目光短淺，因為當國際金融市場每次下跌的時候，總是會令投資人沮喪。還有資本是非常追逐趨勢而行的，因而專門投入開發中新興國家股市的資本非常有限。因此，當市場驚慌失措並開始撤離資金，股票買家會跟著反擊並造成

股價劇烈波動。而在那些震盪中，當貪婪被恐懼擊敗，恐懼開始盛行時，你就可以用非常高的安全邊際來買進股票。

如羅素先生所述「當貪婪被恐懼擊敗，恐懼開始盛行時」，安全邊際的投資機會將非常充沛，不論投資人決定投資在何處。相反地，當貪婪盛行之際，原本繁多的安全邊際將變得非常稀少。

事實上，以較廣泛的應用層面來看，當許多股票（或者特定族群的股票，例如一九九〇年代晚期的科技股）的安全邊際開始縮小之際，就可以當作市場修正即將發生的一種指標。蒙蒂爾（James Montier）這位受葛拉漢啟發的GMO資產公司資產配置專家（GMO為大型的全球投資管理公司，旗下資產管理規模超過一千億美元），便從安全邊際的角度來看二〇〇八年末期和二〇〇九年的股市重挫事件，其在《華爾街日報》一篇文章中表示，二〇〇六年至二〇〇八年初，「人們的行為，似乎完全將安全邊際拋諸腦後。每一個人都在尋找獲利機會，投資秩序蕩然無存。」事實上，當時市場參與者將長期基本面棄之不顧，不斷追求快速獲利，而且就像葛拉漢在世時經歷過的相似年代，這樣的投資行為替未來無可避免的股市大崩盤種下了惡果。蒙蒂爾繼續說道：「我們都知道泡沫的淒慘下場——只是不曉得何時會發生。」

因此，在葛拉漢及陶德發明「安全邊際」一詞將近八十年後，及葛拉漢將這個觀念以某種形式開始應用的至少九十年後，安全邊際與各種不同層級和不同目的之投資人依然密不可分。這個概念是一個擁有非凡寬度與深度智慧的智者傑作——這位投資大師擁有天賦異稟的數字能力，而且有本事用看似簡單而有效的方法來解決複雜問題。如同下一章的說明，葛拉漢無與倫比的才智以及異於常人獨立且突破傳統的思維，從他接受學校教育的那刻起，便立即展露無疑。

現金流量折現法計算範例：默克公司普通股（MRK）

（百萬美元）

	歷史資料	預測數值											
	2010年	2011年	2012年	2013年	2014年	2015年	2016年	2017年	2018年	2019年	2020年	期末（永續）價值	
淨收益[1]	982	6,465	7,755	9,309	11,159	13,385	16,005	19,258	23,101	27,710	33,238	34,235	20%
折舊[2]	2,638	2,901	3,191	3,510	3,860	4,246	4,670	5,136	5,649	6,213	6,833	7,038	10%
攤提[3]	4,743	4,600	4,500	4,500	4,300	3,700	3,300	2,900	2,500	2,100	1,700	-	0%
營運資本變化[4]	(632)	(771)	(941)	(1,149)	(1,402)	(1,710)	(2,087)	(2,547)	(3,108)	(3,793)	(4,629)	(4,768)	22%
資本支出[5]	(1,678)	(1,925)	(2,209)	(2,535)	(2,908)	(3,337)	(3,829)	(4,393)	(5,041)	(5,784)	(6,637)	(6,836)	15%
自由現金流量		11,270	12,296	13,629	15,009	16,283	18,109	20,354	23,100	26,445	30,506	29,670	
期數[6]		1.0	2.0	3.0	4.0	5.0	6.0	7.0	8.0	9.0	10.0		
折現率[7]		0.91	0.83	0.75	0.68	0.62	0.56	0.51	0.47	0.42	0.39		
現值		10,246	10,162	10,240	10,251	10,110	10,222	10,445	10,776	11,215	11,761	423,857	

折現率 10%，成長率 3%，營運價值（現值）105,429，期末價值（現值）163,415，總金額 268,844，負債[8] 817,88（二〇一〇年公司財務年報），股權價值（現值）250,962，在外流通股數 93,576,948,356[9]（二〇一〇年公司財務年報），每股價值 70.16

註解

1. 2011 年估計淨收益是從 2011 年第三季公司財務季報數值年化後結果。

2011 年 9 月（9 個月數據）	（12 個月數據）
4,849	6,465

   2012 年至 2020 年淨收益是採用過去 5 年（2010 年至 2006 年）的年度淨收益數字的平均成長率預測得來。

   期末價值的淨收益是假設 3%的成長率（美國國內生產毛額成長率的平均值）。

2. 2010 年實際發生（亦即歷史數字）的折舊數字來自默克 2010 年的年度財報。

   估計的折舊數字是採用過去 5 年（2010 年至 2006）的年度折舊數字的平均成長率預測得來。

3. 2010 年實際發生的攤提數字來自默克 2010 年的年度財報。

   2011 年至 2015 年的估計折舊數字來自 2010 年的年報。

   2016 年至 2020 年的估計折舊數字每年減去 4 億美元。

   期末價值的攤提使用 3%的成長率計算。

4. 2010年實際的營運資本數字來自默克 2010 年的年度財報。

   2012 年至 2020 年的營運資本是採用過去 5 年（2010 年至 2006 年）的年度營收數字的平均成長率預測得來。

   期末價值的營運資本使用 3%的成長率計算。

5. 2010年實際的資本支出數字來自默克 2010 年的年度財報。

   估計的資本支出是採用過去 5 年（2010 年至 2006 年）資本支出數據的平均成長率預測得來。

   期末價值的資本支出使用 3%的成長率計算。

6. 假設自由現金流量發生在每年年終。
7. 採用 10%的折現率（因為默克是一家大型股本公司）。
8. 所採用的計息債券數據取自默克 2010 年的年度財報。

應付貸款及長期負債當期應收款	2,400
長期負債（票據）	15,482
	17,882

9. 在外流通股數的數字來自該公司 2010 年的年度財報。

第三章

跳級資優生的背後

葛拉漢的學業生涯一開始並不順遂，他在公立幼稚園過了短暫但愉快的一段時間：「我記得自己渾然忘我地坐在一個裝著沙子和大貝殼的箱子前，自得其樂地玩耍著。」遺憾的是，由於五歲的葛拉漢遲遲學不會解褲子鈕扣，因此學校老師總是要陪著他上廁所。最後，這個問題為幼稚園帶來極大的不便，導致葛拉漢必須等到六歲半才能重新接受正規教育。坦白說，這個事件對葛拉漢造成極大的困擾：「我迫不及待想開始上學，我的哥哥無法忍受他們得到學校去，而我卻還是個小嬰兒。」葛拉漢的拚勁和好勝心似乎從年幼時便有跡可循。

—求知慾永無止盡—

一九〇〇年九月，葛拉漢進入紐約市第一五七公立小學就讀一年級。儘管學科的要求是透過字彙卡學習英文字母和簡單詞彙，但葛拉漢馬上就從班上脫穎而出；在性向和學習態度方面，老師看出葛拉漢是才華不凡的學生。那個時候，小學班級分為兩個半年的學期，分別在九月和一月開學。後來，在很短的時間內，葛拉漢就升了一級，從一A跳級到一B。葛拉漢從一九〇二年九月進入第一〇公立小學的「小學部」開始，便一路跳級到三A。到了一九〇三年二月，老師建議他直接跳過三B，葛拉漢於是升到四A。在回憶錄中，葛拉漢帶著一絲的驕傲細述這段經歷：

> 我只在小學部待了一個學期（即半年的時間），從九月進入三A開始，隔年二月就直接跳級到四A，升上初中部。

葛拉漢是初中部的優秀學生，雖然他自己承認花了許多時間閱讀和學校課業完全無關的書籍。葛拉漢的求知欲熾烈無比，如此廣泛的「課餘閱讀」成了他一輩子的習慣。葛拉漢從早年學生時代開始，到他四十二年的華爾街生涯，閱讀橫跨各種語言、五花八門的主題，成為他主要的熱情所在。

此外，在葛拉漢二十年的半退休期間，當他擁有時間和財力從事自己選擇的興趣時，他放棄高爾夫、遊艇之類的娛樂，把時間全部留在辦公室進行閱讀、翻譯、寫作，和其他需要消耗腦力的文字活動。文學評論家暨加州柏克萊大學（University of California at Berkeley）教授查特曼（Seymour Chatman），在葛拉漢死後出版的回憶錄序言中寫道：「葛拉漢的回憶錄也證實了許多老師的懷疑：最耐久，或許也是唯一禁得起考驗的教育，就是自我教育。」

葛拉漢的聰明才智，不管課堂內外，對他的家人和同學都同樣顯而易見。可惜，他出色的智力表現和他笨拙的肢體動作形成強烈的對比。雖然葛拉漢在體育方面幾乎毫無才能或興趣，他跟初中部所有學生一樣，仍然不得不「全程參加各式各樣的競賽和運動」，使得年幼和有些敏感的葛拉漢遭到極大的屈辱：「我和別人一樣努力，但表現就是比較差，因此我的自尊心不斷受到打擊。」在一段特別貼近內心的自白中，葛拉漢寫下他對外界批評自己缺乏肢體協調，及同學、兄弟取笑他笨手笨腳的反應：

> 我老是陷入沉思或沉浸在白日夢裡，心不在焉到了無可救藥的地步。所以，別人經常對我生氣地咆哮：「看看你做的好事！」或「你為什麼走路不長眼睛？」這些都還算是客氣的。我曾努力想要解釋，一點小男孩的腦袋可能裝滿許多新奇有趣的想法，就是因為那些想法妨礙他注意周遭的現實世界——難怪我會像年輕的作夢者約瑟（Joseph the Dreamer）遭到兄弟們無情對待的相同命運，或許這是我咎由自取吧。

不過，儘管不斷受到「新奇有趣想法」的心理干擾，葛拉漢卻始終在課業和考試方面表現出色。但是，有一個著名的例子，可以說明他漫不經心的個性如何造成學習障礙：葛拉漢念到小學六年級時，紐約市教育系統舉行了令人懼怕的「麥斯威爾測驗」（Maxwell examinations），這項考試是由紐約各級學校的督察長所獨創，葛拉漢記得他是「一個叫做麥斯威爾博士的可怕人物」。

遺憾的是，後來葛拉漢發現考試題目其實一共有七題，並不是五題。葛拉漢全神貫注在前方黑板的五道題目，沒注意到第六題和第七題竟寫在教室後面的黑板上。當然，老師有向學生宣布，最後兩題寫在他們後面，但那個時候，葛拉漢或許是太專注在第一道題目，以致對老師說的話充耳不聞。

雖然七道題目中有兩題漏掉沒寫，不過葛拉漢作答的那五題獲得滿分，使他拿到超過七十分的成績，令人驚訝的是，那竟然是第一〇公立小學「麥斯威爾測驗」全校最高分的成績！我訪問葛拉漢的三子小葛拉漢「巴茲」時，他表示父親這種人在心不在的神遊狀態，似乎離開學校後依然如此：「他多半的時候總是有些心不在焉。」

學校校長召見葛拉漢，用惋惜的口氣告訴九歲的班傑明：「要是你把另外兩題也答了，會使你自己及我們學校聲名大噪的。」的確，如果葛拉漢有答完題目，他很可能就是全紐約市公立學校「麥斯威爾測驗」的最高分得主。這個苦樂參半的考試成果，使得十歲的葛拉漢又順利跳了一級，他侷促不安地發現自己進入七A的班級，周遭幾乎清一色是十二歲的男孩。葛拉漢記得，他的同學毫不留情地取笑他這個年紀幼小的「怪胎小子」。

可以肯定的是，葛拉漢在數學方面的天才，確實能為他帶進財富。而且在數學天分幫助他於華爾街致富的許多年前就已如此。在為他的朋友布朗（Chester Brown）擔任家教，指導數學及其他學科，便成為葛拉漢此後多年的重要收入來源。葛拉漢持續擔任家教，「工作一直很穩定，直到最後在總督島（Governors Island）為伍德將軍（General Leonard Wood）之子和其他軍官進行輔導為止。」同時，他也不斷擴大自己的閱讀量和閱讀範圍。

我不關心華燈初上的街頭生活，在我看來街上的男孩都是粗俗而無趣的，因此我有很多時間看書。我的閱讀量顯然很驚人，每隔兩個禮拜，我會向圖書館借四、五本書，另外我還讀了不少大家輪流傳閱、無傷大雅的禁書。

—驚人的文學造詣—

葛拉漢喜愛各種文化背景和年代的經典作家如荷馬、維吉爾、莎士比亞、狄更斯、艾爾傑等，比較輕鬆和現代的作品如尼克・卡特的偵探小說，以及講述遠古時期如羅馬皇帝哈德里安和近代如班傑明・富蘭克林的偉人歷史典籍。一如既往，雖然讀的大部分都是課外讀物，但似乎並不妨礙他持續獲得優秀的學業表現。從葛拉漢成年後豐富的文學作品看來，我們也值得注意，他因為學業成績優異，而被選為學校雜誌的編輯，並發表過一首「長詩」。

葛拉漢當選第一〇公立小學的畢業生代表一事，讓這位十一歲的男孩感到無比光榮：「當我在畢業典禮上發表告別演說時，心中充滿了自豪。」如果我們想到，幾乎所有畢業生都比他大上至少兩歲時，就更令人吃驚了！

葛拉漢以第一〇公立小學第一名畢業生的成績，輕鬆進入聲譽卓著的湯森．哈里斯．霍爾高中（Townsend Harris Hall High School）就讀。葛拉漢的班級，是第一個入選該校在一九〇四年首次成軍的速成班之一，在這個班裡，傳統四年的高中課程三年就全部學完。時隔一百多年後，湯森高中依然是紐約的明星高中。儘管這間學校大有來頭，但葛拉漢似乎對師資印象不深。葛拉漢在回憶錄想起的兩位老師當中，只有一位在他的記憶裡是很優秀的老師：「喬凡尼（Eduardo San Giovanni）這個令人望而生畏的拉丁文老師，真的教我學會這種複雜的語言。」葛拉漢精通拉丁文和希臘文——這兩種語言也是在湯森高中學會的，更進一步加深他對希臘智慧與文學的終生熱情：「古典語文對我的內心生活具有無可估計的價值。」

曾為二〇〇三年版《智慧型股票投資人》撰文的著名青年價值投資家史威格（Jason Zweig），在一篇提到葛拉漢準備申請哥倫比亞大學的簡介中，寫到：「葛拉漢最熱衷的興趣之一，就是把荷馬的作品譯成拉丁文，將維吉爾的作品譯成希臘文。」確實，就連葛拉漢的投資書籍都攙雜著這些古老的智慧。在他經常引用的經典句子當中，最著名的就是《智慧型股票投資人》的前言：「我們歷經命運浮沉，嘗盡滄桑苦楚，方能闖出自己的道路。」引述並譯自維吉爾的羅馬史詩《伊里亞德》（*Aeneid*）；以及《證券分析》：「今日的落難之人，明天將會再起；今日的天之驕子，明天將會墜落。」引述並譯自羅馬詩人賀瑞斯的拉丁論文《詩藝》（*Ars Poetica*）。

除了拉丁文老師之外，葛拉漢記得那時候還有另一位幾何學老師，個性沉默寡言、外表毫不起眼，他的名字叫做科亨（Morris Raphael Cohen）。這位老師之所以令人難忘，是因為他教過葛拉漢幾年後獲得的顯赫成就：科亨成為赫赫有名的哲學家，著有經典作品《理性與自然》（*Reason and Nature*）。

不過，在少年葛拉漢心中留下最深刻印象的「老師」是弗萊希曼（Constance Fleischmann），她是葛拉漢母親將房子租給住宿生時期，借住在葛拉斯本家的十八歲大一學生，她樂意免費教葛拉漢法語：「對待像我這樣怕生的小男孩，沒有誰比康斯坦茨更和藹可親。」值得一提的是，葛拉漢翻譯了一首曾和她一起朗讀的法語詩，激盪出他新的熱情：「我從希臘文、拉丁文、法文和德文的大量翻譯，獲得很大的個人滿足。」

—宗教信仰顯示其獨立精神—

為了參加即將到來的猶太人受戒禮，十二歲的葛拉漢也鑽研希伯來語。葛拉漢記得自己進行的宗教研究，是一次赤裸裸的心靈探索之旅。他回憶自己年少時期曾接受猶太教的許多觀念，後來也一度相當迷戀基督教，但是到最後，兩個宗教都不能符合葛拉漢對教義的一致性和邏輯要求的標準，因此他幾乎完全拋棄了這兩個信仰。根據葛拉漢後代和親戚的訪談資料，葛拉漢顯然並沒有遵守猶太教慣例，這點從他四段關係穩定的情史當中，有兩次和非猶太裔女子交往便可見一斑。

在自己的猶太人成年儀式上，或許葛拉漢最有意思的反應，就是平常總是循規蹈矩的他，竟然違抗宗教輔導員的指示。在一次明目張膽的挑釁行為中，葛拉漢「頑固地拒絕按慣例發表感謝父母的演說，及宣誓恪遵猶太教的習俗和禮儀。」從葛拉漢的回憶錄判斷，這樣的反抗並非出於他對母親的怨恨，而是猶太教戒律和他本身對神學的看法愈來愈格格不入的關係。到了青少年的初期，葛拉漢似乎已經接納某種形式的不可知論，放棄了自己原來的宗教信仰。

無論一個人生在什麼宗教信仰的家庭，就算真的出現這種質疑自己「家庭信仰」的情形，往往也是人生比較後期才會發生。顯然，葛拉漢已經縝密而冷靜地分析了自己的思想傾向，檢閱周遭親友最神聖不可侵犯和共同持有的信念。不管身邊人士的信仰為何，或是他的看法有多麼異於傳統，他會保留那些符合他本身邏輯辯證的想法及概念，不符邏輯者就予以淘汰。

葛拉漢對宗教的觀點，清楚地顯示了後來使他從金融投資界的從業人員當中脫穎而出的相同才智勇氣和獨立精神。

—獲益匪淺的高中生活—

為了各種合乎邏輯和財務上的理由，當葛拉斯本一家人再度搬家時——這一次搬到布魯克林的貝斯海灘區，通勤到曼哈頓湯森高中的路途變得遙遠無比，於是班傑明轉學到布魯克林男子高中（Brooklyn's Boys High），這件事有點打擊到葛拉漢。由於湯森高中實施三年制的課程，當然，再加上連續跳級幾次的關係，本來葛拉漢照進度可以在十五歲從高中畢業的！不過，葛拉漢漸漸發現，布魯克林男子高中也有它的優點。葛拉漢回憶，這所學校「因卓越的學術表現，在全美一直享有崇高聲望，我真的很幸運能進入這所學校就讀。」在二十世紀初的全盛時期，這所學校出了像艾西莫夫（Isaac Asimov）、梅勒（Norman Mailer）和馬斯洛（Abraham Maslow）這幾位傑出校友。的確，在布魯克林男子高中「只有」拿到第三名的成績，對向來習慣名列前茅的葛拉漢來說，大概是他遇過競爭最激烈的學術環境了。

撇開因為進度安排困難，致使葛拉漢未能繼續學習希臘文的遺憾不談，葛拉漢認為他在「布魯克林男子高中的兩年是獲益匪淺的」。葛拉漢始終保持優異的學業成績，因此被選為艾瑞斯塔聯盟（Arista，全紐約高中的榮譽團體）的成員。至於他在文學方面努力所獲得的進展，是他寫的一個短篇故事榮獲該校最佳文學作品獎，獲刊在布魯克林男子高中的年度大書上。但是，對過去在學校體育課遭到的羞辱或許仍感到刺痛的葛拉漢來說，最得意的莫過於在運動項目獲得出乎意料的重大勝利：擊敗布魯克林男子高中網球隊的隊長。事實上，葛拉漢贏得該校網球聯賽的冠軍！

當體育主任將獎牌頒給葛拉漢時，他沒有開口「恭喜」，反而問道：「你是怎麼獲勝的？」葛拉漢強調自己聽了有多什麼不悅，他把那次體育比賽的勝利，視為「個人的一個巨大勝利」，並且在接下來的幾十年對網球樂此不疲。

葛拉漢整個一九一〇年的夏天（高中最後一個學年開學前），都在紐約新米爾福德（New Milford, New York）的農場擔任傭工。葛拉漢在布魯克林男子高中的數學老師韋弗博士（Dr. Weaver）顯然認為，利用夏天參與農村勞動，對於像葛拉漢這種「城市少年」是很充實的體驗。於是，包含食宿，外加每月十美元的報酬，葛拉漢便動身前往巴曼（Jacob

Barman）這個風趣男人所經營的農場。巴曼是德國出生的老先生，年輕時移民到美國，曾經在聯合軍隊服役，是一個名副其實的美國內戰老兵。葛拉漢在紐約上州農場居住的那兩個月，和他以往的城市生活形成極其劇烈的對比，因此，暑假結束了，但葛拉漢對那個時期的記憶卻顯得分外鮮明。

其中，印象最深刻的就屬一頭名叫露西的乳牛。有一天，露西似乎正在發情，葛拉漢奉命帶她到附近的農場找公牛完成巴曼先生口中的「產犢工作」。主人指示天真無邪的葛拉漢帶露西到農場去交配，當他結結巴巴地向農場少女解釋自己帶乳牛過來的用意時，他尷尬到滿臉通紅。後來，更讓他顏面盡失的是，當他好不容易才把母牛帶進牛棚時，公牛興奮跺腳的情狀，使得葛拉漢因為太害怕自己的生命安危，竟然帶著怒不可抑的露西揚長而去！大體來說，那個夏天似乎是葛拉漢艱辛（每星期固定工作六十到六十五個小時）但不失滿足的慘綠少年時期。

除了收割牧草、擠牛奶、餵雞和晚餐後研讀希臘文學之外，那年夏天，葛拉漢最關心的就是自己能否獲得普立茲獎學金。他心中屬意進入哥倫比亞大學就讀，但是由於葛拉斯本一家當時生活依然貧困，獎學金成了他負擔學費的唯一希望。在葛拉漢結束巴曼農場的打工生活前不久，他很開心得知自己數月前參加的普立茲入學考試成績，在整個大紐約地區名列第七。由於普立茲獎學金一共有二十個名額，而接下來和普立茲時報主編的面試似乎只是個形式，因此葛拉漢認為自己穩操勝算，定能獲得那年秋天哥倫比亞大學的入學資格。葛拉漢八月底回到紐約市沒多久，就到派克街（Park Place）的普立茲辦公室參加面試，當時他認為結果很成功：「我以為面試進行得非常順利，當我向家人回報時，很難壓抑自己對結果的志得意滿。」

因此，當葛拉漢獲悉自己沒有入選的消息時，他回憶道：「這個結果不止使我大失所望，更造成嚴重的打擊。」葛拉漢長久以來進入哥倫比亞大學這所常春藤盟校的夢想被徹底摧毀了。此外，考試名次遠遠排在他後面的朋友竟然錄取了，使得葛拉漢做出一個合理的結論：一定是面試有什麼地方出了大差錯。表面上，面試結果似乎很圓滿，面試官甚至稱讚葛拉漢選擇的最喜歡的一本書——《羅馬帝國衰亡史》（*The Decline and Fall of the Roman Empire*）。因此，十六歲的葛拉漢推斷，面試官一定是察覺到「我靈魂缺陷的祕密，所以才將我的獎學金給了比我更純潔、更高尚的某個人。」用直白的意思解釋，葛拉漢認為「自慰」是造成他申請普立茲獎學金遭拒，進而被拒於哥倫比亞大學門外的原因。

尤其在他父親死後七年，葛拉漢成了自己最嚴格的紀律執行者。於是，為了考驗自己的「堅毅人格」，他多年來戒除了這些「壞習慣」。這樣的禁慾生活，加上根據葛拉漢大表妹羅達的說法，葛拉漢的母親鼓勵三個兒子「盡量談戀愛」，都可以解釋葛拉漢從第一段婚姻開始出現問題後的花心程度。當然，這種出軌的行為使得那段婚姻更加複雜和傷痕累累，而葛拉漢對感情不忠的傾向也始終存在於後續的幾段婚姻中。

放棄進入一流學府

從申請獎學金受挫這個備受煎熬的事件學到道德教訓後，考量到葛拉斯本一家處境堪慮的財務狀況，葛拉漢遂註冊進入學術聲望大幅落後哥倫比亞大學的紐約市立大學（College of the City of New York）。學校就在當地以及免學費的優點，使得紐約市立大學比其他大專院校更具吸引力。然而，近十年來始終保持頂尖學業成績的葛拉漢，馬上就覺得念紐約市立大學是個奇恥大辱。

哥倫比亞大學的學生，幾乎完全由最高階層的白人基督教社群所組成，極大多數具有英國、蘇格蘭、荷蘭和德國血統。那個時代的哈佛大學、普林斯頓大學和所有常春藤聯盟的學術機構也都是如此。會產生這樣的結果，一部分是階級和種族歧視造成的，一部分是因為猶太人和南歐、東歐（相對於法國人和愛爾蘭人）的天主教徒是美國比較新的移民。當時，回教徒和印度教徒尚未大量移入，不過亞洲佛教徒的社群已略具規模。因此，就社會地位和財務狀況來說，這些族群都尚未達到進入常春藤聯盟的絕佳狀態。那就是為什麼對比較不受青睞的族群來說，被常春藤聯盟錄取不僅意謂著對學術表現的表揚，也是成功美國化獲得獎勵的原因。就像葛拉漢說的：「我自己也接受了這種扭曲的價值觀念，使我的屈辱感更為加劇。」

註冊後不久，葛拉漢的不滿情緒便強烈到決定寧可放棄升學，也不要繼續忍受在他眼中的二流學府念書的羞辱。於是葛拉漢翻閱週日版《紐約時報》當時的「徵工讀生」廣告，找到組裝電門鈴的工作。他發現那份工作單調乏味，所以他在羅福勒電話公司（L. J. Loeffler Telephone Company）選了一份更有趣、待遇更好的工作。這間公司專門為坐落在第五大道、河濱大道和曼哈頓其他名貴地段的高級公寓生產電話系統，工作內容五花八門，頗有挑戰性：「我們製造較重的金屬零件……為硬橡膠按鈕拋光……裝配精密的電線系統……還有漆上薄薄的一層黃金。」葛拉漢漸漸喜歡上這份差事，而且向來笨手笨腳的他，對自己能夠掌握這些複雜的手動工作頗感自豪。除此之外，他天生酷愛追根究柢的個性，使他很快就鉅細靡遺地研究起羅福勒電話系統的運作和安裝方式。

有一天，羅福勒先生外出，一位電氣承包商打電話來詢問關於電線系統一個很複雜的問題。研究過安裝圖的十六歲葛拉漢，透過電話就能幫對方排除問題。正如葛拉漢所言：「從此我便成為羅福勒跟前的紅人。」

─在世界頂尖大學接受磨練─

雖然葛拉漢確實覺得在電話公司工作比在紐約市立大學念書稱心如意得多，不過他對哥倫比亞大學並沒有徹底死心。一九一〇年秋天，他寫信給學校，詢問能否申請隔年二月入學的獎學金。哥倫比亞回覆，這項獎學金不會在第二學期頒發，但是歡迎他一九一一年春天再寫信去申請九月註冊的獎學金。於是葛拉漢便耐心等待，同時一邊在羅福勒的公司工作。到了一九一一年四月，就在葛拉漢寄出第二封信不久，他接到哥倫比亞大學校長的私人邀請，請他隔天傍晚到校長家裡會面。由於校長對他想討論的事情並未透露絲毫訊息，葛拉漢在感到好奇的同時，仍然對於成為「哥倫比亞人」抱著很大的希望。他的心情忐忑無比：

> 隔天下午我用去油劑盡力將滿是汙垢的手洗乾淨，從富爾頓街搭西線地鐵到第一一六街，再走路到不遠處的校長家。我按門鈴時，心臟緊張得怦怦亂跳。

結果凱柏爾校長（Frederick F. Keppel）是個很親切的人，他對葛拉漢在羅福勒電話公司的工作展現出誠摯的興趣。幾分鐘後，他對這位焦慮不安的青少年說出一件令人吃驚的事：班傑明・葛拉斯本去年其實有贏得哥倫比亞的普立茲獎學金。校長解釋，問題是葛拉漢的堂哥路易・葛拉斯本（Louis Grossbaum）在哥倫比亞讀了三年，也同樣獲得普立茲獎學金的贊助。顯然，由於姓氏（當時葛拉斯本這個姓在哥倫比亞相當少見）和獎學金相同，導致註冊組的人把這兩個申請人混為一談，並拒絕了葛拉漢的獎學金，因為「他們不能把獎學金發給已經拿過的學生，所以把獎金給了排名在你後面的申請人」。接著校長向震驚不已的葛拉漢保證，他們下學年度會頒給他相同的獎學金。換句話說，哥倫比亞的大門已再度開啟！

葛拉漢在羅福勒電話公司的工作持續做到九月，便正式進入哥倫比亞大學。他火力全開，非但在三年內修完四年的學分（這是他一開始的目標，以彌補他浪費的一年），事實上他在兩年半就拿到文憑。值得一提的是，雖然葛拉漢獲頒的校友獎學金包括學費，但是他仍然必須靠自己籌措零用錢、教科書等學雜費。因此，葛拉漢的大學經驗，尤其是前兩年，除了繁重的課業活動和各式各樣的兼差工作之外，其他方面似乎乏善可陳：

> 我總是把大學生活幻想成幸福的青春歲月，是美妙地融合教育、友誼、愛情、體育運動和種種樂趣的時期。唉！回顧我自己的大學生涯，我不記得曾有過這麼快樂的片段。

雖然大學生活毫無樂趣可言，不過葛拉漢在哥倫比亞大學的時光，卻是他智力發展並為一生創造巨大「股利」（財務和各方面）的萌芽時期。就這點來說，葛拉漢在常春藤盟校最重大的決定，就是選擇理學院的數學當作主修。他修了許多數學方面的課程，並且對他主要的數學教授——後來成為哥倫比亞大學校長的霍克斯（Herbert Hawkes）留下深刻印象。葛拉漢畢業時獲得霍克斯教授聘任在數學系擔任教職。對當時傑出的大學生來說，畢業馬上獲得教職並不少見。雖然葛拉漢的價值投資系統並未涉及或需要用到他在哥倫比亞所學的高級數學程度，不過葛拉漢的數字導向思維，使他在從事證券分析工作時如魚得水。此外，他「剔除財報某些令人困惑和流於表面的項目，提出自己的方法來獲得更有意義數字」這種幾乎獨一無二的能力，和葛拉漢在世界頂尖大學所受的密集數學訓練多少有一些關聯。

除了數學之外，葛拉漢在德文和英文的光芒也隔外耀眼，尤其他在英文方面的造詣，跟數學一樣，成為他未來事業的核心，他善於撰寫明快動人英文散文的才華，有助於推動他的觀念在投資金融界以及少部分總體經濟學的傳播和採用。毫無疑問，葛拉漢是個絕頂聰明的原創思想家，但如果他不能有效地宣揚自己的創新想法，他的貢獻力量就會大幅削弱。

除此之外，他也能為更高年級的學生及金融投資界的從業人員，以更技術性的語言撰寫其他書籍。過了將近八十年後，仍然有些財務投資課程選擇《證券分析》作為教科書。這些能力，加上他大量引用英國及古典文學的生動寫作風格，說明他在哥倫比亞受到的訓練使他獲益無窮。

例如，葛拉漢在哥倫比亞修了一門叫做「每日一題」的英文課，每個學生每天都必須針對某個主題寫一頁作文，隔天就要交。就像葛拉漢說的，「這門課很累人，但是它絕對能教我們學會如何寫英文。」葛拉漢在這堂課和其他作業展現出無與倫比的寫作天分，沒有被塔辛（**Algernon Duvivier Tassin**）教授埋沒，他後來成為葛拉漢的朋友和金融圈的事業夥伴。塔辛教授告訴葛拉漢：「我從來沒有遇過和你同年紀的人，見解如此深入，表達如此精準、簡練、有力。」葛拉漢畢業時，另外一位英文教授厄斯金（John Erskine），是位學術聲望相當高的學者，也聘請他在哥倫比亞大學的英語系擔任全職教職。

同時，葛拉漢在一門介紹歌德、席勒和萊辛作品的課，還成為獲得A+的第一人，這門課完全以德文原文進行閱讀和討論。確實，葛拉漢對德國文化的崇拜，在就讀哥倫比亞時達到了頂點。他欽佩「德國人將科學效率和多愁善感的詩性予以融合的能力」。幾年後，隨著第一次世界大戰的爆發，他開始形成不同的觀點：「我對德國人的『民族心理學』開始感到深惡痛絕。」到了一次大戰結束時，葛拉漢已經完全拋棄了「我曾經最感興趣的德語和德國文學」。

除了數學、英文和德文之外，葛拉漢也選修許多其他課程和研討會，包括一些哲學課。同樣地，葛拉漢也讓他的哲學教授留下深刻印象。葛拉漢的哲學教授剛好是哲學系主任，事實上，伍德布里奇（Frederick Woodbridge）是哥倫比亞大學第一位提供本系教職給葛拉漢的教授。以異於常人的本領，集紀律和聰明才智於一身的葛拉漢，不僅在兩年半內取得四年制的常春藤聯盟文憑，他的表現更是出類拔萃到讓三個完全無關的系所，欲延攬他成為全職教職人員來貢獻他的才華。這項紀錄本身就已經夠驚人了，如果再考量到葛拉漢就讀哥倫比亞大一那年，在電影院擔任結帳人員，每週工作三十九個小時，其餘時間幾乎都在美國快遞公司（US Express）做各式各樣的職務，每週工作超過四十個小時，加上非常態性的工作，例如家教和廣告業務，這樣頂尖的學業表現足以證明他非凡、幾乎可說是怪才等級的敏捷才思和過人智力。

照這樣的課業和工作量，我們完全不意外葛拉漢想不起在哥倫比亞大學建立了任何堅固的友誼。令人驚訝的是，葛拉漢並未將自己沒有朋友的問題，歸咎於工作量太大，而是某種難以理解的古怪脾氣。

我在哥倫比亞大學並沒有知心朋友，是因為我太忙著念書和工作，還是我的感情生活出了什麼事，阻礙我結交男性死黨或密友呢？無疑是後者，因為同樣的缺點一直在我往後的歲月帶來傷害。

另一種交友模式成為葛拉漢「往後歲月」的一大特色，他的確有想到辦法擠出時間談戀愛。葛拉漢在談戀愛方面有些「大器晚成」，他最早的幾次約會都是經由哥哥里昂促成的。

葛拉漢透過哥哥認識的女孩當中，有一位名叫海柔爾（Hazel Mazur），這位住在布魯克林區的年輕女子，幾年後成為葛拉漢的第一任妻子。不過，有別於其他女子，里昂追求海柔爾的姊姊不成後，便積極向海柔爾獻殷勤，他根本不打算把她「介紹」給自己的弟弟。但是，海柔爾似乎對兩個葛拉斯本家的男孩都喜歡，陶醉在同時周旋於兩兄弟之間的樂趣。一九五〇年代和葛拉漢一家來往密切，就住在葛拉漢比佛利山莊對面的薩奈特醫生，跟我提到里昂和維克多有一次到葛拉漢家吃晚餐。自然地，這三兄弟敘舊時聊到他們早年在紐約市的生活。薩奈特醫生回憶說，餐桌上笑聲不斷，里昂和班傑明憶起他們共同追求海柔爾的往事：「她滿臉笑容走在街上，一隻手牽著里昂，另一隻手牽著班傑明。」

更讓人困惑的是，根據葛拉漢的回憶錄，他們的表弟盧（Lou），在取笑過兩兄弟「同時追求同一個女孩」之後，似乎也拜倒在海柔爾的裙下。在這樣的情況下，這位心機少女海柔爾和意亂情迷的情敵之間，並未出現任何實質進展，也就不怎麼意外了。此後不久，海柔爾便前往波士頓一整年。在那一年當中，葛拉漢終於找到他幽默地形容為一段「比較刻骨銘心的感情」。根據回憶錄研判，葛拉漢的第一個摯愛是艾爾達（Alda Miller），並不是海柔爾，「我總是懷著深刻的愛和某種內疚想起艾爾達。」

那個時候，葛拉漢設想自己獲得理學院文憑後，還要攻讀法學院三年。當時，在取得正式工作前結婚，幾乎和婚前性行為同屬禁忌。因此對葛拉漢來說，在這種情況下繼續和艾爾達談戀愛，是無法忍受的挫折和干擾。他在寄給艾爾達的分手信中寫道：

> 欲望強烈到我們都沒有希望得到滿足的程度。我寫道，她讓我魂牽夢縈，魂不守舍，連大學課業都無法專心投入了。

後來海柔爾從波士頓回來，為他們漫長而精彩、但最終以悲劇收場的結合拉開序幕。

葛拉漢在哥倫比亞的最後一年，也是他接受正式教育的最後一年，獲得一連串的獎項和聘書。葛拉漢對學術生涯的大好前途躍躍欲試，但是又對相對低的起薪感到憂慮，遂決定與深受他信賴、尊敬的凱柏爾校長討論此事。如果我們知道，葛拉漢唯一選修過的一門經濟學，在課程正式開始前幾個禮拜就退掉了（至於財務金融課程，那個年代根本幾乎找不到），就可以猜想得到，對葛拉漢來說，華爾街生涯可能連「最後的考慮選項」都談不上。

但是，天下事無巧不成書。凱柏爾校長和葛拉漢會面前不久，才剛與「紐伯格，韓德森與羅伊比」（Newburger, Henderson, and Loeb）這家華爾街公司的資深會員艾佛烈・紐伯格（Alfred Newburger）碰了面。如同厄文・卡恩和羅伯特・米奈在《班傑明・葛拉漢——證券分析之父》（Benjamin Graham: The Father of Financial Analysis）一書所言：

說巧不巧，紐約證券交易所的一名成員前來拜訪凱柏爾校長，談到他兒子學業成績不佳的問題。在面談中，他拜託校長推薦一個最優秀的學生給他。

於是，一九一四年的春天，這位哥倫比亞大學的新科畢業生開始了他的全職專業生涯，在一家小型的華爾街公司擔任初級債券業務員。不過，在很短的時間內，葛拉漢便憑著他在計量分析的非凡能力，攀登到金融投資界的頂峰。

第四章

數字勝於雄辯

我們很難低估葛拉漢在哥倫比亞大學主修科目的重要性。畢竟，他的價值投資法核心，就是秉持一套嚴謹的「數字不說謊」原則，替上市公司的財務報表進行計量分析；所有可以反映一家公司真實財務健康狀況的參數，加上它發行的有價證券，都要盡可能徹底、正確地予以量化。由於葛拉漢對數字的純熟，因此他願意「捲起袖子」，深入研究年報、歷史數據和文件，探討其他投資人可能會忽略或跳過的幾個「官方」數字。葛拉漢更全面的計量分析，通常可以挖掘出不為人知的內情及動態，指出這些官方數字，實際上比表面上更好或更差。

身為常春藤盟校的數學系畢業生，葛拉漢擁有的數字分析能力，在當時的華爾街是不常見的。有趣的是，當特雷恩討論到哪一類型的投資人，最有可能採用葛拉漢的投資方法享受成功時，他強調三項人格特質：「常識、愛好數學和耐心」。

當然，身為價值型投資者的原創人，葛拉漢的確也具備足夠的勇氣和創造力，運用他的數字分析能力，發展出自己獨有的投資選股法，一個與華爾街的主流智慧大相逕庭的方法。

當他那個年代的其他分析師都在觀察股票的股價走勢（亦即特定股票或債券的價格波動）時，葛拉漢自己做過分析後，對那些股票的真正基本價值更感興趣。舉例來說，華爾街大部分的機構可能會去看ABC公司的股價變動模式，決定現在是否為加碼買進該股的好時機。相反地，葛拉漢會去看ABC公司的財務報表，以及他手邊能夠取得的任何資訊。在一定程度上，他會「診斷」ABC公司的經營狀況是否健康，檢視其盈餘狀況、負債、管理團隊和其他因素，完全不考慮股價。根據這個分析結果，他再進而去估算ABC公司的價值。

接著，葛拉漢會將估算出來的價值轉換為每股估算價值。然後，如同我們在第二章〈尋找安全邊際〉的敘述，如果這個分析結果算出的每股估算價值是四美元，而現在ABC公司的市場交易價僅為兩美元，他就會鼓勵他的公司買進。相反地，如果ABC公司的股票市價為六美元，他就會勸公司不要買進，而且還有可能要公司把之前買進的持股賣掉。

由於過去已有過經驗，葛拉漢知道股市在某個時間點給一檔股票的訂價，通常與該股價或債券所代表的企業本身價值無關。因此，葛拉漢對那些宣稱有能力預測股票於未來特定期間的特定價格或價位區間的人，感到非常懷疑。畢竟，假如目前股價是根據一連串無法預測的複雜因素計算出來的，其中很多更是牽涉到情緒和大眾心理學的範疇，一個人怎麼可能準確預測未來股價呢？如同葛拉漢和陶德在《證券分析》一書所述：

過分強調股價走勢可能會導致股價高估或低估的失誤。這是千真萬確的，因為我們沒辦法去限制應該預測到多久之後的趨勢，因此股票評價的流程，雖然表現上看起來是數學，其實是研究過程相當隨性的心理學。基於這個理由，實際上我們把這個趨勢視為一個質化因素，雖然它可能是以量化的方式來敘述。

計量分析與質化分析

關於量化及質化因素之間的差異，葛拉漢的立場非常清楚且觀察入微：品牌優勢、顧客／員工關係、其他無形的會計項目（通常分類在「商譽」一詞之下），以及管理品質並不是不重要，但它們也不具有足夠的量化及可信賴程度，可作為評估一家公司價值的重要因素。當我為此書訪問湯瑪士・卡恩（聲譽卓著的「卡恩兄弟價值型基金」現任經理人）時，他告訴我：

葛拉漢不喜歡和管理團隊見面。他會說：「於是，我見到這個傢伙，他嘴唇上有一排鬍子，我不喜歡留鬍子的人，它會使我『斷了線索』，混亂我的思緒。」

對葛拉漢來說，在投資分析過程當中最有意義的「線索」，就是上市公司的公開財務統計數字。不過，雖然這些資料在他看來是最重要的，他也不會盲目受到這些數據的限制。

在現代這個自動化查詢股票的年代，只要輸入不同的參數，投資人就可以在終端機或線上系統看到一長串電腦計算出的結果，在這樣的時刻，牢記葛拉漢的深刻觀點是很重要的。就像康寧漢提醒的，現在的價值投資人不想一不小心就變成「底部釣魚人」，也就是說，投資者找到「價格非常低的股票」，雖然它有很大的安全邊際及其他有利的量化條件，但事實上它是一條「垂死的魚」，無法提供成功的價值型投資人所喜歡的長線增值空間。

如同葛拉漢及梅瑞迪斯（Spencer B. Meredith）在《葛拉漢教你看懂財務報表》（*The Interpretation of Financial Statements*）一書所述，選股「需要有技巧地平衡過去的事實以及未來的可能」。當然，要評估一檔股票的未來表現，一定需要回顧過去績效。因此，雖然葛拉漢認為，一家公司過去的財務表現，必須符合某些標準才值得考慮買進，但最後的選擇可能還要納入其他因素。葛拉漢及陶德以數學形式表達這個原則，並寫道「一個令人滿意的統計數據是必要的，但絕對不是分析師做出買進決定的充分條件。」

葛拉漢用來選擇股票或債券的主要「把關指標」都經過量化，因為他相信，對一套建構在數學上的健全投資選股法而言，量化因素比起那些很難用各種標準方法測量的因素更有益，也更容易比較。葛拉漢認同管理品質、品牌辨識度，及其他類似因素可能非常重要。但是，他覺得這些因素早就反映在公司的財務表現上。舉例來說，如果有一家企業的管理能力不足，這個問題遲早一定會導致營收下滑、獲利衰退、負債比率升高，及其他在資產負債表、損益表可以表現出來的管理不善「症狀」。所以，根據葛拉漢的看法，就算分析師提出假設，認為我們可以去衡量這些因素，使選股方法在數據上臻於健全，這些考量基本上還是多餘的。

─獨立的計量分析─

任何人只要敲敲鍵盤、按幾下滑鼠，就能獲得幾乎取之不盡的二手投資分析報告，尤其身處在這樣的時代，再回頭去看葛拉漢提醒投資人要做好自己功課的忠告，顯然他早就有先見之明。以下引述自一九三四年（初版）的《證券分析》內容，可能會引起一些人的共鳴，他們遇過跟我一樣的經驗，曾經投資被高度吹捧為「閉著眼睛買下去」的股票，最後卻有一種感覺：「散戶買的都是被人刻意倒貨的股票，在交易過程中從中牟利的其實是賣方而非買方。」

採取葛拉漢的獨立計量分析就是一個絕佳辦法，可以過濾掉那些遭人積極出脫的股票，它們雖然受投資人青睞，但基本面並不健全。然而，更大的危險（特別是對大致已培養出避開「熱門股」健康心態的價值型投資人），並非那些其心可議的炒作者，而是那些據稱有公信力的投資及經濟「專家」。就像布蘭帝在二〇〇四年版的《高獲利價值投資法》提到，「小心不要採信別人對特定公司的樂觀看法，即便那些人是專業分析師」。緊接著布蘭帝清楚說明，「平均而言，分析師預測的盈餘成長率，幾乎是實際數據的三倍之多。」

此外，有嚴謹的實證資料發現，整體來說，發表樂觀評論及推薦股票的投資分析師，和比較含蓄的同行相比，享有更高的薪水待遇及更頻繁的升遷機會。二〇〇三年，《財金期刊》（*Journal of Finance*）曾刊登一篇詳盡的研究報告（隨著網路股票分析師爆發種種爭議後），最後總結說，僱用許多號稱獨立專業分析師的券商，往往偏好「比較樂觀的分析師，想必就是因為他們可以幫忙宣傳股票，進而創造投資銀行的業務和交易傭金。」

值得注意的是，更早發表在《蘭德經濟學期刊》（*Rand Journal of Economics*）的研究指出，致力於「追趕羊群」的分析師——也就是避免「自己的預測與市場共識出現顯著落差」的分析師，享有類似的財務與職場優勢。既然市場共識（尤其在網路股狂飆的年代）最後通常都錯得很離譜，分析師還被鼓勵隨波逐流，這個真相令人感到困擾。

然而，即便分析師表面上看似完全獨立，那些傳達他們觀點的出版品或節目，仍有可能倚賴券商和其他單位的廣告收入，而這些贊助商一般都希望客戶盡量多買股票。此外，我們也無從確認，究竟有哪些私人關係、偏頗觀點，和其他類似因素可能會影響到分析師的看法

（這些全都和上市公司的基本面無關）。因此葛拉漢建議投資人盡可能採用原始的資訊來源：「只要能力所及，分析師應竭盡所能去查閱原始的報告和文件，不要倚賴二手的摘要報告或轉述的資料。」

葛拉漢的量化股票篩選指標

葛拉漢認為，投資人可以分為兩大類：防禦型投資人和進取型投資人。前者關心的主要是降低風險，及不必花太多時間和心力，就能獲得可接受的報酬；後者比較沒有風險趨避意識，並且更願意投入大量時間和心力，獲取更優異的報酬率。這就是為什麼葛拉漢提到，防禦型投資人也可以視為「被動型」投資人，而進取型投資人則可視為「主動型或積極型」投資人。

由於防禦型投資人和進取型投資人的目標及能力均有顯著的差異，因此葛拉漢分別為這兩類投資人設計一套量化選股指標。基本原則是，如果你每週不打算花超過二、三個小時在投資上，建議你採取防禦型策略。或者，你也可以選擇採取積極型投資人那種比較冒險和耗時的方法。

防禦型投資人的篩選指標

葛拉漢的股票篩選指標，在《智慧型股票投資人》有詳盡的說明。我們將重點陳述如下，並且以玩具製造商龍頭美泰兒（Mattel）的資料為例，說明這些指標的應用（資料截至二〇一一年十二月二十日）。

營運規模大小

投資人應該考慮投資的企業，其年度營收至少得達到五億五千萬美元（相當於葛拉漢在世時於最後一版（一九七三年）《智慧型股票投資人》所建議一億美元的今日幣值）。然而，值得注意的是，根據著名的價值型投資人史威格在最新版（二〇〇三年出版）《智慧型股票投資人》的評論，現代的防禦型投資人「應該避免投資總市值低於二十億美元的（公司）股票」。

史威格還建議現在的防禦型投資人可以藉由「買進專門投資小型股的共同基金」，來替葛拉漢原本對於投資小型股的限制解套。我個人比較偏愛史威格提出的第一個修正版本，不過，我會留給讀者自行判斷，對防禦型投資人而言，是否最好絕對遵守葛拉漢原始的規模篩選限制（經通膨調整後），還是應該採用史威格建議的其中一種調整作法，或是兩者都採納。把這個標準套用在美泰兒公司，其市值為九十四點三億美元，其規模遠遠超過葛拉漢與史威格要求的數字。

財務狀況

資產負債表的流動資產（代表這一家公司可以在一年內轉換成現金的全部資產——現金、存貨、可變現有價證券等），至少應該是流動負債（代表這家公司一年內到期的所有短期負債——包含短期銀行貸款、應付帳款等項目）的兩倍以上。把這個標準用來測試美泰兒，得到的結果是二點三九倍，表示這家公司通過財務健康的初步測試。

另一個財務健康的重要測試，是確保其資產負債表上面的長期負債金額（代表這家公司全部超過一年以上的債務負擔——各式各樣的應付票據、債券等），並沒有大於營運資本（又稱為淨流動資產，計算方法是把流動資產的數值減去流動負債的數值）。美泰兒的長期負債金額為九億五千萬美元，比該公司的營運資本金額十八億七千七百萬美元的半數略多一點。因此美泰兒通過防禦型投資人的兩項財務測試指標。

盈餘穩定度

這家上市股票發行公司，必須在過去十年每一年都能產生正的盈餘數字（亦即在過去十年不能出現虧損）。過去十年的盈餘彙整紀錄，顯示美泰兒也符合此項要求。

股利紀錄

這家公司在此前二十年必須有穩定且未被打斷的股利發放紀錄。回顧美泰兒的股利發放支出紀錄，確認這家公司通過這個測試。

盈餘成長性

在過去十年當中，每股盈餘應該至少得增加三分之一（百分之三十三點三三）。為了要調和盈餘數字異常的年分，葛拉漢主張開始及結束的數字（篩選指標套用的數字）必須分別是第一年至第三年的三年平均數字，以及第八年至第十年的三年平均數字。關於美泰兒的檢視結果，其二〇一〇年相較於二〇〇〇年，每股盈餘成長率是百分之一百六十一——此結果是標準值百分之三十三點三三的數倍之多。

合宜的股價對資產比例

考慮買進的股票，其市場股價不應該超過其每股帳面淨值（代表發行公司的全部有形資產減去其全部負債）的百分之五十以上。美泰兒的股價是二十七點八三美元，而它的每股淨值是七點七一美元；因此，它的股價相對資產比例是三點六一，此數字比葛拉漢規定的最高值二點〇還多出百分之八十。

合宜的股價對盈餘比例

股價相對於盈餘（本益比）不應該超過十五倍。換言之，一檔股票的股價不應該超過其每股盈餘十五倍。因此，舉例來說，有一家特別的公司其每股盈餘是一塊美元，該公司的股價不應該超過十五美元。讀者應該知道，不論是這項篩選標準或前一項篩選標準，都是從第二章的安全邊際法則衍生而來的。美泰兒公司，其目前本益比為十三點七五倍，已通過這個標準。

這個篩選機制的設計，是用來過濾受到下列任何或全部弱點拖累的股票：盈餘不足、財務體質不佳（亦即缺乏流動性、持債比例過高等），以及市價相對於內含價值顯然過高。如同葛拉漢在《智慧型股票投資人》所釐清的，這些篩選模型是刻意要求嚴格且具有排他性，「它們會剔除投資組合大多數的普通股」。即便是在上述測試中只有一項沒過、其他全數過關的美泰兒，防禦型投資人仍會認為這檔股票的安全性不足。

進取型投資人的篩選指標

如同一般人的預期，進取型投資人（在定義上，他們比較不具風險趨避意識，而且願意投入時間與心力，進行更頻繁的投資組合決策）的篩選指標不但比防禦型投資人少，而且也沒有那麼嚴格。對於進取型投資人而言，也許最主要剔除的，就是對最低營運規模的要求，因此允許這類投資人投資規模更小、組織更不完善的公司。不過，即便對於進取型投資者，總是小心謹慎的葛拉漢，仍然堅持必須做一些重要的安全、強度及價值測試。我們將這些篩選標準陳述如下，並以ITT Corporation（生產機械零組件的領導製造商）的資料為應用範例（資料截至二〇一一年十二月二十一日）。

財務狀況

資產負債表的流動資產應該至少是流動負債的一點五倍以上。ＩＴＴ的測試結果為一點六倍，顯示ＩＴＴ的流動資產對流動負債的比例符合條件。關於負債部分，所有的長期債務數字不應該超過營運資金數字的百分之一百一十。ＩＴＴ的長期負債是十三億五千四百萬美元，相較於它的營運資本金額十六億四千九百萬美元元，只有僅僅百分之八十二。顯而易見的是，ＩＴＴ的財務健康程度可讓進取型投資人放心。

盈餘穩定度

這家上市股票發行公司，必須在過去五年每一年都能產生正的盈餘數字。檢視ＩＴＴ公司的盈餘表現，確認該公司符合此項要求。

股利紀錄

這一家公司目前必須有發放股利，但是不用考慮該公司的過去股利發放歷史紀錄。ＩＴＴ公司也符合此項要求。

盈餘成長性

最近一期的年度盈餘數字必須大於（不論是多少百分比）七年以前的盈餘數字。比較ITT公司在二〇一〇年（最接近的財務會計年）及二〇〇三年的數字，清楚指出該公司通過測試。

合宜的股價對資產比例

考慮買進的股票，其市場股價必定得少於該公司每股有形帳面價值。以ITT的例子來看，它的股價是十九點五〇美元，相當程度低於其每股有形帳面價值的三十六點八七美元。

因此，對於進取型投資人而言，ITT通過了全部五項測試。

必須注意的是，雖然進取型投資人的風險胃納較高，葛拉漢建議此類投資人使用的篩選模型，仍能確保投資人的活動保持在投資的範疇（相對於他們可能會想嘗試的投機交易行為）。在葛拉漢的觀點裡，不論是防禦型投資人或進取型投資人，都必須「願意放棄對未來的美好幻想」，也就是人們通常過度自負和弄巧成拙地希望某個投資可以「大賺一票」。相反地，如同我們前面的討論，藉由連續謹慎地買進價格具吸引力且成長潛力強勁的股票，進取型投資人便站穩在股票市場獲利的有利位置。

葛拉漢的基礎量化債券篩選指標

葛拉漢的債券篩選指標適用於一般投資大眾，不分防禦型或是進取型。如同《證券分析》一書所述，債券的安全性——公司為了獲得額外資金而發行的債券形式，「完全取決及經由測量發債公司的償債能力來決定」。事實上，債券發行公司必須證明自己有足夠資源及獲利能力，可以負擔債券的利息支出及其他「固定費用」（亦即屬於公司正常營運範圍內持續產生的支出，例如保險給付及其他類似支出）。這就是為何葛拉漢在《智慧型股票投資人》一書中，把債券篩選指標列為「覆蓋標準」的原因。

必須注意的是，這些指標僅適用於「投資等級」債券，也就是通常被主要信評機構，即穆迪（Moody's）和標準普爾（Standard & Poor's），評鑑為AAA或AA的債券。儘管這些評鑑機制有其缺陷（尤其經過二〇〇八年至二〇〇九年的金融危機後更是明顯），葛拉漢仍有可能會推薦投資人多加利用——但僅能當作初步篩選指標，然後再把以下的「覆蓋標準」，套用在這些獲得高評等的「投資等級」債券。

債券的最低覆蓋率

針對投資等級債券，盈餘對總固定費用的最小比例為下：

- 發行債券的公用事業公司，其全部固定費用（亦即固定及重複出現的費用，例如債券利息支出）必須有至少四倍以上的稅前盈餘（計算方法是拿過去七年每年減去營業所得稅之前的平均盈餘數值，或者是找過去七年盈餘最差的一年作為替代數字），以作為安全覆蓋。對於鐵路公司而言，固定支出的利息覆蓋必須至少五倍以上（七年數值平均）或是四倍以上（盈餘最差的一年）。（由於運輸產業發生過一連串的變革，讓該產業現況變得大不相同，相較於葛拉漢的年代，現在鐵路公司債券少見且價格昂貴。雖然健全的鐵路公司債券投資機會仍然存在，從二十一世紀初的投資觀點來看，《智慧型股票投資人》及《證券分析》以這類證券為分析焦點已顯得有些過時。）
- 對於工業類股債券，亦即那些由工業公司所發行的債券，例如通用汽車、奇異電器（General Electric）、可口可樂等，最低的利息覆蓋要求是七倍（七年數值平均）以及五倍（盈餘最差的一年）。至於零售產業，例如沃爾瑪百貨（Walmart）、諾德斯托姆百貨（Nordstrom）、麥當勞（McDonald）等，最低的利息覆蓋要求是五倍（七年數值平均）以及四倍（盈餘最差的一年）。

- 對於稅後盈餘（亦即把年度盈餘減掉營業所得稅之後），公用事業類股的利息覆蓋要求為二點六五倍（七年數值平均）以及二點一倍（盈餘最差的一年）。鐵路股分別為三點二倍及二點六五倍；工業股是四點三倍及三點二倍；零售類股則是三點二倍及二點六五倍。

尤其是工業類股債券，對於大部分的讀者而言，可能是選擇債券標的之主要焦點，葛拉漢認為除了足夠的利息覆蓋比例之外，這類企業在本身所屬產業中應該要具備「優勢性規模」。為了滿足這項要求，發行債券的工業公司不一定得是所屬產業裡毫無爭議的領導者，但是總體「營業額」應處於領先群之一（葛拉漢認為，第二線或第三線的競爭對手在「遇到不利的環境發展」時，通常比較沒有受到良好的保護）。

健康的股權／債權比例，是另一個主要的債券篩選指標，即發行公司普通股的市場價格相對於其債務價值；這個比例可幫助投資人評估，該公司「求償權次序較為後面」的有價證券（亦即普通股）提供給「求償權次序較前面」的有價證券（亦即債券與優先股）之保護程度。葛拉漢與陶德建議最低比例是一比一。雖然盈餘能力（而非資產）是測量工業類股債券和鐵路債券安全性的核心方法，但不動產價值（以資產負債表當中的資產數據作為代表）是測量公用事業公司、房地產公司及投資公司所發行債券之安全性的重要指標。

這些是部分最基本的篩選指標。將主要適用於工業類股債券的篩選指標，套用在農業／食品加工處理界巨人阿徹丹尼爾斯米德蘭（ADM），我們就可以得到一個相當有力的指標，知道ADM的債券是否通過葛拉漢嚴格的安全測試標準。

檢驗ADM截至二〇一一年十一月的資料：ADM的七年平均稅前盈餘對總固定支出的比例是五點八倍，而其盈餘最差一年的比例是四點六五倍；這兩個數值都未達到葛拉漢偏好的七倍和五倍的要求水準。關於稅後盈餘對總固定支出的比例，ADM的數值是四點〇二倍（七年平均值），並未通過最低要求的四點三倍，但是它的盈餘最差一年數值是三點二倍，足夠符合標準。

可以肯定的是，就優勢性規模和營業額來看，這家實力堅強的財星五百大企業再適當不過。然而，由於其普通股的市場價值為六十六點四億美元，而其長期債務是八十二點七億美元，ADM並不符合葛拉漢及陶德要求的最低一比一股權／債權比例原則。因此，即使通過了三項重要的測試（稅後盈餘最差的一年、具有優勢性規模、營業額），整體來說，葛拉漢會認為ADM所發行的債券並不符合謹慎投資人的債券選擇標準。

然而，根據史威格於二〇〇三年版《智慧型股票投資人》提出的評論，葛拉漢在個別債券選擇方面的建議，並未獲得廣泛的應用，直到第四版他才首次寫道：

在一九七二年，公司債的投資人其實沒有什麼選擇，只能配置他們自己的投資組合。今天，大約有五百檔共同基金投資於公司債，創造出一個便利、風險充分分散的有價證券組合。除非你擁有至少十萬美元，否則你不可能自行建立一個風險平均分散的債券投資組合，因此典型的智慧型投資者只要買進低成本的債券基金，把信用研究這種辛苦的工作留給基金經理人是最有利的。

線上篩選工具

在葛拉漢的年代，進行一套完整的市場篩選分析，甚至是針對特定的產業進行研究，都是相當費力的過程。幸運的是，現代科技已經大大簡化並加速這個過程。利用各大搜尋引擎提供的免費篩選工具，如谷歌（Google）、雅虎（Yahoo!）和微軟的（MSN/Bing），以及某些財金出版物如《吉普林》，投資人通常可以建構出可行的葛拉漢篩選機制。

由價值導向投資機構如AAII.com、價值線（ValueLine.com）、晨星（Morningstar.com）等提供的付費服務，可以讓投資人更容易採用更全面的價值選股標準。比方說，AAII.com（美國獨立投資人協會網站）有許多葛拉漢發明的篩選公式（有經過部分調整），可以幫助投資人在採用上述篩選工具的時候更快上手、更不費力。然而，這些線上資源，不論是付費或免費，最好是有意圖地使用——也就是說，把它當成輔助篩選工具，而不是選擇證券標的的機制。

分散風險及防禦型投資人

葛拉漢將一般投資人分為防禦型與進取型兩類，而把自己視為防禦型投資人的讀者，在進到下一步的價值投資流程之前，要先注意一件事。葛拉漢表示，防禦型投資人務必要進行他在《智慧型股票投資人》為這類投資人建構的多面向篩選流程。但是，相對於進取型投資人的下一個目標，是在成功篩選出來的股票當中找出最有潛力的個股，葛拉漢認為，防禦型投資人反而應該盡量減少這類選股工作，選擇做好分散風險比較好：

選擇「最好」的股票這件事，實際上是非常具有爭議性的。我們給防禦型投資人的建議，就是請他放手，讓他專注於分散風險而非選擇個股的工作。

在二〇〇三年出版的《智慧型股票投資人》的評論中，史威格建議現代防禦型投資人，將其百分之九十的資金配置在指數型商品（根據標準普爾五百指數這類大盤指標建構出來的基金），留下百分之十的資金來挑選自己中意的個股。這種作法對於大部分的防禦型投資人算是合情合理，儘管並非所有的指數成分股全都符合葛拉漢的選股原則。然而，由於所有代表指數的股票多半是大型股且制度健全，因此指數型基金通常可作為測量安全性及分散風險的有力指標。

此外，作為一個「被動」型態的基金管理（就某種層面而言，一檔指數型基金僅是複製既有市場指數（例如標準普爾五百指數）的成分股，並不用聘僱專業人士來進行獨立的投資配置決定），與主動式管理共同基金不同的是，指數型基金經理費用相對較低。

然而，防禦型和進取型這種二分法，其實比較像是投資光譜的屬性分布，而非嚴格的「兩者擇一」分類法。因此，經過一段時間之後，防禦型投資人可以考慮提高個人直接投資資金的比重至百分之十以上。畢竟，當防禦型投資人透過價值投資選股流程獲得更多經驗（而且可能也累積信心）後，這種謹慎但漸進式的投資方式，累積起來的經驗將具有教育意義和利益。

—先篩選，再研究—

以上歸納出的篩選指標所構成的部分葛拉漢投資方法，可能和非專業投資人最具有切身關係。其實葛拉漢還研發出其他許多不同的篩選指標，這些更深入觀點的應用，就是《證券分析》共六百九十九頁的主要內容。當然，如果你想要成為一個全職投資人，進行各式各樣的股票與債券投資情境分析，那麼詳細閱讀《證券分析》作為補充資訊將是非常值得的。若非如此，對於急欲將葛拉漢的方法應用在目前投資機會的投資人來說，本書強調的這些篩選指標是很適合的起點。必須澄清的一點是，應用這些篩選方法只是價值投資流程的第一步。正如「篩選」一詞所代表的內涵，葛拉漢構思出這些指標，目的是為了找出應該排除哪些股票進入下一階段。

因此，即使這個篩選過程剔除掉幾乎所有的選項，留供選擇的股票沒有幾檔，也不代表剩下的全部或任何股票就是值得買進的標的。其真正的意涵是，不符合篩選標準的股票，絕對不值得進一步考慮，更遑論投資買進。事實上，這個篩選機制藉由提供過濾後的股票清單，替投資人節省時間及精力。接著，進取型價值投資者就可以為過濾出來的股票採取更嚴謹的分析，來決定最具獲利潛力的投資機會，或者，究竟這份名單是否有真正值得投資的候選者。

「當數字會說謊」

葛拉漢的獨立思考能力，加上受過常春藤聯盟的數學訓練，使他具備挖掘出遭到掩蓋的重要公司財報，並看穿那些「詐欺手法」的傾向與能力。當然，當它不被察覺之際，企業真實財務全貌的扭曲，可能會使投資人付出昂貴代價。然而，如同葛拉漢所述，智慧型股票投資人通常可以「避免被那些障眼法所欺瞞」。也就是說，如果投資人願意按照葛拉漢的示範，花時間去檢視潛藏在財務報表背後意義深遠的數字，就能判斷一家公司的真實面貌。葛拉漢與陶德在《證券分析》寫道：

> 刻意偽造數據的情況極其罕見，大部分的不實陳述是會計手法的問題，這就是有能力的分析師需要去察覺出來的。

事實上，證券分析大部分的工作就是在破解財務報表。葛拉漢在其一九三七年的著作《葛拉漢教你看懂財務報表》（與梅瑞迪斯合著，他當時是紐約證券交易所的證券分析講師）中，逐一解釋這個問題及其他議題。他在序言中表示，出版這本書的目的，是希望幫助讀者「聰明地」解讀一家公司的財報，俾使投資人「擁有更好的能力判斷未來獲利可能性」。

比方說，當討論到一家公司的無形資產，即非實體資源如商譽、智慧財產權等，可能會產生誤導財報的效果，葛拉漢提到「不用太在意資產負債表當中無形資產的數字」。相反地，葛拉漢建議「真正重要的，是這些無形資產的獲利能力，而不是它們在資產負債表的評定價值」。

同樣地，葛拉漢處理不動產價值的公司財報時（「戰前高估的不動產價值，現在這些資產價值反而遭到了低估，同樣都是財報誤導的結果」），資產負債表上的「帳面價值」項目，指的是代表這檔股票所有旗下資產的價值（「如果這家公司實際上遭到清算，資產價值很可能會比（該檔股票）帳面價值低很多」）、評估的盈餘數字（「小心每股（盈餘）數字的陷阱」），及其他更多該注意的事項。

葛拉漢透過相關投資著作，解釋某些數據背後的欺瞞所導致的破壞力。在第一版（一九三四年）的《證券分析》附錄中，可以找到葛拉漢「量化診斷」的好例子。檢視華爾道夫（Waldorf-Astoria，前旅館業者）所發行房貸租賃債券的案例，說明了債券發行公司在數字上動手腳企圖「美化」債券發行條件的問題。

就像葛拉漢及陶德所證實的，華爾道夫藉由將支付鉅額（及固定）租金給房東當成營運費用，使人將其誤判為極度不利（但至關重大）的投資要素，認為這個一千一百萬美元的債券發行案，大約有兩千三百萬美元的「優先求償權」（即向該公司提出資產求償權順位在後的債權人，比「求償權順位在前」的債權人多）。

在一九七三年版的《智慧型股票投資人》當中，葛拉漢花了一些篇幅，解釋他在美國鋁業（ALCOA）一九七〇年的獲利報告中，發現花招百出的會計「伎倆」。當這家鋁業公司的財報數字攤在陽光下，葛拉漢嗆辣的懷疑主義便派上了用場。

他提出一個「問題」，質疑美國鋁業是否有人在操弄財報？「當然，是在可允許的範圍內。」葛拉漢心知肚明，有些企業是如何刻意利用不道德的會計慣例但又不逾越法律限制，來從事什麼勾當。

某些公司的這種傾向，正是為什麼葛拉漢（和後來的價值投資人）揭穿可疑財報數據的工作，會成為價值投資架構的重要元素。美國鋁業案大約發生在一九七〇年，經過一連串有問題的「特別沖銷」（亦即管理團隊估計會有幾個不同種類的「預期成本」，葛拉漢對此表示：「在那些成本實際發生前便沖銷，可以說是非常誘人的作法，就像過去那樣，不會對該公司不論是過去或未來的主要盈餘造成不好的影響」），這家公司大幅高估了它的獲利數字。但是，財報刻意模糊了這些沖銷的時間點（即發生在哪一個年度），連葛拉漢都沒辦法確認這家公司當年度真正的獲利！

關於這個議題，另一個好例子可以在第四版（一九六二年）的《證券分析》找到。葛拉漢與共同作者陶德及寇特（Sidney Cottle），詳細檢視美國動力企業（Dynamics Corporation of America）這家公司一九五一至一九六〇這十年間公布的獲利。在這段期間，於這家公司最惡劣的扭曲財報數字當中，葛拉漢及合著作者發現好幾個總金額約等於六百五十萬美元（該公司公布的總獲利為一千三百五十萬美元）的「重要會計項目」，原本應該是收入項目的減項數字（代表獲利會減少），但卻被記成「盈餘公積」（沒有當作股利分配給股東的獲利）。作者的結論是：「事實上，在那十年當中，該公司真正的每股盈餘只有公告盈餘的一半。」

雖然美國動力企業是屬於一個比較極端的案例，它突顯了葛拉漢對企業真正獲利實力的關注，以判斷公司公布的哪些獲利數字必須經過調整。

葛拉漢也同樣關心如何解讀一家公司真實的帳面價值，也就是有效的資產總值（即資產減去負債）。在《葛拉漢教你看懂財務報表》這本書當中，葛拉漢及共同作者梅瑞迪斯解釋了帳面價值與葛拉漢所謂的淨帳面價值之間，可能會出現的巨大差異：

如果你沒有把無形資產扣除，只是簡單地將一百八十萬美元除以一萬七千股，你會發現每股帳面價值應該是一百零五點八八美元。你會注意到，這個帳面價值與其每股七十六點四七美元的淨帳面價值，兩者之間有極大的差距。

身為金融投資界的「偵探」，葛拉漢能夠一眼看穿會計背後的操作伎倆（股價、公布的盈餘等），此外，由於他擁有超乎常人的數學掌控能力，使他有能力揪出數字「罪犯」，並決定一家企業真實的獲利能力及財務狀況。

雖然葛拉漢在哥倫比亞大學求學時代強化了他的數字能力，但主要是他畢業後的第一份工作——「紐伯格，韓德森與羅伊比投資公司」，幫助他培養、應用及精練這項獨特的量化分析能力。在精益求精的過程中，葛拉漢不僅創立了投資界的價值「學派」，同時身為第一位證券分析師（或財務分析師，這個名詞是在一九四七年之後才出現的），他也發明了一個行業，永久改變了整個投資界。

與此同時，就像他這顆「閃亮新星」開始在華爾街竄起那樣，葛拉漢人生當中的其他面向，也同步在快速進展。下一章我們將闡述葛拉漢在工作、學術及個人發展的這段蟄伏時期。

就在班傑明畢業前幾個月，葛拉斯本家族放棄了原本源自德國的姓氏，改成起源於蘇格蘭的葛拉漢這個姓氏。

雖然美國直到一九一七年才加入第一次世界大戰，但自一九一四年開始提供各種軍火和補給品給英法聯軍起，全美各地的反德情緒便隨之高漲。因此，事實上，有許多德裔美國人（絕大多數並非猶太人）確實將自己的名字「英國化」以免遭受歧視。所以，葛拉漢後來宣稱自己族人改姓主要是由於反德情緒，而非反猶太人，這種說法就算不可盡信，也是情有可原。

—因經濟壓力而放棄學術研究—

雖然葛拉漢一家或許可以輕易改變他們的「外來性」，然而更迫切而直接的貧窮問題，不可能靠朵拉的大筆一揮便煙消雲散。不過，主要靠著她三個兒子做了各式各樣的大量工作，葛拉漢一家終於擺脫先前的貧困。但是，葛拉漢仍然將自己大學畢業後的財務狀況形容為「弱勢」，而且儘管是天生的學者，他為了把握具有更好錢途的第一個工作機會，婉拒了哥倫比亞大學三個聲譽卓著的任教聘書。從葛拉漢申請法學院，到他滿腔熱情地接受華爾街一份初階職務的這段期間，毫無疑問，經濟嚴重匱乏的陰影，仍鮮明地留在葛拉漢的記憶裡。從葛拉漢對文學、哲學和最特別的古典文學（即古希臘羅馬文學）的濃厚興趣，可以看出要不是在成長過程中家裡陷入經濟困境，他可能會接下學術領域的工作。

此外，如同本書訪問巴菲特和布蘭帝時所獲得的證實，葛拉漢絕對不是典型「金錢至上」的華爾街大亨。儘管致力於尋求經濟穩定的方法，但葛拉漢並未汲汲營營於累積巨大的財富。巴菲特說：

> 班傑明對於經商的著迷程度，真的不像我或我認識的一些人那樣投入。商業只是他眾多興趣之一，同時也是使他格外出名的一項興趣，但這並非無時無刻占據他思緒的重要大事。

同樣地，布蘭帝也回憶說：

我想葛拉漢終其一生對金錢的興趣都是次要的。他比較有興趣的是求知和學習新事物，尋找具有潛力的新投資技巧。

或許最有說服力的，是當我請與葛拉漢私交特別好的薩奈特醫師談論他這位故鄰和家族朋友時，他證實了巴菲特和布蘭帝的看法：「班傑明這個人，基本上對於賺大錢並沒有那麼熱衷，他比較喜歡做學問。」一投效華爾街之後，葛拉漢很快就對投資的智力訓練培養出由衷的興趣，甚至到熱愛的程度。這點對有幸參加過葛拉漢投資講座的投資人，以及拜讀過《智慧型股票投資人》和葛拉漢其他經典著作的當代讀者，都是不言而喻的。然而，雖然八歲的巴菲特已經開始閱讀關於投資的各種書籍，十八歲的葛拉漢卻從未接觸過和投資有關的任何一本書，而且還退掉哥倫比亞大學唯一選過的一門經濟學課程！因此無庸置疑地，最初，葛拉漢和華爾街在一九一四年的「聯姻」，是基於財務需要而促成的。

初入華爾街

雖然還有幾年就進入「狂飆的二〇年代」，但一九一四年正好是前有一九〇七年的大恐慌（焦慮不安的存款戶爆發群體擠兌事件，導致許多銀行面臨倒閉危機），後有一九二九年股市大崩盤的時期，所以當葛拉漢踏入華爾街時，美國的金融中心正處於長期經濟成長的繁榮年代。

值得注意的是，一九一四年仍然是紐約證券交易所史上最紛擾動盪的一年。八月一日到十二月十二日，證交所大門深鎖──為期超過三分之一年！除卻經常性的假期和週末休市，在長達一百九十六年的歷史當中，證交所過去只有關閉過一次，即便是一八七三年經濟大恐慌的休市措施也僅維持了十天。

一九一四年八月初，歐洲爆發了第一次世界大戰，更嚴峻的經濟恐慌席捲了整個華爾街。由於歐洲人持有為數龐大的美國證券，隨著歐洲大戰的發生，華爾街開始出現大規模的股票拋售潮。為了避免進一步失血，紐約證券交易所（NYSE）的理事委員決定暫時關閉交易所。葛拉漢憶起這些特別的事件，以及美國因為贏得法國和英國的軍火訂單，在短短幾個月內「經濟情勢如何迅速由衰轉盛的變化」。

雖然葛拉漢任職的公司並非華爾街最大的機構之一，但「紐伯格，韓德森與羅伊比」這家創立於一八九九年的公司，經營堪稱穩健，足以成為葛拉漢進入高階金融殿堂的堅強後盾。從葛拉漢到職開始，公司便向這位可塑性極高的新人耳提面命，要求他對資金的投資配置採取謹慎觀點。例如，葛拉漢第一次見到公司資歷最深的合夥人艾佛烈・紐伯格，紐伯格先生在準備結束面談時，給了他一些金玉良言：「年輕人，給你最後一個忠告。假如你投機的話，你會血本無歸。永遠記住這一點。」

經過幾個禮拜的訓練，葛拉漢開始在公司擔任債券業務員的工作，他的任務是將債券賣給曼哈頓金融區一帶的企業人士（主要是鐵路公司）。事實證明，葛拉漢很不適合賣債券，但卻是分析債券的頂尖高手。他根本不是那種會和別人稱兄道弟的銷售員，讓他在後臺從事獨立的分析工作，比起向各式各樣的客戶和潛在顧客推銷金融商品，讓葛拉漢覺得自在多了。沒多久，他也接下以當時稱為「簡述法」的格式描述每種債券的任務。葛拉漢發揮一貫的求知天性，竭盡所能找到任何和債券分析相關的閱讀資料，其中最著名的就是張伯倫（Lawrence Chamberlain）所著的《債券投資法則》（*The Principles of Bond Investment*）。張伯倫這本內容詳實、範圍廣泛的債券讀本，是當時的必讀之作，直到一九三四年葛拉漢與陶德的《證券分析》問世，它的經典地位才拱手讓人。

—獨樹一格的選股方法—

葛拉漢苦於在債券銷售的工作毫無表現，便告訴艾佛烈・紐伯格的大哥山謬（Samuel），他要離職到另一家公司的「統計部門」服務（相當於二十世紀初的投資研究部）。他很訝異地發現，雖然自己的業務績效奇差無比，沒想到山謬接獲辭呈非但沒有鬆一口氣，反而對他打算離開公司一事憤怒不已。葛拉漢去意甚堅，「我很確定自己比較擅長做統計工作。」令他大吃一驚的是，紐伯格先生竟然回答，「很好，公司也該成立統計部了，就由你接手吧。」從那時開始，葛拉漢的主要職責就是為公司和客戶評估各種投資機會的相對優勢和弱勢，就此展開他在華爾街的全職證券分析師生涯。

誠如厄文・卡恩與羅伯特・米奈所述，葛拉漢沒多久就從研究領域脫穎而出：「班傑明風格獨具的華爾街專業分析師生涯，要追溯到一九一五年古根漢探勘公司（Guggenheim Expolration Company）的解散計畫。」當時由於古根漢家族（該公司最大的控股股東）決定退出探勘事業，才有那次的解散行動。華爾街對這家即將解散的公司及其應聲重挫的普通股股價，持悲觀的看法，但事實上，古根漢家族擁有大量在紐約證交所掛牌的幾家銅礦公司的股權——這些公司和古根漢不同，它們在可預見的未來，都沒有遭到解散的危險。

於是葛拉漢請紐伯格的主管留意，當古根漢解散並按比例將銅礦公司的股票分配給股東時，一個絕佳的套利機會將會浮現。也就是說，古根漢本身的股票市值，低於該公司所持銅礦股的價值，因此買進前者（每股六十八點八八美元），然後賣出後者（平均市價每股七十六點二三美元——即所有銅礦公司股票及旗下資產的市價）即可賺取價差。換句話說，它大致相當於以八美元買入九張一籃子的一元美鈔。當古根漢於一九一六年一月執行解散動作時，證明紐伯格的「一人統計部」看法正確。聽從葛拉漢的建議，不僅公司本身大量買進古根漢股票，一位資深員工也因為這項交易大賺一筆，還分給葛拉漢百分之二十的獲利。按照厄文·卡恩和羅伯特·米奈的說法，這就是為什麼由於那次的古根漢解散計畫，「班傑明的聲望和身價雙雙大幅提升」的原因。

葛拉漢在紐伯格的前幾年，就開始發展一套精確而有系統的證券（即債券和股票）分析與評價法。迥異於某些財務理論學派，葛拉漢的想法絕非僅僅是紙上談兵而生出的抽象概念，而多少和他的真實經歷有些關聯。對葛拉漢而言，能夠賺錢的方法才是好方法，畢竟那是他賴以為生的飯碗。就像我們前幾章所討論，葛拉漢的數字分析天分，在那個年代的華爾街是很少見的。同時，他還具備了必要的勇氣和創造力，運用自己的數字分析能力發展出獨到的證券分析方法。這個方法（葛拉漢後來進行了大幅度的修正）更適合用來選股，因為它是以廣泛研究及分析更具體和重要的因素作為依據，而不是只看股價。

確實，葛拉漢這位被《財星》（*Fortune*）雜誌譽為「證券分析發明人」的天才，在推動研究工作「受到重視」的貢獻，具有舉足輕重的地位。當然，這種需要進行大量研究工作的選股系統，比單純只是注意股票／債券價格走勢，更耗時耗力，但是葛拉漢一次又一次為公司提出一連串安全但賺錢的交易建議（例如古根漢股票的套利機會），證明他選股方法的穩健性。這些建議展現出分析方法的威力，甚至連華爾街紐伯格公司經驗豐富的合夥人也都為之震驚。就像葛拉漢在回憶錄的描述，他當時獨樹一格的投資方法，時機是對他有利的：

如果說我很幸運擁有種種天賦可以運用在財務分析，那麼我進入華爾街的年代也同樣是幸運的。我在華爾街的生涯剛開始時，投資幾乎完全僅限於債券。除了極少數的例外，普通股主要被當作投機工具。不過，金融市場開始採取各式各樣的包裝方法，為過去向來被視為接近賭博的普通股提升信譽。也許是出於自願，也許是為了遵守證交所的規範，企業開始提供關於營運和財務的詳細資料，公司財務部也開始以便利的表格形式，在他們的手冊和最新出版品提供這些資料。

換句話說，假如葛拉漢早幾年進入紐伯格公司（或華爾街任何一家競爭對手），便無法取得「關於營運和財務的詳細資料」，來作為他「選股密技」最重要的材料。事實上，從葛拉漢悽慘的債券銷售成績，還有他發現當時其他公司的「統計部門」所做的事幾乎毫無價值這點來看，如果這是他唯一的路，人們都會懷疑葛拉漢到底能在華爾街撐多久。葛拉漢深知他沒有業務方面的天賦，也看出自己不可能藉由「股價線圖」嶄露頭角，他認為，憑股價走勢要持續成功地選股太過僥倖，因此他發展出自己的選股方法。葛拉漢肯定知道，他發展出來的這套方法，需要耗費大量的腦力和情感紀律，而且只有極少數的華爾街從業人員擁有這些能力。所以，當他證明自己的選股方法能賺到錢時，他一定已經感覺到，自己不再只是個小職員，而是公司不可或缺的資產。

確實，跟他求學時總是連連跳級並提早畢業一樣，葛拉漢在紐伯格持續以飛快的速度連續獲得升遷、加薪和紅利獎金。到了一九一六年九月，葛拉漢的薪水已經從一九一四年每週十二美元，一路調升到每週五十美元。

一九五八年，葛拉漢在一場為財務分析師協會（Financial Analysts Society）所做的演說中，提到另一個當年給紐伯格的絕佳投資建議實例。一九一六年初，葛拉漢私底下向艾佛烈・紐伯格強力建議買進「電腦製表記錄公司」（Computing-Tabulating-Recording, Corp，簡稱C-T-R公司）的股票。C-T-R的賣出價約四十五美元，不過根據葛拉漢的計算，這家公司的帳面價值（即公司的資產負債表上所顯示的每股資產淨值）約在一百三十美元左右。除此之外，C-T-R的獲利表現強勁，股利分配也很穩健。但是，一如葛拉漢向一群財務分析師致詞時所述，紐伯格並沒有買進任何C-T-R的持股：

艾佛烈・紐伯格先生一臉憐憫地看著我，「班傑明，」他說，「別再跟我提這家公司了，我碰都不想碰。」紐伯格先生對C-T-R的嚴厲批判，給我的印象實在太深刻，以致我終其一生從未買過任何C-T-R的股票，甚至它後來在一九二六年改名為IBM，我也依然無動於衷。

關於這個例子特別有意思的是，早在葛拉漢和陶德合著的《證券分析》出版前十八年，葛拉漢實際上就已經在執行這套獨立基本面分析機制的核心概念（亦即調查一家公司的資產、盈餘和股利，以估算不受市場價格影響的股票價值）。當然，這個例子也說明，起初紐伯格先生對這位二十二歲小職員的某些想法仍然是半信半疑的。但是，在將近不到兩年的時間，老闆就為葛拉漢加薪超過四倍的事實，就是葛拉漢獲得紐伯格公司高度重視的鐵證。

之後，隨著經濟狀況相對穩定下來，一九一六年十一月，葛拉漢便和兩年多來交往穩定的海柔爾訂了婚。

由於葛拉漢的強烈責任感和那時仍毫無瑕疵的道德操守，他馬上著手準備參加設在紐約州東北角普拉茨堡（Plattsburg）的預官訓練營。心思縝密的葛拉漢，拿到高階將領（葛拉漢曾為他的小孩擔任過多年家教）以及現任助理作戰部長（此人不是別人，正好就是哥倫比亞大學前任校長凱柏爾！）「特別熱情」的推薦信。擁有這麼出色的推薦信，葛拉漢有把握自己一定會錄取。但是，由於那時他還屬於英國子民，只有美國公民具有預官的任用資格，軍隊遂以政策規定為由拒絕了他的申請。直到一九二〇年，葛拉漢通過申請公民資格，才正式歸化為美國公民。

無法順利入伍，對懷有「年輕人應該為了國家而戰」這種強烈愛國主義思想的葛拉漢來說，是一大打擊。畢竟，儘管葛拉漢在美國遇過種種困難，儘管受到一定程度的種族／宗教歧視，但是這個國家確實信守承諾，給這樣刻苦耐勞的移民家庭一個翻身的機會。葛拉漢充分體認到：「我認為我是四分之三的美國人，另外四分之一是英國人。」雖然葛拉漢的從軍夢碎，他仍然可以加入民間部隊。但是身為家中主要的經濟支柱，相對於待遇比較好的軍官薪資，葛拉漢光靠一份民兵俸祿，根本無法養活一家子，更何況連軍官的薪水都比他在紐伯格賺的少很多。

因此，葛拉漢以「撫養母親」為由，申請合法的兵役豁免權，讓兩個哥哥去從軍，自己則繼續留在紐伯格工作。

一九二〇年，葛拉漢志得意滿地迎接大兒子艾薩克（葛拉漢通常都喚他小名——牛頓，下文皆以「大牛頓」表示，以區別葛拉漢幾年後生下的另一個牛頓）和大女兒瑪喬里的誕生。雖然葛拉漢說和海柔爾的婚姻，最初有幾年相對幸福的時光，但他透露問題也從那時開始出現。例如，談到母親搬入他新組織的家庭短暫同住的那段期間，以及生命中兩個女人發生的衝突時，葛拉漢形容自己的妻子「精力旺盛、盡責職守、專橫獨斷」。

幸虧，瑪喬里和她父親的關係好多了，「我打從心底愛他，我以前老愛說他是我的行動百科全書。」至於她的大哥大牛頓，「他是一個很棒的人，作為他的妹妹，我覺得不管發生任何事，他永遠都會在身邊保護我。」此外，雖然母親生性傲慢，但在瑪喬里的印象中，早年父母的婚姻關係和家裡的整體氣氛似乎是和樂融融的。葛拉漢自己也承認，他冗長的工作時間，跟海柔爾盛氣凌人的個性，都是導致第一段婚姻破裂的影響因素。

一開始涉及套利和避險交易一

第一次世界大戰結束前，葛拉漢第一篇正式金融投資文獻，登上《華爾街雜誌》（*Magazine of Wall Street*）這本當時聲名鼎赫、讀者眾多的商業出版刊物。如厄文．卡恩和羅伯特．米奈於一九七七年所述，葛拉漢第一篇和投資相關的文章，比較了「許多同類型債券價格的差異」。換句話說，那篇文章藉由估算債券本身的價值，幫助讀者找出價格遭到低估的債券。值得注意的是，葛拉漢這篇標題為〈尋找價值低估的債券〉及典型談論價值投資的文章，早在《證券分析》一書出版前十五年、《智慧型股票投資人》問世前至少三十年，就已經出現。

葛拉漢除了繼續在紐伯格投入全職工作外，也定期為《華爾街雜誌》撰稿。除此之外，他優秀的寫作能力，也愈來愈在任職的投資機構嶄露頭角。一九二〇年，葛拉漢為紐伯格寫了三份小冊子——通稱為《給投資人的一堂課》，其中一份後來成為葛拉漢經典投資法則——「安全邊際」概念的前言。（數十年後，葛拉漢在一場演說中，用開玩笑的口吻反省自己才二十五、六歲，竟敢年輕氣盛地出版《給投資人的一堂課》！）

同樣地，任職於紐伯格的多數時候，葛拉漢都是許多「文宣品」的主筆。如厄文．卡恩和羅伯特．米奈所述，這些文宣品「深入研究一檔或多檔證券」，紐伯格的合夥人對葛拉漢做研究的透徹、結論的合理性，及清晰無比的寫作風格印象深刻。至於《華爾街雜誌》這本期刊，更是對葛拉漢在投資方面迷人而精闢的見解驚豔不已，雜誌社老闆甚至想砸重金延攬他去擔任主編！葛拉漢再一次動了離開紐伯格的念頭，但公司為了留住這位明日之星，決定拔擢他為新合夥人。

升任為紐伯格的合夥人，除了坐擁高薪之外，葛拉漢還「享有百分之二點五的獲利，而且不需承擔任何虧損」。這些分紅獎金使葛拉漢的收入大幅翻升，不久他就帶著一家妻小離開市區，搬到紐約州威斯特徹斯特（Westchester County）富人群聚的弗農山（Mount Vernon）。公司資深合夥人認為，分給這個年輕小伙子額外酬金是值得的投資。畢竟，他們很賞識葛拉漢能在這股華爾街風潮中，精通一套獨特而有利可圖的獲利模式，也很欽佩葛拉漢為了追求投資方法的「精益求精」所展現出無可遏抑的求知欲。

比方說，葛拉漢一察覺到稅法對他分析的企業財務資料影響甚鉅，立刻針對這個日益複雜的領域，著手進行全面的獨立研究。就像葛拉漢在回憶錄的回顧，「第一次世界大戰後，過去單純的美國稅務法律和規範，變得愈來愈複雜繁瑣。」

葛拉漢更進而在美國稅法及對投資數據具有重大影響的其他知識領域，成為最有學問的投資專家之一。具備如此嚴謹的投資知識，葛拉漢才開始從事涉及套利和避險交易這種更複雜的投資方式（同時建立相同資產的「多頭部位」——即預期資產的市場價格將上漲，及

「空頭部位」——即預期資產的市場價格將下跌。如此一來，當價格大跌時，另一部位的持股至少可以彌補部分跌價損失）。

例如，他會在買進可轉換債的同時，賣出一個買權（即在某合約到期日，以特定的「履約」價格購買普通股的權利）。不需鑽研這些錯綜複雜的金融工具及其反向關係，無論價格往什麼方向波動，藉由此種操作模式，葛拉漢都可以賺到錢。除了極少數的例外，這樣的交易證明可為公司創造高額獲利。很快地，公司就委託葛拉漢直接代表一些客戶操盤。

一般而言，資深合夥人罕見將如此重責大任委託給資歷較淺的合夥人，但葛拉漢的績效實在太出色，讓公司認為有必要充分利用他的賺錢能力來服務重要的客戶。此外，葛拉漢自己也開始帶進一些重要的客戶。例如，一九二〇年，葛拉漢有個任職於當時知名「債券商」的校友，引見他認識一個名叫三木純吉（Junkichi Miki）的年輕日本人。三木先生代表日本一家大型投資銀行，有意蒐購一九〇六年日俄戰爭期間日本對歐洲諸國發行的政府公債。在歐洲買進這種債券，再轉賣給需求更熱絡的日本市場，可以創造巨大的獲利。葛拉漢透過紐伯格在倫敦、巴黎和阿姆斯特丹的人脈，讓他的公司及新朋友三木先生得以順利買進這些債券，再運往日本銷售：每次交易紐伯格都可抽取百分之二的佣金——總收入高達十萬美元（大約相當於現在的兩百萬美元）。

在早年的華爾街生涯中，另一個對葛拉漢的財務及工作具有重要影響力的個人關係，就是他與哥倫比亞大學前英文系教授——塔辛多年來的情誼。幾年前，塔辛先生就對他以前這個學生因投資有道而迅速竄起的印象深刻，於是交給葛拉漢一萬美元當作本金，投資盈虧由兩個人分攤。起初，這個帳戶的操作非常順利，兩個「合夥人」可以各自分到幾千美元的獲利。與哥哥關係密切且總是積極幫忙他們的葛拉漢，把那筆錢用來投資愛玩音響的哥哥里昂所經營和共同擁有的留聲機商店。

巨大挫敗得到的教訓

一九一七年，整個市場的股票價格不斷下跌，導致葛拉漢的塔辛帳戶被「催繳保證金」（當特定個股或類股的價格跌至低於某個價位時，券商就會發出催繳保證金通知，屆時帳戶所有人必須存入更多的資金或把資產賣掉）。問題是葛拉漢原本預期，不管是塔辛帳戶或後來發現經營困難的音樂零售事業，都應該要有更好的獲利表現，因此他根本沒有錢可以補足差額，導致面臨了必須告訴朋友自己無力承擔損失的尷尬處境。更重要的是，承認這件事也代表，他為前指導教授執行的投資管理法「不幸失敗了」。對葛拉漢來說，這簡直是一場惡夢，他受到很大的情緒打擊。

葛拉漢羞愧、焦慮到無以復加的地步，使他差點就做出輕生的傻事：「我記得有一次午餐時間，我黯然絕望地走在金融區，那個時候我多少有認真想過自殺這件事。」他覺得與其被劇烈的失敗與慚愧感吞沒，不如結束自己的生命來得痛快些，這樣的念頭很大程度透露出葛拉漢的性格。葛拉漢對他人錢財的強烈（乃至於一絲不苟的）責任感，就是他四十二年華爾街生涯的完整寫照。

所幸，葛拉漢沒有去跳哈德遜河（Hudson River），而是重新拾起勇氣，尋求塔辛的寬恕。幸運的是，葛拉漢的朋友儘管對此事大為震驚，仍然善解人意並寬大為懷地向他提出一個賠償損失的付款計畫。不到兩年，葛拉漢就還清了債務，如他的回憶錄所述，「塔辛仍對我有信心……，後來幾年我使他的財富增加到非常可觀的數字。」誠如尼采（Friedrich Nietzsche）經常被人引用的一句名言：「殺不死我的，使我更堅強。」差點釀成悲劇的塔辛事件，使葛拉漢在幾年後碰到更棘手的困境時，能具有必要的情緒韌性。那時，面對規模更大的類似災難時，葛拉漢想到的不是自殺，而是保持冷靜的頭腦，專注於竭盡所能地將損失降到最低。不過，葛拉漢總是能重新獲得客戶的委託，而且就跟塔辛先生一樣，對葛拉漢始終保持信念的人，他們的不離不棄最終都能獲得豐厚的回報。

至於紐伯格，他們也認為重用這位新合夥人是慧眼識英雄。除了處理「統計部門」的事務（這時已加入一個「統計人員」新手，在二十四歲的葛拉漢這位「資深老鳥」底下工作），以及為公司經手複雜度和利潤愈來愈高的交易均有出色表現之外，葛拉漢也為公司帶進一連串重要的新業務。羅伯特・米奈與厄文・卡恩表示，隨著葛拉漢投資獲利的名聲愈來愈響亮，「有些客戶開設帳戶，讓葛拉漢這個唯一的經理人分得百分之二十五的累積淨利。」

然而，從塔辛帳戶的經驗顯示，葛拉漢的投資決策並非穩賺不賠。雖然葛拉漢已經證明自己具有慎思明辨的非凡投資能力，但即便失手的頻率已經比華爾街同業更低，他仍然無法免於發生判斷失誤的情況。

葛拉漢的「賓州薩沃德輪胎公司」（Pennsylvania Savold）投資案就是最好的案例之一。據說這家公司除了紐約和俄亥俄州，在美國各州都擁有「翻新汽車輪胎製程的獨家專利」。受到剛剛靠石油股票賺大錢的朋友鮑爾斯（Barnard Powers）的鼓勵，葛拉漢投入自己和老同學海曼（Maxwell Hyman）與海曼兩個兄弟合資的一大筆錢。結果「賓州薩沃德輪胎公司」不僅表現不佳，而且鮑爾斯先生最後才知道，「負責集資（發行股票）的主要承銷商竟然將我們的資金挪作他用。」後來，葛拉漢更發現，「賓州薩沃德輪胎公司」可能根本就不存在！

雖然葛拉漢在華爾街打滾的前幾年，也聽聞過很多這樣的事情，不過薩沃德投資案的慘賠，卻是葛拉漢第一次親身經歷這種集資詐騙手法。葛拉漢本人說過，「儘管我生性保守」，在薩沃德的交易中，是他自己要上當受騙的。事實上，在股票承銷商「掏空」葛拉漢的詐騙事件中，最值得注意的就是「例外」足以證實「規則」的存在，而這個「規則」就是葛拉漢通常會慎重而盡責地仔細調查每個投資機會——尤其是客戶委託他操盤的資金。那就是他為什麼在短短幾年內，僅僅靠著口耳相傳，就能吸引一些重要客戶請他做基金管理服務的原因。

—新事業的開始—

從業務發展到投資策略，葛拉漢絕對在紐伯格享有一席之地。葛拉漢記得，到了一九二〇年代初期，他身為初階合夥人的責任已經往前邁進一大步：

除此之外，我要為公司名下帳戶處理各式各樣的作業流程（僅限套利和避險操作的部分）、身兼稅務專家、進行櫃檯買賣（包括日本債券交易）、負責確保辦公室系統的運作效率。當然，我也帶進許多支付大筆佣金給公司的客戶。

縱使身兼多項要職，他這個合夥人也只能拿到百分之二點五的分紅，從這點來看，葛拉漢不久便考慮要成立自己的投資公司也就毫不意外了！畢竟，他絕對已經證明有能力經營這樣的公司，包括管理和策略方面都很得心應手。

終於，在一九二三年七月一日，葛拉漢以「葛拉哈里公司」（Grahar Corporation）的名義在紐約州成立了新的事業。

在紐伯格任職九年後，加上部分受到朋友羅・哈里斯（葛拉漢在弗農山交好的雨衣公司老闆）的支持，如今葛拉漢成為自己投資公司的合夥創辦人暨經理人。作為企業主和經理人，使葛拉漢更容易從民營企業主的觀點（而不只是股票持有人）來看待股票及其發行機構——這就是價值投資的核心典範。畢竟，若盈餘、支出、稅率和其他「會計項目」都由自己的公司負責時，它們就不再只是抽象的數字了。葛拉漢（及巴菲特）投資選股法則的重要典範，是下一章的討論焦點。

第六章

孤注一擲：把投資視為事業經營

葛拉漢在《智慧型股票投資人》的最後一章寫道：「投資最高境界的智慧，就是將它視為事業經營。」巴菲特形容這句鏗鏘有力的嘉言語錄，是「關於投資最重要的一句座右銘。」事實上，這句話隱含了葛拉漢、巴菲特、孟格、魯安、許羅斯、布蘭帝、卡恩，以及其他名人藉以致富的投資選股架構。除了安全邊際和「市場先生」，這個概念是康寧漢所謂「葛拉漢的基本觀念是價格與價值為兩回事」的另一個重要層面。

當幾乎所有市場參與者都是根據短線股價上漲或下跌的預測而做出投資決策時，葛拉漢是以一個潛在買方的心態，去檢視股票背後所代表公司的整個經營情形。從這個角度，葛拉漢關心的是股票發行公司在損益表與資產負債表反映出來的「價值」。只有在確定該股票的價值後，他才會去看目前的股價，決定採取什麼行動（即買進、賣出或繼續持有）是最有利的作法。假設，當葛拉漢認為以那個價格買下整個企業合理時，他才會考慮以有利的價格買進一些持股來擁有部分經營權。同樣地，準備賣出股票時，決策的重點就在整個企業的價值相對於目前的市價。就像海格斯壯寫道：「葛拉漢認為，投資人應該要有的適當反應跟企業主是一樣的，當價格不具吸引力的時候：就忽略它。」就在葛拉漢首度將此觀念應用在自己的投資至少九十年後，這種企業經營的典範仍持續在定義價值投資法。就像道西這個價值投資人楷模說的：

對我來說，班傑明・葛拉漢的核心思維，就是把股票視為企業經營的一部分，這麼一來，你就能保持將注意力放在企業產生的現金及其資產負債表，而不是市場上其他投資人的意見。從葛拉漢的年代以來，這個觀念的重要性至今從來沒有改變。

換句話說，與其在看ABC公司股票時，只因為有人認為這檔股票下個禮拜「可能會有動作」而猶豫是否要「買進一些持股」，葛拉漢認為比較好的作法，應該是去假設，如果你身為企業主，是否願意把ABC公司整個買下來。這樣的觀點是非常有效的篩選機制，因為它強迫投資人更關注公司的損益表及資產負債表，而不是股價線圖。

此外，雖然考慮是否要買下默克（Merck，現在的市值是一千〇一十三億美元）、可口可樂（現在的市值是一千五百二十億美元）、谷歌（現在的市值是一千八百八十四億美元）這種大企業的全數股份，似乎是天馬行空的想法，但它對於保守的投資人來說，實際上是無價的思考流程。以下的例子可以幫助我們說明這個原則。

賴瑞是你認識的一個朋友，他擁有一家獨立經營的汽車廠超過二十年。現在他想以四萬美元的投資本金，把百分之十的股權賣給你。作為一個精明的生意人，在你將辛苦掙來的四萬美元砸下去之前，絕對不想只聽到賴瑞滿懷信心地向你保證他的事業有多「出色」而已。你還會想詳細了解這家車廠過去幾年的獲利情形（即損益表資訊），可能也會有興趣知道他的資產價值以及公司目前有多少負債（即資產負債表資訊）。因此，即便你並不想買下賴瑞的整個車廠，但你有可能會從這個角度考慮。如果目前經濟情況處於有利位置，你知道買進部分持股是值得考慮的。相反地，如果買下整個車廠很可能會賠錢，那麼你會考慮下修買進的股份。

面對可能要拿出四萬美元投資賴瑞的汽車廠時，大部分的人可能會深入研究這種私人企業的過去獲利及資金狀況。但是，同樣的這一群人，很多人會只因為一個電視節目三十秒廣告的買進建議、朋友轉寄的電子郵件（有時原始出處也是來自股票炒手），或最糟糕的只是「憑直覺」，就拿出一千美元這麼大一筆錢去投資上市公司。不管是葛拉漢、巴菲特，或其他信奉價值投資法的百萬富翁和億萬富豪，都不是靠這麼薄弱的藉口而投資致富的。

相反地，無論是購買一家公司百分之一的股份（就像巴菲特和孟格的波克夏公司，最近幾十年就執行過好幾次這類交易）或百分之百的股權，最重要的是，這些投資人視自己為企業經營者，並且以企業主的思維分析潛在的投資機會。就像史威格在二〇〇三年版本的《智慧型股票投資人》寫道，一流的價值投資人「在心態上，他們買的永遠是企業經營權，而不是股票。」接著他又提到：「不論是買進一家公司全數或小額股份，他們的態度都是一樣的。」換句話說，真正的價值投資人，會透過同樣完整的企業分析——大部分的人用來評估像賴瑞汽車廠這種私人企業投資案的仔細程度——審慎評估目前是否為買進部分默克持股的適當時機。當然，這就是為什麼「多數人」的投資紀錄，遠遠不如全心投入的價值投資人那樣成功的主要理由。

—價格與價值的分流—

眾所皆知，以上說明的這種基本面股票評價法，長久以來一直是私人企業潛在買家所使用的標準分析方法，不論買進全數或部分股份。大家比較不知道的是，在第一次世界大戰之前，這種企業家或「接近企業家」的選股方法，也是投資人買進公開上市公司股票的慣例。如葛拉漢與陶德在《證券分析》所述：

另一個在戰前屬於普通股投資人的實用投資方法，就是從私人企業經營利益的角度出發。當時典型的普通股投資人都是企業人士，因此對於企業主而言，以評價自己公司大致相似的方法來評估任何一個企業的價值，似乎是合情合理的。

這種投資思維的改變，也反映在葛拉漢自己的著作裡。在他最早針對投資所出版的文獻中——葛拉漢在一九一七年九月《華爾街雜誌》刊登的一篇文章〈債券名單初探〉寫道：「不論市場再怎麼準確，也不能毫無錯誤。」文章寫於第一次世界大戰末期，葛拉漢對市場的觀察整體而言都是正確的，但偶有失誤。接著，在一次大戰期間的股市繁榮期及接踵而來的「狂飆的二〇年代」，整個經濟情勢發生了劇烈而永久的變化。戰前，這些商界人士的集體投資行為，通常會將股票（尤其是普通股）的價格鎖定在可以反映股票發行公司的企業基本面價值；但是戰後「投機大眾」的群體行為，卻讓許多股票價格危險地脫離它們的基本（或內含）價值，直到今日依然如此。

於是，就像把氣球放到天空那樣，股票價格從此受到眾多不同因素而出現急漲急跌或平盤的走勢，而這些影響股價的理由大部分與發行公司的長期經營體質無關。葛拉漢很早就看出市場價格與其企業基本價值的脫鉤現象。早在一九一八年十一月，葛拉漢就在《華爾街雜誌》刊登〈聯合瓦斯的隱藏性資產〉這類文章，提到企業價值與股價的分歧代表具吸引力的投資機會。在那篇文章中，葛拉漢點出公用事業類股因為缺乏「投機性的熱情」，使得這些股票價格（特別是聯合瓦斯）低於它們長期穩健經營體質應有的價值。

同樣地，將近十四年後，葛拉漢也在經濟大蕭條時發表於《富比世》雜誌的一篇文章提到：

在太平盛世時期，以一般的企業評價標準來看，就會發現證交所掛牌上市的股價都高不可攀；如今，基於補償法則，這些公司的資產價值也同樣被低估到慘不忍睹的程度。

葛拉漢在一九三二年所寫的這句「太平盛世時期」，指的是第一次世界大戰後令人振奮的時期，當時從企業基本面看來完全沒有說服力的離譜價格，成為股票市場的常態。毫無意外的是，這批促成不理性價格膨脹、短視近利的投資大眾，在一九二九年的股市大崩盤後反過來毀滅股市，造成許多公司的股價被打趴到遠遠低於企業應有的價值。

由於關注企業長期基本面的市場參與者實在太少，因此當時的新聞往往忽略了比較有意義的資訊。比方說，短期的獲利報告對股票價格的影響經常誇張過頭。如《證券分析》所述，股票價格「受到目前獲利的影響，比長期平均獲利還大」。作者隨後指出上市公司的股價，如何大幅偏離私人企業健全評價機制的態勢：

一家私人企業在景氣狂飆年代，其獲利較不景氣年代可能會輕易地翻倍，但是企業主本身從來不會因為這種獲利的起伏，而跟著上調或下修自己投入資本的價值。

把這個原則應用在投資百分之十的股權於賴瑞汽車廠的假設案例。如果你投資四萬美元以後，在「景氣大好」年代，汽車廠平常十萬美元的獲利倍增至二十萬美元，難道這樣便代表你百分之十持股的基本價值，從四萬美元提升至八萬美元嗎？僅僅報出一年不尋常的高獲利數字，便出現驚人的市場價格重估，在私人企業的領域是無法想像的。

然而，在股票市場上，造成市場價格重估的事件，可能遠比上述的盈餘增長更不具實質意義。不在預期範圍內的強勁（或疲弱）的季度盈餘數字、受到高度矚目的法律訴訟案、公眾關係的徹底失敗（或勝利）、產品召回（全面及部分）、違反法規，以及各式各樣的事件，相較於股票發行公司本身的長期基本面，這些事件往往對於一時興起的投資大眾具有更大的影響力。《企業與經濟季度期刊》（*Quarterly Journal of Business and Economics*）於二〇〇五年發表的一篇論文中，對此有特別詳細的說明。這篇研究檢視了（非汽車產業）產品召回對於股價的影響程度與期間長短。一如葛拉漢的預期，結果發現該事件對於平均價格產生負面且統計上顯著的衝擊；但是，若從長期投資觀點來看，負面股價衝擊的期間往往會低於六十天。

對於像葛拉漢、巴菲特，以及其他價值型投資人而言，一段為期兩個月的價格滑落，影響其實不大，因為，身為一名投資人（不是投機客），這種長度的時間結構是完全不顯著的。成就非凡的價值型投資者布蘭帝在二〇〇四年寫道，「任何短於一個正常營運週期（通常要三到五年）的持股期間，就算是投機」。同樣地，被許多人公認為全世界最有名的葛拉漢信徒巴菲特，對於市場短期價格的波動也沒有興趣。備受讚揚的作家及投資者羅伯特・海格史東評論巴菲特，「不需要在同時間觀看數十個電腦螢幕，市場上每分鐘都在變化的股價並非他的興趣所在。」

這種每分鐘股價都在變動的問題，就是它們的價格很少反映對公司長期發展有影響的事件。一旦某檔股票因為受到短期獲利報告、產品召回公告，及其他彷彿世界末日要來臨（但是從長線觀點來看，根本毫不重要）的新聞事件影響而上漲或下跌，羊群心理通常會跟著發酵。舉例來說，由於ABC公司眾多產品其中一項被召回，普通股股價開盤就跌了百分之五。接著，隨著召回檢修及股價賣壓沉重的新聞持續散播，兩週以後ABC公司的股價跌掉百分之三十。

然而，就在一到兩年之內，ABC公司發布了一份特別強勁的盈餘報告。檢視過這些公司的財務報表之後，價值型投資人已經知道ABC仍然是一家基本面強勁的企業；而且雖然早先幾年出現過產品召回，顧客們仍然大量採購ABC公司的高毛利產品。但是，對於同樣一批短視近利的投資人，他們之前因為聽到產品召回的消息便落荒而逃，現在正面的盈餘報告對於每個人而言是綠燈，可以再次堆錢進來，不過這一次賭的是股價會走相反的方向。因此，一家公司的股價會從遠低於其真實的企業價值，上漲到遠超過其真實的企業價值。

更糟的是，出現了網際網路、當沖客，以及近來更出現高頻交易（high-frequency trading），股票價格與其應該代表的企業實體經營面，兩者的脫鉤在近十年來愈擴愈大。財金及教育作家米爾曼（Gregory Millman）在他一九九九年撰寫的書籍──《當沖客》（*The Day Traders*）中，花了一個章節描述他在當沖交易「新兵訓練營」的觀察。在這一篇發人深省的文章當中，他講述指導者建議學員基本上要忽略甚至是短線的新聞，然後「等待趨勢（股票價格）成形並交易它。這就會造成非常奇怪的景象，好消息會導致股價下跌，而壞消息卻驅動股價上漲。」就像康寧漢寫下的回憶，這些股票交易「與交易員的動機較有關，而非企業本身的價值。」

至於高頻交易，二〇〇九年一項針對上述活動對於美國證券市場影響的研究結果發現，這類的交易活動最高曾占當年度百分之七十三的全美國證券市場交易量。這種交易單的發生與否，完全取決於在下一個幾秒鐘的時間內，交易某檔特別的股票是否可以賺到微薄獲利。超級電腦的出現以及在過程中運用演算法，就能夠成就《紐約時報》所描述的「少數的高頻交易者」執行足夠數量的微利交易單，並賺得鉅額獲利。至於當沖交易，之所以發生這種交易的背後計算邏輯，只是因為被預期接下來股票報價會有微幅改變這個念頭所驅使，當沖者很少去關心股票發行公司事業的長期基本面變化。我們可以清楚發現，快速出現的市場技術面改革，已經進一步弱化長線企業經營基本面對於股價線圖的影響。

然而，經歷過近幾十年來不斷發生的上述這些改變，價值型投資人仍可以經營一席之地，他們是藉由長線投資的角度來審視每一檔有價證券，而非僅僅以可能在二十秒內便會下跌三美分的股票報價走勢圖，來作為判決基準。對於那些宣稱有相當把握可以預期市場走勢的諸多方法，葛拉漢總是帶著懷疑的眼光。調查過這些交易系統的大多數專家，都會傾向同意葛拉漢的觀點正確無誤。舉例來說，就在當沖交易的「新兵訓練營」快要結束之前，米爾曼的總結是：「當沖交易是一個非常競爭、高風險的遊戲……，就算有充足的準備、紀律以及資金，也只能夠微幅增加成功的案例。」

事實上，當沖交易者先賺進大筆鈔票、然後又賠掉更多資金，這類現代發生的驚悚故事，其實跟葛拉漢當年在華爾街見識到的案例並沒兩樣。葛拉漢一向小心謹慎且憑良心在替客戶管理資金，從來不會用這麼隨性的方法來管理任何人的錢（尤其是客戶的）。取而代之的是，他學著用合理價格去買進優良企業的一小部分股權（或者是用跳樓大拍賣的價格，買進基本面普通的企業股權），並忽略每一日股價線圖的波動，把它當成無意義的雜音。

二〇〇六年《今日美國》（*USA Today*）刊登了一篇文章，探討在那些尋求快速和容易賺錢的人眼中，愈來愈受歡迎的當沖交易。當沖者錯誤假設「長期投資蒙受鉅額損失的機率，遠遠大過其產生獲利的能力」。上述景象剛好像是鏡子的反射，對比出葛拉漢那種更為謹慎小心、以企業基本面為主的架構。以長線角度視之，像葛拉漢這種人更有可能會替公司帶來「獲利」而非「鉅額虧損」。

價值與波動性

股票價格（在通常充滿波動性與不理性的市場上接受評價）與公司價值（由投資人對於企業經營本身的評價而決定）經常會出現分歧，這個問題葛拉漢早在將近一個世紀以前便首次披露，而且在可預見的未來也仍舊可能會維持相同的特點。然而，雖然他經常用混雜著不屑與譏笑的態度，寫到股票在華爾街的訂價與其真正的商業價值總是存在巨大落差（「華爾街從業人員對於企業評價其實一竅不通，股價只不過是華爾街騙術，或者應該說，是其英明洞察力的產物」），但是這種歧見只不過是葛拉漢和信徒在建造價值投資「教堂」的一顆「小石頭」罷了。

畢竟，如果市場一直維持企業股價與其應有的企業價值之間的連結，那麼想要靠著價值投資獲利就是不可能的任務。就像葛拉漢在《智慧型股票投資人》一書中所提及的，價值型投資人的目的是利用「一邊制定的價格與另一邊評估過後的價格；兩者之間有相當程度的差異性。」因此，如果股票市價與企業價值變成很相似，那麼這兩者之間的價差不論是在數量上或大小上都會相當程度地縮小。當然，這種情況會使得價值投資的獲利能力被低估，甚至完全被捨棄不用。

在實務上，股票的市場價格依然經常（有時候甚至離譜地）與企業真實評價（或內含價值）脫鉤，所以價值型投資人只要應用本書的第二章及第四章強調過的安全邊際及評價技巧，便可以從中獲取豐碩利潤。就像道西告訴我：「價格平均回歸效應（Mean reversion），就是價值型投資的本質。」每次價值型投資人決定利用明顯的價格與價值的差距而獲利之際，投資人就是在下賭注，認為遲早該檔股票價格會下跌；發生這種情況會讓股價回到一個更能夠代表掛牌企業的內含價值水準（經常會超過此數字）。關於市場價格與企業價值交互影響，海格斯壯寫道：「那些可以看到股價與價值兩者之間互相追趕的投資人，便可以利用自身的精明來獲利。」

我們在接下來的章節會提到，價值投資法的歷史績效表現當中，其中最令人感到印象深刻的角度之一，就是價值投資法相較於投機的投資方法如何能持續勝出。後者的方法必須隨著惡名昭彰的市場風險一起波動，葛拉漢的投資方法繞過這種徒勞無功的作法，並買進市場設定價格被不理性低估的股票，緊接著在他可以選擇的範圍內，讓市場重新與真實世界接軌。因此，價值投資及其競爭對手投資方法的大部分「差異」，來自於投資決策是否從企業經營者的角度出發。

來自於企業經營者的投資方法與市場上較為投機態度的對比差異，藉由槓桿操作上述兩者的不同，價值投資者已就定位準備從市場中獲利。就像葛拉漢在《智慧型股票投資人》一書中寫道：

持有可銷售有價證券的人事實上有雙重身分，兩者各有其特定的獲利方式，端看他如何選擇。一方面他可以把自己當成私人企業的小股東或沉默的合夥人。在此，他的投資成績完全仰賴這家私人企業的獲利或是資產價值變動。他通常會藉由計算最近一期資產負債表所顯示自己的持股淨值，以決定投資這家私人企業的價值。另一方面，他可以是普通股的投資者，持有的是一張紙、蓋過印的股票憑證，可在數分鐘之內隨著時間改變而以不同價格賣出——在市場開放正常交易時段——通常這個價位會跟資產負債表上頭的價值相距甚遠。

股東＝企業擁有者

哈珀・馬克思（Harpo Marx）在舞臺劇的表演，以狡黠的智慧聞名（他在大螢幕當中扮演的馬克思兄弟角色從來不說話）。當他被問到是否投資股市之際，據說回答是：「我還比較喜歡去拉斯維加斯的賭場——那裡的女人比較年輕貌美，而且還免費提供飲料。」考量到哥哥澤波（Zeppo）是在其妻工作的拉斯維加斯賭場遇見她，馬克思兄弟看來還真的是說到做到！

馬克思認為股市就像是作弊的賭場，這種想法被廣為傳遞。就像其他許多普遍被人採納的信念，這件事一定也是公道自在人心。然而，它沒有辦法區隔股市與賭場之間關鍵性的差異，例如投注五十美元於俄羅斯輪盤上，或用同樣金額購買上市交易公司的股份，其中有何不同？

其中一個最基本、也是經常被忽略的差別，就是賭場與股市雖然都牽涉到投注希望於某些有正面發展的機會，但只有後者購買的是一個活生生、正在茁壯以及產生營收的企業。換句話說，後者買進一家企業的合法擁有權、它的未來支付能力，以及其資產（潛在）升值機會。如同葛拉漢及陶德在《證券分析》的註解，這個法律上的事實也經常被市場參與者所忽視：「永遠不能忘記的是，股票投資人是這家企業的經營者、職員們的僱主。」這樣的想法瀰漫在葛拉漢對於華爾街的整個觀念。在葛拉漢的著作當中，他對於這件事情的態度與想法，可以由他於一九三二年投稿給《富比世》的文章〈過分高估的政府公債及過度低估的股票：企業正在榨取其擁有者的資金嗎？〉得到最好的印證。

在那篇文章當中，葛拉漢用加強的口氣、幾乎帶有輕蔑意味，警告讀者有關於股東若不把自己視為企業經營者，是如何失敗的結果。這樣的失敗不僅會削弱這些投資人對於他們所經營股票的理解程度，而且在許多美國企業監管上，面對管理團隊所下的決定，股東也會產生危險的絕對順從；這一點，就葛拉漢的觀點來看，恰巧與股東該享有的權益互相違背。

事實證明股東們已忘記他們的權力，其實遠超過可以翻閱一家企業的資產負債表。他們已經忘記自己是這個企業的擁有者之一，而非僅僅擁有股票代碼的報價。現在，是時候了，美國數以百萬計的股東對每日市場報告看得夠久了，該將焦點轉移到企業本身的經營狀況，這些民眾都是經營者，他們會為了自己的滿足而掙取福利。

葛拉漢終其一生都在提醒投資人一個觀念：投資人、而非企業的管理團隊，是這些企業正當的擁有者，因而值得被用尊敬及同理心的角度對待，猶如一家私人企業的擁有者預期能夠從管理階層得到的一切。事實上，即便一位投資人只擁有某一家上市公司每股八點四五美元的一股股份，在買進股權並擁有那一股股份以後，法律便授予他成為該企業擁有者的權力。因此，從企業經營的觀點，每一筆可能的股權購買行為，都應該慎重對待。葛拉漢提出的準則幾乎都是有效的，這一條也一樣。然而，這個概念與大多數市場上投資大眾的觀點產生分歧，因此很難成為多數人可以拿來應用或內化的工具。

就像巴菲特曾告訴我，葛拉漢「最重要的觀念，就是把投資股票看做是經營企業的一部分。」然而，在他自己六十年的投資生涯當中，巴菲特也已經注意到，即便上述這個簡單事實已被證明是有邏輯與影響力的，「即使是智商一七〇以上的成年人，還是會忘記。」對於企業所有權的觀念，屬於葛拉漢投資概念的「聖三一教堂」之一（跟安全邊際以及市場先生一樣知名）——上述三個觀念仍是巴菲特認為不可拋棄的觀點。他告訴我，企業擁有者這個方法「非常基本面導向，除非它深植在你的基本價值哲學當中已經根深柢固，否則在你未來從事投資之際必定會陷入麻煩。」學習他的導師作法，使用這種企業主的態度，就是當巴菲特在審視每一個投資機會之際，會使用到的主要評估。

然而，除了投資選股之外，巴菲特也把這種企業主的態度，當成是波克夏公司獨特企業文化當中的一個整合元素，最終獲致超越巔峰的成就。此外，看來巴菲特也應用它有效地整合企業經理人與股東的利益趨於一致。就像巴菲特在二〇〇一年二月董事長的一封信（致波克夏‧海瑟威全體股東）提到：

我們公司的最終優勢，就是滲透至波克夏組織當中難以複製的企業文化。從企業經營角度來看，文化是決定勝敗的關鍵。首先，代表你行使權利的公司管理階層，不論思考或行動都要像個企業主；他們拿的是象徵性的待遇——沒有股票選擇權、沒有限售股可以賣，還有為了這個因素，幾乎沒有現金可用。我們並沒有給他們公司董事及高級職員責任保險，而這是其他每一個大型上市企業幾乎篤定會有的配備。如果他們把你的投資部位搞砸了，他們自己也會虧錢。撇開我的持股不計，主管及其家人所擁有的波克夏股份，價值已超過三十億元。正因如此，我們的主管會用熱情的態度和企業主的角度，來監控波克夏的種種行為及結果。有這麼一批管事，對各位股東和我來說，都是幸運的。這種相同的企業主態度在我們的經理階層十分盛行。有許多案例是，為了經營已久的家族事業，人們找到波克夏作為收購方。他們懷抱著企業主的心態來找我們，而我們則提供好環境並鼓勵他們保持下去。

分散風險及企業主心態

另一個關於企業主心態的重要面向，就是它可以讓較為主動積極的價值型投資者，應用一些彈性尺度在分散風險的傳統實務方面（亦即，不能投資超過某某比例在一家公司、不能投資超過某某比重在單一產業等）。取而代之的是，價值型投資人堅信這家企業的真實價值被市場低估，因而價值型投資人有更大的調整空間，可在既有的標準分散風險實務範圍之外運作。

然而，最基本的狀況在於，不論價值型投資者的投資組合是由十檔或兩百檔有價證券所組成，對每一家被選進來的企業都要有企業主心態。舉例來說，巴菲特曾經以下列的文字評論晚年的許羅斯——巴菲特以前在葛拉漢—紐曼公司的工作夥伴，而且在他的年代也是一名傑出的價值投資者：「許羅斯大量地進行分散風險操作，目前持有股票數目遠超過一百檔。他曉得如何辨識出哪些有價證券是以遠低於市價的行情賣給私人客戶。」

雖然巴菲特不像許羅斯那樣持有許多股票（兩者之間的差異就像化妝品一樣色彩鮮明），但相對於價值投資的基本面而言，這兩位都是藉由葛拉漢準則來打造他們的財富。有一個不能縮減的價值投資核心元素，就是企業主心態，關於這一點，許羅斯跟巴菲特的看法一致。事實上，當許羅斯寫下十六個重點精華來彙整自己的投資方法，其中企業主心態就排在第二位：「試著建立這一家公司的價值。請記得一股的股權所代表的是一間企業的一部分，而非僅是一張廢紙。」

價值投資家史威格也寫下領先的價值型投資者分散風險範圍的實務操作：「有些人持有數十檔股票的投資組合，其他人則專注於少量的股票上。但所有輝煌的成就，都來自於企業的市場價格與其內含價值的差異。」事實上，許羅斯以及其他人的成功，展現出某些非常成功的價值型投資者偏好購買多家企業的股權。然而，其他價值型投資人藉由相對較集中的投資組合，也可以享有相當程度的成功經驗，波克夏・海瑟威公司正是採用後者的範例；即便它經營驚人的三千七百二十三億美元資產，波克夏所持有的公司家數相對較少。巴菲特及波克夏的副董事長孟格偏好集中火力，將大筆資金投入少數幾家特別具有吸引力的企業。

對葛拉漢而言，至為重要的事就是從一個企業主的角度出發（不管這筆投資案有多大，或是投資組合當中有多少（或僅有少數）有價證券），所有的投資案都必須在邏輯上相當健全。所以葛拉漢應該會同意許羅斯和巴菲特兩人所採用的方法（以及所有其他成功的價值型投資者），因為他們全都以葛拉漢在《智慧型股票投資人》歸結出來的「對於私人企業主而言的企業價值」作為思考中心。然而，有一個波克夏式的「豪賭一把」企業，可以特別拿來作為解說範例；它也是葛拉漢自己的投資紀錄當中，有名的被低估企業。

—個案探討：美國政府雇員保險公司—

一九四八年，一些平常保持緊密聯繫的投資者，帶著「特別的機會」求售並找上葛拉漢的投資公司（這家公司在當時是以葛拉漢—紐曼企業之名在經營）。這個投資機會就是美國政府雇員保險公司，多數人叫它「蓋可」以便於記憶（是的，這個名字自從當時起已經成為具競爭性費率的公司，而且有隻爬蟲類作為其廣告主角）。透過一個簡單但心思靈巧的方式，蓋可直接銷售保單給消費者，如此可將傳統汽車保險商業模式進行最佳化，並且免除保險代理人在其中抽傭，以及他們通常會收取的高額手續費。蓋可也透過僅銷售保單給政府雇員——這一群相對低風險駕駛人——以節省費用。

基於上述原因，蓋可得以用具有高度競爭力的保險費率，提供駕駛人保單產品，也因此其業務得以享有高度成長性。這家公司是在一九三六年創立，到了一九四八年，如同厄文・卡恩及羅伯特・米奈所描述的那樣，「在第一個十二年期間已經擁有超乎尋常的成長。」

由於相信他一向擁護的企業經營導向投資法，葛拉漢對蓋可公司進行了基本面分析，包括它的盈餘紀錄，以及該公司的財報。葛拉漢在一九七三年版本的《智慧型股票投資人》一書中重新計算蓋可的價值。雖然他當時對蓋可獨特的商業模式「感到印象極為深刻」，然而對葛拉漢與合夥人的投資決策產生決定性影響的關鍵，則是「相對於當時的企業盈餘及資產價值來看，其股價相當合理。」事實上，葛拉漢跟他的合作夥伴傑若米・紐曼（Jerome Newman）認為，當時蓋可的股價真的是被殺到不尋常的低點，以致於他們用這一家合夥公司大約四分之一的資產，買進蓋可公司百分之五十的股份。從葛拉漢—紐曼公司當時給股東的信件中，透露出該公司在一九四八年七月六日共支付七十三萬六千一百九十點九五美元，以購買蓋可公司半數股權。值得注意的是，當蓋可交易案發生之際，葛拉漢—紐曼公司就字面上的意義而言，買進的是一家私人企業的多數股份（雖然他們已經了解在當時還是私營企業的蓋可，計畫在同一年底於紐約證交所掛牌上市）。

在葛拉漢的投資生涯當中，他曾經在一九四九年被選任為蓋可企業的董事會成員。他親身見識到自己公司的投資股份達到「超過當初投入購買蓋可半數股權金額共兩百倍的價值」。直到今日，蓋可已經是巴菲特的波克夏・海瑟威集團控股公司旗下百分之百持有的子公司，總資產規模暴漲至兩百八十億美元，而每年的保險金收入超過一百四十億美元。當然，就像所有成功的投資決策那般，葛拉漢當年拿出約當現值近七百萬美元的金額，換取像蓋可這一類高成長公司半數的股權，就事後諸葛的角度來看，可以說是個不用思考就完成的必然決定。

然而，問題依然存在：為何這個葛拉漢職涯中最好賺的交易案（之後又成為巴菲特最賺錢的投資案之一），「被多數重要的華爾街券商給拒絕」，才會讓葛拉漢—紐曼公司決定

「孤注一擲」且買進蓋可半數股權？很明顯的，自從一九四〇年代晚期，保險業已經不是投資界青睞的產業，那些華爾街人士主要關心的議題，就是當蓋可重新上市且經營前景悲觀之際，其股價會遭受何種衝擊。而葛拉漢對於市場短線價格變動行為並不感到興趣，相反地，他會讓他的企業主導架構凌駕於上述那些考量。這是典型的「龜兔賽跑」，葛拉漢成為最後贏家。

耐人尋味的是，幾乎在三十年之後，當蓋可的股票短暫下跌至乏人問津的窘境之際，就是巴菲特跳出來買進該公司大部分的資產。經過數十年成功的擴張業務之後，由於受到一系列總體經濟和法規改變的因素，蓋可公司在一九七〇年代中期遇到經營上的阻力。到了一九七六年，該公司的股價已經跌到荒謬至極的新低——兩美元（從短短的三年前六十美元崩跌下來！）全體市場投資人被這家公司短期出現的虧損驚嚇到，而且將該股價格打壓至低於公司的內含價值之下。

即便當時該公司遭遇經營面的困難，巴菲特（他在一九五〇年代初期就已購買蓋可公司的股票）重新檢視其商業模式，而且很高興地接受蓋可如此便宜的折扣價，以便能擁有該公司更多的股權。所以巴菲特買進了三分之一的蓋可公司股份。就像羅斯（Nikki Ross）在《華爾街傳奇教我的數堂課》所說，就在巴菲特大舉押注蓋可公司僅僅三年之內，大約是在一九七九年，蓋可「已經繳出獲利超過二點二億元的成績。該公司股價開始上揚，並且大約在十年之後，蓋可的市場價格再度超過每股六十美元。」

「先篩選，再買進」

就像我們在第四章討論過的一樣，葛拉漢的篩選機制，是幫助投資人聚焦於有足夠安全性及高品質的有價證券，好讓智慧型股票投資人更進一步考慮這些投資機會。如此一來，每一個指標僅具有過濾功用，而非選股機制。然後，價值型投資人可調查篩選後的這些投資機會，考量剩下的公司裡面有哪些潛力股值得投資。考量要點涉及該公司所處的產業、其在目前所屬產業內的競爭態勢，還有，如孟格所述，該公司的經濟「護城河」有多寬；意思是，一個持續性的競爭優勢，可以幫助該公司保有長期訂價能力及獲利能力。

巴菲特曾在一九九三年對此優勢做過充分定義，當他在描述吉列公司（一家製造刮鬍工具／個人居家照顧用品的公司，當年被同樣是家庭用品製造業巨人寶鹼所收購）和可口可樂之際，這兩家公司都是波克夏．海瑟威的重要持股：

它們的品牌力量、產品的設計外觀，以及行銷配送系統的強勢，都給予這些公司巨大的競爭優勢，並且可以讓它們在具經濟規模的基礎上設立一道保護傘。相反地，一般的企業只能每日在市場競爭而無任何上述保護機制。就像彼得・林區（Peter Lynch）曾說過，銷售具原物料特性產品的企業，其股票都要加註警告標識：「企業競爭被證明可能對人類財富累積有害。」

從投資人變成業主

一旦企業主心態被投資人廣泛了解並內化，股票市場看起來就會慢慢開始不像哈珀・馬克思最愛的賭場，而像是一家商店街，裡面的陳列品訂價有些合理，有些卻過分昂貴，還有些物品幾乎像被遺棄般廉價。葛拉漢的分析工具，已經在第二章跟第四章中強調過，就是讓價值型投資者有能力區隔三個不同領域。根據葛拉漢的觀察，「股票市場短期走勢通常被證明是錯誤的，而有時候一名具有警覺性和勇氣的投資人，就可以利用此明顯的錯誤來創造獲利。」

然而，這段引自葛拉漢《智慧型股票投資人》的文字，所指的並非任何種類的勇氣，而是來自於了解企業內含價值所產生的平穩信心（葛拉漢及陶德曾將它描述為「用事實證明的投資價值」）。來自企業主的觀點所確認的企業真實價值，總是會比市場上那些投機者觀點所認為企業該有的價值，明顯來得高上許多。我們將在下一章進一步討論，葛拉漢得以在華爾街豎立成功典範，及其在「爵士年代」賺進財富的主要投資概念。

第七章

從雲端神馳到谷底恐慌

一九二三年，正好是葛拉漢與哈里斯成立葛拉哈里公司的最佳時機。維恩斯坦（Allen Weinstein）和盧布爾（David Rubel）在兩人合著的《美國史》（*The Story of America*）寫道：「一九二三年到一九二九年，紐約證交所的交易量成長了四倍，當時股價以近乎狂飆的速度來因應快速膨脹的投資人需求。」雖然那次前所未有的股市大漲，有部分是受到利多因素的激勵（即GDP國內生產毛額成長和更高比例的美國人投資股市），但主要還是投資者對於投機的過度追捧造成的。

最不幸的是，這些投機行為包括對財務槓桿的廣泛運用，導致股市市值膨脹到超過真正的商業價值，並種下日後股市大崩盤的惡果。不過對葛拉漢來說，一九二〇年代的股市上漲及有利優勢，正好給了他一個大好機會，發揮他在紐伯格發展出來的投資原理。

葛拉哈里公司最成功的交易，就是買進杜邦公司的股票，同時「放空」通用汽車的股票。葛拉漢經過縝密的計量分析發現，杜邦股價與其內在價值相比遭到了低估，而通用汽車的股價則被嚴重高估。通常，這類的交易都能帶來豐厚的獲利，不過葛拉漢放空股價過高的夏塔克公司（Shattuck Corporation）時，卻踢了一次大鐵板，它的股價非但沒有下跌，漲幅還超過百分之四十！就像葛拉漢說的，「這就是操作那些因搶手而導致股價高估股票的棘手之處，在它們跌回正常及合理的價位以前，有時股價還會持續創新高。」

—曇花一現的葛拉哈里！—

儘管投資眼光也有失準的時候，不過一九二三年到一九二五年這段期間，葛拉哈里公司經營得有聲有色。然而，他與哈里斯的事業關係並沒有很融洽。在那個時期，許多「客戶代理人」（即經紀人）不需取得客戶同意即可買賣股票，管理全權委託帳戶的權限比現在更大。但是，那位雨衣大王夥伴老愛給他一連串無關緊要又毫無建樹的投資「訣竅」，讓葛拉漢感到難以消受。更糟糕的是，那時大部分基金經理人都能分到百分之五十的獲利，遠比葛拉漢拿到的百分之二十高多了。

基於分潤方案應符合華爾街同業標準的合理要求，葛拉漢向哈里斯提出一個新的分紅架構。往後，葛拉漢將取消薪水，並且跟以前一樣，除了第一個百分之六的資本利得之外，報酬率每提高百分之二十，公司就要從中提撥百分之二十的利潤給他。但是，如果報酬率破百分之三十，他希望能拿到百分之三十的分紅；若資本報酬率超過百分之五十，就獲得百分之五十的利潤分享。然而，他並不過分的分紅方法並未得到哈里斯的採納。「即使資本報酬率超過百分之五十，哈里斯還是對我希望最高獲得百分之五十的分紅比例感到大吃一驚。」

因此，曇花一現的葛拉哈里公司在一九二五年正式解散。一九二六年元旦當天，葛拉漢成立「班傑明・葛拉漢聯合帳戶」，採用被哈里斯拒絕的不支薪、累進式分紅的架構。這個新帳戶的資金提供者，有些是葛拉漢那時往來最密切的朋友，包括前面提過的海曼兄弟、馬羅尼（Bob Marony）、同為葛拉漢校友的格林曼（Fred Greenman）和道格拉斯・紐曼（Douglas Newman）。

一班傑明・葛拉漢聯合帳戶一

向這些朋友募來的資金加上葛拉漢自己的錢，「班傑明・葛拉漢聯合帳戶」初期的總資本為四十萬美元。三年內，這個帳戶的資本已達兩百五十萬美元。帳戶規模的擴大，主要是因為累積獲利再投資所致，有些則是新客戶增加的關係。值得注意的是，早期操盤業務的成長，全都是靠著好口碑累積出來的，葛拉漢並沒有積極招攬新客戶：「我沒有想辦法吸收額外的投資資金；事實上，我還拒絕接受和我沒有私交的人拿出來的錢。不過我認識的人卻愈來愈多。」在這些人脈當中，最重要的就是道格拉斯・紐曼的弟弟傑若米・紐曼。

儘管畢業於聲名顯赫的哥倫比亞大學法學院，傑若米卻決定投效他岳父成功的紡織事業，並一路升到薪資優渥的管理職。但是，他覺得與岳父共事很痛苦，便急於找到薪水差不多的職務，希望和更好相處的人一起工作。傑若米想必對葛拉漢為哥哥操盤的績效印象深刻（而且岳父和自己也都有投入一些資金）。因此，一九二六年接近尾聲時，他拿出經營棉紡業的獲利，希望找他哥哥沉穩幹練的朋友葛拉漢合夥開公司。

事實證明，葛拉漢與傑若米的合作關係極為成功而長久。厄文・卡恩及羅伯特・米奈寫道：「傑若米・紐曼在此後的三十年，始終是活躍而重要的合夥人，直到班傑明於一九五六年退休為止。」

葛拉漢自己承認，傑若米的管理經驗以及推廣投資業務的天賦，對新成立的葛拉漢—紐曼公司（「班傑明・葛拉漢聯合帳戶」更名後的名字）來說，是珍貴無比的資產：

傑若米才思敏捷、絕頂聰明，能勝任各項經營實務，對於商業運作的細節掌握比我高明得多。他對各式各樣的談判極為精明有效率，而且為人誠實，完全值得信賴——這是在華爾街屹立不搖的重要特質。

最重要的是，傑若米的加入讓葛拉漢得以專注於他的天賦，找出遭到低估和高估的股票，並且決定獲利最高的操作機制（他這項才能，在當時可能是無人能及的）。當三十四歲的傑若米剛入行時，葛拉漢已經在華爾街打滾將近十五年，尤其最後那五年更展現他身為獨立基金經理人的非凡能力。也因為如此，在不斷擴大的人脈圈中，他早就被視為相當資深的投資專家。所以，在這個時候找一個能為公司貢獻卓越營運與業務能力的人合作，正是大好時機。

葛拉漢願意抓住這個機會，充分反應出他的判斷力及性格。跟自己崇拜的英雄之一班傑明・富蘭克林一樣，葛拉漢的回憶錄也不免流露出有些妄自尊大。不過，值得稱許的是，當葛拉漢還是年輕小伙子時，就能虛心承認自己的局限。就是這個原因，葛拉漢才懂得珍惜和別人合夥的價值，賞識在經營上和他能力互補的人才。

傑若米並不能為葛拉漢在投資方法和寫作方面的才華帶來貢獻，畢竟這兩個領域是葛拉漢最為人所知的成就。然而，若非彼此在專業能力互有所長，兩個合夥人若少了其中一人，光靠單打獨鬥，不太可能獲得如此豐厚的財務成果。就像大部分成功的事業夥伴關係，葛拉漢—紐曼的「合體」力量，遠比「兄弟爬山，各自努力」的總和大多了。

—投資「北方油管公司」的大獲全勝—

葛拉哈里公司解散之後，也許葛拉漢早年最引人矚目的交易，就是投資「北方油管公司」（Northern Pipe Line Company）。十五年前，美國最高法院宣判約翰・洛克斐勒（John D. Rockefeller）的「標準石油」（Standard Oil）違反「雪曼反托辣斯法」（Sherman Anti-Trust Act）。如同契諾（Ron Chernow）在他的洛克斐勒傳記所述，後來「聯邦政府在一九一一年將標準石油分割成數十個公司」，在這些公司當中就有北方油管公司，是負責經營輸油管，將原油送到標準石油煉油廠的八家公司之一。為了研究某家鐵路公司，葛拉漢向「州際商業委員會」（ICC）取得一份報告，這些輸油管公司的財務狀況令他感到興致盎然。如厄文・卡恩及羅伯特・米奈所述，這八家輸油管公司都只有列出「損益表的其中一行和非常簡略的資產負債表」。不過，ICC握有這些公司更詳盡的資料。

作為身經百戰的金融偵探，從標準石油前身分割出來的這些關係企業，到底有什麼更深入的資料，激起了葛拉漢的好奇心。於是，第二天，葛拉漢搭火車前往華盛頓特區，在ICC的檔案室取得極欲一覽的詳細財報。葛拉漢很驚訝地發現，這八家輸油管公司都持有大量投資級的鐵路公司債券，其中尤以「北方油管公司」的資產負債表最具吸引力：當時該公司每股股價六十五美元，持有的鐵路債券和其他流動資產價值卻高達九十五美元（以每股計算）！

此外，這些資產與公司的業務毫不相干，即使把它們發放給股東，也不會對「北方油管公司」的經營造成任何不便。這幾乎相當於只付兩美元，就能交換三美元的投資資金；而且，以每股六十五美元買進這家仍然賺錢的公司，每年還穩定支付六美元的股利。葛拉漢很快就意識到，他人生最大的一次勝利就在眼前：「我就是英勇的探險家巴爾博亞，以鷹眼發現了新太平洋……，經過這麼多年，我仍然很驚訝，整個證券業竟然沒有一個人想到去研究ICC的資料。」

雖然葛拉漢從隱藏在標準石油分割出來的關係企業股票，發現龐大無比的「寶藏」，但是他也即將學到有些公司管理階層並未持續考量到股東利益（或前一章我們所討論的公司所有人利益）的寶貴一課。一九二六年整個下半年，「班傑明・葛拉漢聯合帳戶」買下北方油管公司百分之五的股權。大量買進這家股價嚴重遭到低估的公司股票後，葛拉漢便開始勸說北方油管的管理階層，提出「將大部分不需要的資金還給公司所有人／股東」這樣的建議。令他大為震驚與懊惱的是，管理階層並沒有馬上對這個合情合理的要求做出回應，「我天真地以為，這件事應該很容易完成。」

確實，北方油管公司設在紐約的管理部門想盡辦法阻撓葛拉漢的要求，不願將公司從流動資產賺得的每股九十五美元盈餘分配九十美元給股東。葛拉漢指出，北方油管每年創造三十萬美元的營收，同時持有三百六十萬美元與公司本業無關的鐵路債券。因此，把大部分的資產分給有權主張的公司持有人（即股東）完全是師出有名。然而，誠如厄文・卡恩及羅伯特・米奈所言，北方油管的管理階層亟欲拖延這筆付款，因此搬出一大堆「冠冕堂皇的藉口」，據以反駁葛拉漢的主張。最後，惱羞成怒的北方油管高層終於說到理屈詞窮：

「聽著，葛拉漢先生，我們對你一直很有耐心，給你的時間已經超出我們能騰出的。經營輸油管是一個複雜而專業的生意，你懂的少之又少，而我們畢生都在這行打滾。什麼對公司和股東最有利，你必須相信我們比你更在行。如果你不認同我們的政策，在這種情況下，我們可以建議你按照理性投資人的作法，賣掉你的股票嗎？」

當然，葛拉漢不是那種三兩下就打退堂鼓的人。過了將近十八個月，完成一連串的法律程序後（包括贏得其他大股東對提起訴願的支持），葛拉漢終於大獲全勝：「最後每股分配七十美元，北方油管新股票的總價值加上退還的現金，最終合計比舊股票每股一百一十美元還多。」另外值得一提的是，葛拉漢費盡千辛萬苦才迫使管理階層同意他的要求，並成為第一位不屬於「內部人馬」卻被選為標準石油關係企業董事會成員的人。葛拉漢說：「我對自己開了這個先例感到自豪不已。」後來葛拉漢得知，洛克斐勒最後同意這樣的分配結構，並力促其他七家輸油管公司比照辦理。

金融大亨助其一臂之力

在葛拉漢一生中至為重要的這個時期，還有一個不凡的紀錄，就是結識了伯納德・巴魯克（Bernard Baruch）——二十世紀上半葉傑出的美國金融家暨政治家。

一九二七年，葛拉漢的投資業務蒸蒸日上，使得過去四年來他在紐伯格使用的小型獨立辦公室已不敷使用。於是他在「棉花交易大樓」（Cotton Exchange Building）另設立辦公室。巴魯克和哥哥於一九〇七年買下的全球商品機構——亨茲公司（H. Hentz and Co）——總部剛好也位於同一棟大樓。那時葛拉漢遇見亨茲公司的兩個合夥人，盧文（Jerome Lewine）和巴魯克的哥哥——從醫師轉職為券商的赫曼・巴魯克博士（Herman Baruch），並「漸漸和他們熟了起來」。亨茲的合夥人對葛拉漢的投資方法很感興趣，很快就開始加入他主導的一些交易。

例如，亨茲公司跟隨葛拉漢大量買進「全國運輸公司」（National Transit，另一個從標準石油分割出來的事業體）的股票。因北方油管公司一役而大放異采的葛拉漢，發現全國運輸公司是標準石油另一家子公司，它的股票隱含巨大的「隱藏寶藏」（意指閒置的現金資產）。葛拉漢將現金盈餘分給「全國運輸」股東的計畫，雖然再度面臨管理階層的推拖，但是在洛克斐勒基金會的支持下，最後順利闖關成功。

過了不久，葛拉漢就發現巴魯克博士也跟著他大量買進全國運輸的股票，並且獲得豐厚的報酬。巴魯克博士覺得對這個具有投資天分、市場見解獨特的年輕人心生虧欠，因此讓葛拉漢全權使用亨茲公司配足人力的遊艇八天，此行成為葛拉漢永生難忘的經驗：「於是，我在全國運輸公司一案的努力與成功，使我榮登赫曼・巴魯克博士的豪華『雷波索號』（Reposo）擔任名譽船長，享受了美妙絕倫的八天。」

因為哥哥及亨茲公司其他員工的關係，就連伯納德・巴魯克本人也被葛拉漢掌握獲利投資機會的高超本領所吸引。這位傳奇的金融家及總統顧問開始跟隨葛拉漢的步伐，挑選一些受葛拉漢青睞的股票。

在這些投資案當中，最著名的就是「超越巔峰煙火製造公司」（Unexcelled Manufacturing Company）。葛拉漢和他的新合夥人傑若米透過介紹，有機會經由「櫃檯市場」（買賣不在任何證券交易所掛牌上市的股票）買進大批超越巔峰的股票。身為當時全美最頂尖的煙火製造商，超越巔峰公司引以為豪的，就是它雄厚的營運資本和相對於股價的穩健獲利。超越巔峰的股票（大宗買進的特別價格）每股九美元，低於公司每股營運資本，而且以每股盈餘一點五美元來看，本益比（股價除以每股盈餘）也相當低。所以葛拉漢和傑若米決定以此優惠價格買進一萬股超越巔峰公司的股票，其餘股數則由伯納德・巴魯克吃下。

超越巔峰煙火製造公司除了是葛拉漢主導、伯納德・巴魯克個人參與的重要交易案外，它之所以備受矚目，還有一個全然無關的理由。由於公司賣出大批持股的主要動機，是為了將控制權從現任總裁轉移到新的管理團隊，因此葛拉漢受邀出任全美最大煙火公司的有給職副總。這份聘書，有可能只是為了釣到潛在買家收購股票的「甜頭」。無論如何，確認了這項職務只需要兼職投入，葛拉漢便毫不遲疑地接受了：「這一切對我很有吸引力，不過我對在這麼大規模的公司當官絲毫不感興趣。」經歷幾次總體經濟和立法的變革，接下來幾年，整體煙火產業的命運多舛，因此「超越巔峰公司」（回過頭看，這名字取得真是太妙了！）未能信守承諾再造高峰，儘管它再如何自吹自擂，仍然成為葛拉漢最不光彩的一次投資。

所幸，超越巔峰公司只是「證實規則存在的特例」，幾乎所有葛拉漢與伯納德・巴魯克的投資合作，都讓雙方財源滾滾。通常，他們採取的是葛拉漢典型的操作模式：大部分挑選的標的，都是受公司或產業短期動盪的影響，暫時不受一般投資大眾青睞的股票。但是，和當前市場價格相比，這些股票往往有很大的盈餘和雄厚的現金部位。例如，葛拉漢建議以每股七十美元買進名噪一時的「普利茅斯繩纜公司」（Plymouth Cordage），當時他評估普利茅斯的營運資本約每股一百美元。

他向伯納德・巴魯克提出的一連串投資建議，葛拉漢歸納出它們的共同特點：「按照私營企業的一般標準判斷，所有選出的公司，市價皆低於最低內在價值，而且和當時熱門股的價格相比，這些股票的股價低得很離譜。」根據葛拉漢的說法，和比較慷慨大方的哥哥赫曼・巴魯克博士不同，伯納德「有一種虛榮心，減損了一個偉大人物的高尚情操。」葛拉漢提供這麼多獲利豐厚的建議，伯納德很少給予回報。不過，葛拉漢很感謝伯納德為他引薦二十世紀兩位最有分量的政治家——溫斯頓・邱吉爾（Winston Churchill），以及數年後的艾森豪將軍（General Dwight D. Eisenhower）。

雖然伯納德・巴魯克從來沒有用葛拉漢認為合理的方式給他實質的回饋，不過就在一九二九年，他向葛拉漢提出一個建議，可以視作如此身分地位的人物對葛拉漢至高無上的評價。葛拉漢回憶道：

伯納德表示，他要向我提出一個從未向別人提過的建議：他希望我擔任他的財務合夥人。「我已經五十七歲了，」他說，「也是該放慢腳步，讓像你這樣的年輕人分擔我的責任及分享獲利的時候了。」

雖然那時葛拉漢尚未在投資圈打響名號，但毫無疑問的是，葛拉漢確實受到美國金融業層峰人士的尊榮禮遇。畢竟，很快將成為富蘭克林・羅斯福總統（Franklin Delano Roosevelt）經濟顧問的伯納德・巴魯克，只有對一個華爾街專業人士提出合夥人合約（非聘僱合約），而那個人就是葛拉漢。

當然，兩人同是猶太人，加上葛拉漢早就與伯納德的哥哥（及亨茲公司其他朋友）建立良好的關係，或許對伯納德的決定多少有些影響。不過，伯納德・巴魯克是個凡事講求理性，絕非感情用事的人。因此，在一定程度上，伯納德可能認為，葛拉漢已經在多次交易中證明自己擁有創造穩健獲利的投資能力，在當時的華爾街專家中，再難找出第二個與他旗鼓相當者。伯納德的提議讓葛拉漢受寵若驚，但是他幾乎毫不猶豫地婉拒了（隨著經濟大蕭條持續下去，這個決定將使他後來感到後悔莫及）。

—每況愈下的家庭氣氛—

雖然葛拉漢相當敬重伯納德・巴魯克的聰明才智與成就，我們前面有稍微提到，葛拉漢對伯納德的性格是有所保留的。更重要的是，一九二九年股市大崩盤前，就算沒有伯納德的幫忙，葛拉漢的事業早已攀上華爾街的高峰。舉例來說，葛拉漢前一年的稅前收入超過六十萬美元，以今天的標準來看，這已經是很大的數目，更何況在八十幾年前，這種個人年所得更是一筆天文數字——相當於現在的七百萬美元！確實，葛拉漢在「狂飆的二〇年代」快速崛起，讓他和太太擁有無比雄厚的財力，足以扶養人丁愈來愈旺的家庭。

一九二五年，班傑明與海柔爾迎接第三個孩子——伊蓮（Elaine Graham）的誕生。儘管姊姊瑪喬里接受本書訪問時已經九十一歲了，不過她對自己妹妹出生那天的情景依然記憶猶新：

我仍然記得在紐約公寓家裡的那架史坦威鋼琴下等著，等著媽媽抱新生兒從醫院回來。我五歲半的時候，伊蓮出生了。我對伊蓮的誕生感到雀躍不已，後來我開始嫉妒她，因為她長得很漂亮。她有一頭美麗的金色捲髮，有別於我的深色直髮；我滿臉雀斑，她則有一雙動人的藍色大眼珠。伊蓮才華洋溢，她舞姿曼妙，不像我對跳舞從來就不在行。總之，她絕對是家裡和我最親的人。

從回憶錄可以明顯感覺到，葛拉漢對前面三個小孩評價很高（尤其是大牛頓和瑪喬里），而且新成員為家裡帶來一片和樂融融的氣氛。確實，有幾年的時間，葛拉漢享受了相對和諧的家庭生活，而葛拉漢和海柔爾的婚姻，至少從表面看來似乎是堅定不移的。然而，葛拉漢認為這段婚姻從一開始就是個錯誤：「我們的婚姻注定要失敗……，不，在海柔爾或我察覺完全不對勁之前，基本上就已經失敗了。」

結婚的前十年，葛拉漢或多或少還能將他們緊張的婚姻關係，隱藏在上流社會美滿生活的假象之下。然而，一九二七年四月二十日，發生了一件悲劇，不僅粉碎了這個假象，而且更嚴重的是，在葛拉漢的心靈留下深刻、永恆，甚至是潰爛的情感創傷。

一九二七年三月，大牛頓被診斷出罹患乳突炎，一種耳後頭蓋骨部分的細菌性感染。動完原本要治療感染的手術後，葛拉漢最鍾愛的大兒子不幸得了腦脊髓膜炎。直到一九四〇年代初期，才發現這種病症可以用盤尼西林治療，因此一九二〇年代的小孩若被診斷感染細菌性腦膜炎，差不多等於被判了死刑。

根據波士頓兒童醫院的資料，二〇年代有兩種形式的細菌性腦膜炎，其中一種致死率為百分之九十八點七，另一種則是百分之百。悲慘的是，大牛頓不僅在九歲生日前幾天病逝，而且感染是以分階段的方式吞噬與折磨著他，使得大牛頓死前的最後幾週，對父母造成無以名狀的痛苦。就像葛拉漢在回憶錄寫道：「許多與牛頓的病痛及死亡有關的沉痛事件，深深刻印在我的記憶中，然而我沒有描述它們的勇氣——讀者會感謝我這麼做的。」

也許，葛拉漢位於紐約市北方的家族墓，最令人震驚的是，葛拉漢本人並未葬在母親、任何一個哥哥，或次子小牛頓（他跟大牛頓一樣，在父親仍健在的很久以前就去世了）的旁邊。相反地，與其他家族成員相隔不遠處有一小塊地，葛拉漢與他的長子毗鄰而葬。我們完全不清楚，這樣的安排是出於葛拉漢的遺願，還是晚年與葛拉漢親近人士的決定。不論真相如何，葛拉漢與遭到命運以最意外和不安的方式切斷緣分的大兒子，有非常特別的緊密關係。值得一提的是，大牛頓的墓碑上刻著「最貼心、最勇敢、最心愛的兒子」。此外，在回憶錄將這段碑文謄寫下來後，葛拉漢還補充說：「他就是這麼出色！」

當我提起她已故哥哥的事情時，從瑪喬里說話的聲音和表情，可以明顯感覺到她被觸動的情緒：「牛頓之死對每個人都是一大打擊，何其不幸、何其悲傷……，失去他，對我和家裡的每個人都很痛苦，也是父母關係惡化的開始。」在很大程度上，葛拉漢對這樣的看法似乎是同意的：「哀痛使得海柔爾和我緊緊相繫，但這種感覺也讓我們更清楚意識到，海柔爾和我彼此間的疏離。」葛拉漢提到兒子過世後不久，他和海柔爾一起共進午餐時，在談到如何走出傷痛和重新開始新生活的辦法時，海柔爾向她丈夫坦承，她需要的「溫暖和體貼」，遠比「太投入」事業的葛拉漢所能給的還要多，因此她曾和他們的家庭醫生交往來填補空虛，但「僅止於純友誼的關係」。

至少在理智層面上，葛拉漢相信海柔爾和醫生的關係是清白的。但是，葛拉漢聽到妻子「純情」自白後的幾個月內便發生第一次婚外情，令人不禁懷疑，葛拉漢對於這件事，是否在某種程度壓抑了他的真實感受和猜忌。儘管在這種緊繃與不忠的夫妻關係下，大牛頓死後的一年內，另一個男孩——小牛頓，在葛拉漢家誕生了。葛拉漢家裡的這個新成員是個漂亮的嬰兒。遺憾的是，葛拉漢很快就發現，小牛頓是個很難帶的孩子，至少在性格上，他與已逝的哥哥完全是兩個極端。

殘酷而諷刺的是，兩個牛頓最大的相似之處，就是悲劇性的幼年早夭——兩次都對他們的父親造成情感上的巨大打擊。巴茲（葛拉漢三子）將這些痛失愛兒的往事，尤其是大牛頓之死，視為改變他父親人生的事件，它們在一定程度上，可能損害了葛拉漢深入和別人交往的能力：

他並不親近人群……我覺得他有一點障礙，這或許跟他兒子相繼離世有關——先是大牛頓病逝，後來小牛頓也死了。被傷得這麼深之後，他可能建立了一種防禦機制。我相信，經歷兩個孩子早夭的打擊，某種程度影響了他，也改變了他的人際關係。」

——前所未有的雄厚財力——

一九二〇年代末，雖然葛拉漢的家庭氣氛每況愈下，但是在物質財力上卻前所未見地堅強。葛拉漢先是在紐約郊區高級的弗農山置產，爾後又搬回市區，在曼哈頓名貴的河濱大道買下豪宅。在兩個城市，葛拉漢家的孩子都被送到最好的學校，享受音樂課、舞蹈課和其他資產階級生活的高級飾品。顯然，葛拉漢一家充分享受到爵士年代如真似幻的豐饒——那是《大亨小傳》（*Great Gatsby*）的情節，當時只有極少數美國人能體驗那種生活方式。

內心向來是學者和老師的葛拉漢，一旦獲得某種程度的財務安全，除了繼續投身快速成長的投資管理事業之外，也展開了他的學術生涯。一九二八年，葛拉漢開始在哥倫比亞大學的進修推廣部開授證券分析課程。後來，他也教進階證券分析。一九二〇年代末期，他的首批門生之一就是陶德，後來成為證券分析課程的共同講師，最後更成為以那門課命名的經典投資大作的共同作者。葛拉漢還有另一個學生厄文・卡恩，後來成為他的全職教學助教及摯友。

當我訪問一百零六歲的卡恩先生時，他以無比清晰的記憶，回想葛拉漢早年這門傳奇課程：「證券分析是當時首開先河的課程。班傑明很快就發現，這門課受歡迎的程度，遠遠超過他的預期。」的確，誠如厄文・卡恩及羅伯特・米奈於一九七七年向葛拉漢致敬時說：「到了一九二九年，這門課整個大爆滿，選修的學生超過一百五十人，有很高比例是當時華爾街在職的統計師或分析師。」這麼多的金融從業人員，不惜利用平日下午時間遠從華爾街趕來上課，足證葛拉漢身兼講師和理論家之長，畢竟，他所傳授的觀點和範例，都是他自己原創的。卡恩表示：

葛拉漢會在股市三點收盤後趕來，朗讀他寫的筆記。然後每個月都會考試，確認學生了解他教的東西。他知道自己需要一個助理，因為講稿都是授課當天寫的，授課前後他根本找不到任何時間可以準備。幾年後，葛拉漢很顯然需要一個全職助教，於是便找我去幫忙。

葛拉漢持續任教於哥倫比亞大學及後來的紐約金融協會，直到三十年後離開紐約才中斷。除了巴菲特和許羅斯，其他因上過葛拉漢的課而獲得重大啟發，進而構思出投資方法的權威人士，包括格斯・列維（Gus Levy，未來的高盛董事長）、惠特曼（Marty Whitman，第三大道基金公司創辦人）、魯安，及諸多投資大師。我請卡恩列出葛拉漢的知名學生時，他說：「太多了，我要花很長的時間，才能把名單擬好給你。」《智慧型股票投資人》有助於葛拉漢散播價值「福音」給一般投資大眾；而這些證券分析課程，及後來內容取材自課程的《證券分析》一書，則直接向投資界菁英宣揚葛拉漢的觀點。這些傳奇的投資課程，加上他在這個領域驚人的出版量，是葛拉漢至今仍被尊稱為「華爾街院長」的原因。

—當經濟大蕭條來臨—

一九二九年，「院長」完全知道股市處於超漲的危險狀態，市場很可能會出現某種程度的修正或下跌。然而，葛拉漢自己坦承，他沒有察覺到股市大跌對他的投資合夥事業具有什麼樣的完整意涵。但是，我要為葛拉漢和傑若米說句公道話，沒有幾個基金經理人能預測這種規模的股災。我請巴菲特評論葛拉漢與經濟大蕭條時，他回應說：

二〇年代後期的葛拉漢是意氣風發的，他的處事行為都合乎邏輯。但就在此時，他發覺股市變得瘋狂無比。和我們所知的過去相比，三〇年代的經濟反應、經濟行為，真的出現兩極化的差距。因此他的投資傾向轉趨謹慎，而且當許多人一窩蜂在借錢的那個時期，他絕對是竭力克制的。不過，在二〇年代後期，由於他買的股票實在太便宜，借款投資顯得合情入理，我認為那是導致他後來損失慘重的原因。

到了一九二九年，班傑明・葛拉漢聯合帳戶利用借來的錢，已持有大量可轉換優先股，以及可選擇眾多公司普通股所組成的避險部位。在一九二〇年代股市大致穩健上漲的時期，當兩類股票的走勢呈反向關係時，這是相對安全的投資策略。在那段期間，進行避險操作是有意義的，如此一來當其中一檔股票價值下跌，可以被隨後另一檔股票價格的上漲給抵消掉。但是股市崩盤後，當股票價值（優先股和普通股）急遽下跌引發經濟大蕭條時，避險策略的好處頓時消失於無形。由於各類型的證券在股災中無一倖免，因此這種形式的避險無法再獲得任何穩健可靠的利益。

值得讚揚的是，葛拉漢從股市暴跌最初的震驚中冷靜下來後，馬上轉為防禦模式，並且在大蕭條期間獲得令人欽佩的停損成果。下表取自厄文・卡恩及羅伯特・米奈提供的資料，根據葛拉漢回憶錄的資料修訂，整理出葛拉漢在第一階段經濟大蕭條期間，也是經濟衰退最嚴重時期的操盤績效。比較數字後可以發

	班傑明・葛拉漢聯合帳戶	道瓊工業指數	標準普爾500 指數
1929年	（20%）	（15%）	（7%）
1930年	（50.5%）	（29%）	（25%）
1931年	（16%）	（48%）	（44%）
1932年	（3%）	（17%）	（8%）
1929年至1932年	（70%）	（74%）	（64%）

現，葛拉漢在股市崩盤之初的措手不及，以及他在一九三一年和一九三二年相對於大盤的傑出表現。當然，這些數字也突顯不管是葛拉漢或大盤指數，在股災期間都無法創造任何年度淨報酬（括弧的百分比表示虧損）。

—沉潛時的領悟—

如巴菲特在前面提到的，葛拉漢和當時大部分華爾街專家，包括JP摩根這種重量級的人物一樣，並未看出一九二九年十月股災爆發後，居然會演變成我們今天回顧歷史而歸結出的定論：延續數年經濟急劇緊縮的開端。

舉例而言，一九二九年到一九三三年，美國整體個人所得從將近八百六十億美元，萎縮為四百七十億美元；對外貿易金額從七十億美元，跌到二十四億美元；全美工業生產量幾乎減少一半，倒退回一九一三年的產能水準。最驚人的是，如維恩斯坦和盧布爾所述：「一九二九年四月，美國有一百六十萬人失業，僅占整個勞動人口的百分之三點二……，到了一九三二年四月，失業人數飆升到一千二百一十萬人，失業率高達百分之二十四點一。」葛拉漢和華爾街其他人士遇到的問題是，一九二九年股市實在跌得太重，以致就像特雷恩的觀察，

「在尚未跌到谷底前，就禁不住誘惑重新投入股市。」

發人深省的是，《證券分析》的前言，敘述了第一次股災後不久，「從盈餘與其他分析因素來看，股價再次具有吸引力」的過程。但是，葛拉漢與陶德（前者根據本身慘痛經驗）指出，在看似誘人的時刻重返股市，「造成重新買進持股的時機過早，才會導致後來的帳面或實質損失」。對葛拉漢來說，虧損的金額實在太過「真實」，以致後來幾年他的事業和平靜的心靈嚴重受挫。不過，因為這些虧損而首當其衝的傷害，是葛拉漢一家人豪奢的生活方式。在短期之內，葛拉漢解僱了他們家的傭人，並搬到面積小得多的房子。

此外，在個人方面，葛拉漢重新恢復一九二〇年代以前的簡樸習慣。由於他非凡的機智、職場操守，以及堅持不讓童年家道中落的屈辱再次重來的決心，葛拉漢與家人努力在經濟大蕭條期間遠離貧窮。然而，洛溫斯坦（Roger Lowenstein）在《巴菲特：一位美國資本家的誕生》（*Buffett: The Making of an American Capitalist*）一書指出，葛拉漢的合夥事業也瀕臨破產的危險處境：「葛拉漢本來準備要放棄了，但這時合夥人傑若米的一名親戚拿出七萬五千美元的資本，讓公司得以存活下來。」此外，由於投資管理活動的利潤變少，葛拉漢為了彌補收入，也擔任專家見證人，專門處理與資產評價相關的爭議性公司法律案件，他承接這類案件超過四十件。這份工作不僅極有賺頭，同時也有助於鞏固葛拉漢獲得全美公司評價法首席權威的名聲。

當然，集結葛拉漢多年在哥倫比亞大學的課程，於一九三四年出版的《證券分析》一書，更進一步奠定葛拉漢在資產評價的權威地位。這本書是與哥倫比亞商學院的助理教授陶德共同撰寫，他自一九二八年就開始整理葛拉漢的授課內容。長老教會牧師之子的陶德，後來成為葛拉漢的好友，最後還擔任不久後成立的「葛拉漢—紐曼公司」的董事。葛拉漢在回憶錄提到：「我們協議由我來當資深作者，以我的風格撰寫全書文字，他協助提供建議和批評，並負責查證及製作圖表。」於一九三二年和一九三三年撰寫的《證券分析》，滿滿都是葛拉漢在早年大蕭條期間學到的慘痛教訓，目前出到第六版，銷售成績傲人。

當我向厄文・卡恩問到這本書時，他說：「麥格羅・希爾出版社（McGraw-Hill）告訴我，他們印了將近一百萬冊的《證券分析》，這樣的銷售數字，對這種以教科書形式撰述、枯燥乏味的專門書是極為罕見的。」的確，像書中〈優先順位證券持有人的保障契約和補償〉這樣的章節，原本是作為證券分析的上課用書；書和課程主要都是為了比較積極的證券分析學生，或已經是該領域的專業人士而準備。如同下面的例子所示，除了技術性的主題之外，《證券分析》一書的呈現方式，即專業術語、語氣等，很明顯就是以高年級學生及從業人員為對象：「重要的是，至少以工業債券來說，要以高於借入債款成本的持續經營價值利潤的量化指標，來進行輔助性的獲利測試。」

《證券分析》詳盡涵蓋各種主要形式的證券（當時存在的實體證券），葛拉漢和陶德這本經典合著取代了張伯倫大部頭的《債券投資法則》，成為證券／財務分析師最完整、最權威的教科書。一如二〇〇四年重新發行一九五一年版的評論所言：「歷史上沒有一本投資書，像一九三四年初版的《證券分析》那樣，具有立即性的衝擊，或源遠流長的意義與價值。」雖然葛拉漢原本打算早幾年推出這本長達六百一十六頁的「華爾街聖經」，但他後來回想，「如果更早出版《證券分析》將是一大錯誤，因為直到一九三四年，我才能將付出慘重代價而得到的智慧寫入這本書裡。」

確實，葛拉漢和傑若米應用詳述於《證券分析》的價值投資智慧，靠著大量買進在市場蕭條時被嚴重遭到低估的優良企業持股，很快就又開始獲利。事實上，早在一九三二年六月，當華爾街悲觀氣氛仍濃時，葛拉漢就為《富比世》雜誌寫了一篇文章〈高估的國債與低估的股票〉，他在文中做出如下觀察：「令人驚訝的是，居然有很高比例工業公司的股價，比它們的流動資產還低。」流動資產包括現金及可在六個月內轉換成現金的資產。

葛拉漢與傑若米伺機買進這些「低估的股票」，終於在經營狀況開始好轉時大賺一筆。畢竟，葛拉漢已經悟出，股市愈不理性甚至瘋狂，有智慧與耐心的投資人獲利機會愈大。葛拉漢藉由擬人化的「市場先生」——他最令人欽佩的創舉之一，來傳達這樣的概念。

第八章

愚昧的「市場先生」

儘管葛拉漢在他事業生涯的前十五年，一九一四年至一九二九年，看遍了華爾街種種愚蠢行徑，不過經濟大蕭條的哀鴻遍野，才讓他真正學習到巴菲特所謂的「市場有多麼瘋狂」。現代的投資大眾，雖然沒有見識過大蕭條的慘況，但近年來也有很多機會，像一九六〇年代電子股泡沫，或是一六三〇年代荷蘭「鬱金香狂熱」的投資人那樣，學到相同的教訓。任何回顧過那些年代歷史事件的投資人，都會同意市場行為的本質是人類集體心理的表現，亙古不變。葛拉漢有此智慧看出這點，而且更重要的是，他用一個簡單明瞭的方式——一種「擬人化」的比喻手法，來掌握非理性市場行為的動向。

在葛拉漢暢銷百萬的著作《智慧型股票投資人》當中，他虛構出的「市場先生」，幫助許多投資人把對於股票市場的認知，從嚴格的計算範式，轉變為以心理學為主的角色。葛拉漢在一九四九年提到：

假設你花了一千美元買進一小部分某家私人企業的股票。你有一個叫做「市場先生」的夥伴，個性非常樂心助人。他每天都會告訴你，他認為你的股份值多少錢，並根據那個價格，表示要向你買下手中持股或是賣給你額外股份。有時候市場先生對價值的看法似乎很有道理，而且和你對這家公司所了解的營運發展及前景是一致的。另一方面，市場先生的熱誠或恐懼通常令人捉摸不定，因此你會覺得他提出的價值簡直有點愚昧可笑。

這段市場先生說的影響力，在投資社群裡舉足輕重。直到今天，這段敘述通常被用來比喻市場的變化多端並隱含潛在的行為變化。舉例來說，二〇一〇年《華爾街日報》有一篇文章表示：「此時，對美國經濟有益的消息，不見得對市場先生有利。」

就像它代表的股票市場那樣，個性極端的市場先生，市況好的時候過度樂觀，景氣不佳時卻一蹶不振。這些誇張的情緒，導致股票價值受到不理性的膨脹或低估，但是很少能反映發行股票企業的真正基本價值。當然，所謂的真正價值，是投資人自行評估內含價值而決定的。這就是為什麼，根據葛拉漢的說法，「市場先生」是價值投資人的最好朋友：由於市場先生的心情起伏不定，相對於內含價值的股票價格遭到嚴重低估或是高估，因此為企業主導向投資人，創造出具有吸引力的買進或賣出機會。就像葛拉漢在《智慧型股票投資人》一書的闡述：

如果你是謹慎的投資人或敏銳的企業家，你會讓市場先生每天的喜怒哀樂，決定你對投資那家企業一千美元股份的評價嗎？除非你同意市場先生的觀點，或是你想跟他進行交易。

當市場先生給你的報價高得離譜時，你可能會興高采烈地把股票賣給他，而當他的價格很便宜時，你同樣會開開心心地跟他買。但是除了這種情形之外，根據公司營運與財務狀況的完整報告，形成你自己對持股價值的看法是比較明智的作法。

如同我們在安全邊際及企業家心態投資法的章節（分別為第二章及第六章）所強調的，這種選股法則與大部分投資人的市場導向行為，形成強烈的對比。事實上，市場先生具體展現出來的市場懷疑論，使葛拉漢的獨立分析及價值導向投資架構的三大「支柱」臻於完備。葛拉漢是挑戰華爾街效率市場信仰的第一人。他不接受股市是邏輯計算機制下的產物，反而做出結論說，大部分的市場行為不是客觀理性的結果，而是受到人類情緒波動及不理性所致。

擇時能力無用論

先鋒（Vanguard）集團創辦人約翰・柏格在他二〇〇九年出版的著作《柏格談共同基金：明智投資人的新觀點》（*Common Sense on Mutual Funds*）中，以相當尖銳的措辭，歸納他本身對於進出場時機這件事的觀點：「在這個產業待了將近五十年以後，我並不認識任何人可以成功且持續地掌握進出場時機，我也不曉得有任何人認識可以成功且持續掌握進出場時機的投資人。」關於這種擇時能力無用論，葛拉漢也在其職涯的早年做過相似的結論，而他的「市場先生」寓言就是這種市場進出時機毫無用處的根本原因。畢竟，受到不理性又難以預測的人類情緒的牽連，我們又怎麼可能對股市及個股股價做出可靠而一致的動向預測呢？就像著名的價值型投資人及作家道西寫道：「既然市場先生老愛動不動就暫時失去控制，我們強烈認為，根本不值得投入任何時間預測它的行為。」

一篇刊登在《財務分析師期刊》（*Financial Analysts Journal*）的詳盡學術論文對此做出合理解釋。一九八六年，布里森（Gary Brinson）、胡德（Randolph Hood）以及畢博爾（Gilbert Beebower），追蹤了超過九十家美國大型退休金計畫長達十年期間的投資組合績效。根據他們的研究結果顯示，這三位資產管理專家發現，平均而言，試圖掌握市場進出時機而獲利的退休金計畫，事實上會帶來負報酬的結果。將時間拉近一點，二〇〇四年，道西當時是頂尖投資研究機構晨星公司的股票研究主管，寫道：「經歷在過去十五年與幾近數千名投資經理人的對談，我們發現表現真正傑出的投資經理人，沒有一位是花費任何時間在思考短期內市場將如何變化。相反地，他們都專注於找出價格被低估、可以長期持有的股票。」

—不理會市場雜音—

為了在瘋狂的市場中保留投資本金及保持清醒，葛拉漢及其著名的信徒們了解到，當其他人正在屏息追蹤每一個市場的波動之際，價值型投資人對短線市場變化及價格波動，採取較為疏離的態度，反而可以表現得更好。如同著名的價值型投資人及作家史威格，對二〇〇三年版《智慧型股票投資人》的補充評論：「被問到是什麼原因導致多數投資人的失敗，葛拉漢給了一個簡單扼要的答案：造成失敗的主要原因，就是他們對於股市動態投入太多關注。」這個回答對於受到廣大歡迎的效率市場假說形成重大挑戰。效率市場假說主張，市場價格代表許多消息靈通的市場參與者集體行動的結果，可以被視為正確或「有效率」的價格。

支持這個假說最具權威性的測試，首推由芝加哥大學經濟學家法瑪（Eugene Fama）在一九六〇年代所進行的研究——雖然連法瑪最後也承認，市場效率是一個連續性事件，並沒有辦法每次皆保有絕對性的強度與一致性。如同著名的投資財務學術權威與作家康寧漢所述，由於市場效率的說法言之鑿鑿，法瑪的結論是「沒有一種交易規則或是策略可以持續擊敗大盤表現」。

事實上，如果效率市場假說（以最純粹的型態為例）是正確的，那麼任何投資策略，包括價值型投資法，都沒有辦法利用市場的無效率來增加獲利。然而，如果上述說法是真的，那麼巴菲特高達四百四十億美元的身家是怎麼掙來的？著名的價值型投資者及作家馬克斯提出一個出色的解釋，說明不具效率的市場可以明目張膽到何種程度：「在二〇〇〇年元月時，網路股雅虎的股價曾經來到每股兩百三十七美元；到了二〇〇一年四月，它的股價僅剩下十一美元。任何一個辯稱這兩次市場價格都有效率的投資人，實在是幻想過了頭。上述的股價當中，一定至少有一個是錯的。」

問題出在某些驅動市場價格出現變化的因子，一定是基於該企業經營基本面出現有意義的改變，或者是被康寧漢描述為「正向有效率因子造成的資訊波動」。以下種種情況都會出現上述的波動，如發布年度獲利報告、關於債務或股東所有權結構的明顯發展，或甚至是立法針對某個特別的產業族群、企業而產生實質性的影響。這些新聞事件對於討論中的企業或產業整體而言，可能有正面或負面的影響；但是造成的任何波動，都會與企業有關的基本面資料產生正向相關。

然而，就像我們在第六章強調過的，從任何一個時間點來看，還有許多其他因素在決定股價變化，這些因素都與長期基本面關係不大，而且通常是毫無關聯，也構成了康寧漢描述的「負向無效率因子造成的資訊波動」。這些所謂的「市場雜音」太過容易就會變成汽笛的警告聲，召喚投資人走向自取滅亡。人們假設市場價格波動的背後有其絕對無誤的邏輯，於是許多投資人會追隨華爾街的集體「智慧」，直到他們發現自己跟著其餘的「羊群」一起跌落斷崖為止。就如同宣傳自己是價值型投資人的布蘭帝告訴我：

在華爾街的大眾投資準則其實非常像羊群效應，而且每一個參與其中的人都聚精會神地在研究市場動態，以及在當時又有哪些新鮮事。不像葛拉漢那樣，他是足夠了解投資人心理學及投資歷史的人，一般的投資人從來不會去思考有關長期歷史以及市場動態的投資行為層面議題。當然，直到今日，我們仍舊重複看到相同的事一再發生。

「市場先生」的寓言幫助讀者揭穿那些危險卻普遍的幻覺——以為市場是某種程度的冷靜電腦系統下的產物，只會產生完美準確的價格資料。相反地，藉由把市場當成一個具有兩極性格的個體，此個體會在兩個極端之間互相拉扯，讓人不禁擔心它的健全程度。用這種方法來看，投資人可以培養一種事不關己的能力，讓自己免除於市場價格擺動下的風險。這樣的作法，到最後可幫助投資人聚焦於企業內含價值（意指一個事業經營導向的心態），避免在這個爾虞我詐的市場當中受重傷。

然而，成功的價值型投資人並非一定是被動型投資者。舉例來說，巴菲特總是精神旺盛地在追蹤企業基本面發展，但是極少去注意近期市場動態。換句話說，「市場雜音」並沒有對巴菲特產生干擾，使他無須分心而將焦點放在更為相關的長期資料。如同他告訴我的，葛拉漢異常優秀的投資架構其核心觀點便是：「買進的投資標的是讓你不會很在意，可以一年再查一次股價的標的即可。」

由於自從葛拉漢的年代以降，資訊科技方面的進步已經到了不可思議的地步，過去從來沒有像現在可以那麼容易追蹤公開上市交易公司的營運結果。然而，過去也從來沒有像現在可以那麼容易去追蹤最近幾分鐘發生的即時訊息，不論你是住在紐約曼哈頓或是菲律賓馬尼拉，又或者你是在家、在辦公室，或在超級市場中排隊等候。

這種狀況，從一位投資者的觀點來看，是我們現代行動資訊高速公路當中擁有最多問題的面向。我們可以即時、一天二十四小時、一週七天、全球化，且可以用行動通訊來截取市場資訊，如此一來，讓人愈來愈難以克制不去追蹤股價變化，愈來愈難不被打擾而分心。事實上，網際網路，伴隨著頗受歡迎的有線電視頻道，完全專注於那些大量的短期導向、通常會引起騷動的財務「新聞」，更為重要的企業經營基本面從未如此容易遭到忽略。在此同時，傳統的廣播及平面媒體已經全面喚起投資人對於「熱門股」以及掌握市場進出時機點的熱誠，私毫不輸給葛拉漢的時代。

然而，遠在葛拉漢塑造「市場先生」這個名詞之前，把市場上震耳欲聾的噪音排除，特別在騷亂的年代，就是明顯有邏輯的作法。但是，就像其他健全的投資想法一樣，總是無法找到一個簡單辦法讓上述要求立即付諸實行。如同葛拉漢和陶德一九三四年寫道：「投資市場波動幅度愈大，而且市場朝單一方向前進的時間愈長，要堅持如何處置普通股的投資觀點就會變得更加困難。」以某種程度而言，看到市場上幾乎所有投資人都往同一個特定方向前進，要讓自己不去追隨人群的作法，其實與人類天性相互違背。也許是因為人類進化過程中，有人群聚集的地方向來安全。

如果你選擇不去追隨眾人的作法，某種程度的不安全感和自我懷疑很有可能會慢慢出現。例如：我是唯一一個沒有「掌握到上升趨勢」的投資人，或者唯一沒有「跳離下沉中的船隻」的投資人嗎？然而，當市場或是其中一個特定元素，「堅定往一個方向走」的時間夠長且夠久，人類大腦便會直線思考地認為，現在出現的景象將會永恆不變。如同馬克斯所評論，上述的思考方式是「大幅風險的來源，因為……它點燃了絕大多數投資人難以抗拒的泡沫和之後的恐慌。」

我自己便在聖地牙哥見證了用這種直線思考方式帶來的毀滅性結果。聖地牙哥這個區域，是作為過去十年房地產景氣循環「泡沫形成與破滅」的最佳範例之一。這種情況在同一段時間與股市投資行為有某種程度的相關性。二〇〇四年，我參加了一場晚宴，在餐會上遇到從東岸來的一名大學教授及其律師太太。他們當時告訴我，夫妻倆是如何在租屋多年之後，開始決定買屋：「『房價不會一直繼續上漲』，我不斷這樣告訴我太太，『讓我們再等等吧，很快地房價必須崩跌才對，看看它們多快地上漲到如此高點』。但是當你環顧四周，發現所有的房屋都持續在漲價，我們已經厭倦只能在一旁做壁上觀，因此最終我們決定參與這一場房市盛會。」

這名教授一開始對於房市的本能反應，後來被證明是正確的，這一點從房地產價格接下來崩跌的情況便可以得到證實。然而，受到每一個其他人都在進行的事情所動搖，這對夫妻在房地產泡沫達到最高點之際，選擇跳進美國景氣最過熱的民間住宅市場。

讓我們回到股市現況，相同的價格動態比較，同樣適用於那些在二〇〇六年股票市場價格被過度追捧之際進場，結果被套牢的投資人，也可以拿來對比在市場價格被過度拋售的二〇〇九年大舉進場的投資人行為。然而，上述的兩種人當中，卻以前者占據可觀的大多數。重點是，不論購買標的是房屋還是有價證券，即便是受過高等教育而且原先認定應該是具有智慧的投資人，通常還是會屈服於市場動能，而非堅守更為謹慎、獨立操作的投資策略。根據史威格的觀察：「只要是涉及他們的財務人生，數以百萬計的人們會讓市場先生告訴他們該如何感受，以及如何去做——即便有很明顯的事實讓我們發現，市場先生可能會徹底進入瘋狂狀態。」

通常投資人在獲得某一項特殊標的的大量「資訊」後，尚未求證該項資訊背後來源是否屬實，就會志得意滿而產生錯誤的信心感。這就是為何會需要「市場先生」來作為一種提醒機制。雖然市場資訊來源非常多，但是對於認真做研究的投資人而言，這些資訊卻並不一定全數皆有意義。更糟的是，如果盲目追隨這些資訊，其危害程度通常不下於市場先生危險的極端投資心情擺盪。

藉由將這件事情放在心中，並透過葛拉漢容易記憶和理解的文字，將那些瀕臨崩潰失序的市場變動給擬人化，現代的價值型投資人便能夠對每一分鐘的價格變化維持健康的懷疑態度。若採用這種作法，則市場先生這個令人迷惑的簡單概念，可以幫助投資人利用投資市場暫時性的錯亂，進而獲取價值型投資法的好處。

—市場先生：主人還是僕人？—

在二〇一一年出版的《巴隆》週刊當中，有一篇文章主要在討論下列這一段經典劇本：「市場先生現在就像凱撒大帝，只要上下輕彈手指，便擁有決定神鬼戰士們的生殺大權。」這個劇本內容經過略微改編，但是其文字以羅馬帝王為喻，適足以貼切地代表一個觀點，那就是：市場先生就像某位無所不知的電子化君王。當大家接受這樣的假設前提之後，人類自然就會傾向遵照市場先生據傳言較為優異的多空趨勢判斷。

事實上，應該讓大家認為市場先生更像是一位飽受情緒起伏困擾的個體，其危險作法應該不能被市場所採信。價值型投資人於是可以自由去形成自己的獨立判斷，然後將判決結果與市場先生當時的心情，也就是當時的股價，互相比價。

如果市場價格明顯低於獨立分析所推論出來的應有價值（因此就會產生大額安全邊際），那麼此刻可能為適合買進該股時機；如果市場價格很明顯高於應有價值，那麼投資人應該利用市場先生的弱點而漂亮地賣股求現。當我向巴菲特詢問有關葛拉漢最基本的投資概念時，巴菲特如此回應我：「葛拉漢最重要的投資理念之一，就是把投資市場的存在，當成是在服務你、而非指導你的工具。」

就在《智慧型股票投資人》一書中，葛拉漢寫道：「基本上，價格波動對於真正的投資人而言，只有一個明顯的意涵。那就是當價格急速下跌，就可以提供投資人一個機會聰明進場買股票，而且日後當它們的股價大漲，就可以明智地賣出。」身為一位知名的投資人以及投資專欄作家，亞諾（Rob Arnott）在一場二〇一一年的面談中告訴《富比世》雜誌，葛拉漢形容投資市場為，「這一名神經緊繃的女子，有時會稱讚某些事情，但有時會抓其他的小事來窮追猛打，而且如果你有耐心可以等待，並且與市場先生對作，你就可以獲得非常優越的報酬率。」

這個觀點跟大部分投資人如何看待市場及其上下波動的觀點恰巧相反。取而代之的是，當市場先生因為害怕而導致全身僵硬、無法動彈，多數投資人會假定市場先生這種反應完全出於合理的邏輯架構，因而跟著瘋狂抛售股票。相反地，當市場價格上漲至荒謬般的高點，只要市場先生看起來似乎會再度向上爬升，儘管這個沒有基本面支持、像天一樣高的價格其實是不牢靠的「爬升梯」，許多投資人還是會覺得受到鼓舞而買進股票。「網際網路泡沫」的破滅，就是市場先生可以造成多大風險的一個案例。

然而，就算經過近期的二〇〇八年金融海嘯，以及更早之前的非理性高股價，還有金融海嘯之後不理性的超低股價，多數投資人依然是健忘的。如同馬克斯在二〇一一年著作當中的觀察：「過去這幾十年，已經提供投資人一個非比尋常的機會去見證搖擺不定的事物……，而且大多數投資人總是在不對的時間、進行錯誤的投資……，這種情況永遠會重複出現。」

愚昧的市場先生，還有在它領導之下的無知投資大眾們「總是行徑一致」的事實，對善於利用機會的價值型投資人而言是很棒的消息。舉個例子，尾隨著二〇〇八年第四季的市場崩盤，雖然大多數投資人在當時驚慌失措地爭相逃離市場，巴菲特卻未對投資市場感到絕望。採用傳統價值型投資者的行事作風，他在當時大量買進下列公司的股票：陶氏化學（Dow Chemical）、高盛證券（Goldman Sachs）、奇異電器以及哈雷・戴維森（Harley Davidson），而且就是在市場先生「憂鬱症」發病最嚴重的期間內。上述四檔有價證券自此之後便開始上漲，其中兩檔股票漲幅超過百分之百（截至二〇一一年底）。值得注意的是，當他大量押注之後，這些股票並未立即給予回報，巴菲特還為他的行為做了一些宣傳。

事實上，有一名財經專欄作家強調，巴菲特在二〇〇九年初買進的公司，「自從巴菲特買進那些股票的新聞曝光後，股價全數下跌」。帶著一點詼諧的口吻，這名專欄作家跟著補充：「市場先生很明顯還沒有學會巴菲特的思考方式。」但就像過去的慣例一般，長線的投資成果證明巴菲特是最大贏家，即便他所買進的有價證券，在之後一段時間還是跌跌不休。

認真的價值型投資人都知道，當你在打賭市場先生的理性行為何時出現之際，非常重要的是得執行耐心等待的策略，並且不能期待立即有回報。逐步培養該有的紀律及耐心，以便讓市場先生為你工作，和你必須以智慧去了解「他」所代表的概念及機會一樣重要。

不幸的是，這麼做困難度極高，尤其是在財經動盪不安的年代。如同葛拉漢及陶德在大蕭條時期的著作提到，當金融市場的波動愈變愈大及持續愈久，投資人焦點「就會開始轉移，從投資相關問題（市場價格與其真實價值相比具不具備吸引力），轉變成投機性問題——市場價格接近低點或仍在相對高點。」葛拉漢和他最成功的助手已經學到，藉由時時提醒自己市場先生過去種種不理性行為的豐富歷史，好讓自己能夠依然保持專注於「投資相關問題」。

勇敢的反向投資者

「價值型投資法」以及「反向投資法」，這兩個名詞通常會被交換使用於描述葛拉漢的投資哲學。然而，後者其實是價值型投資法一種獨特觀點的展現，這個觀點尤其與市場先生寓言所要傳遞的投資方法有關。在帕利可（Parag Parikh）的著作《價值投資與行為財務學》（*Value Investing and Behavioral Finance*）中，這位全世界研究行為財務學的頂尖學者，以下列文字描述反向投資法的本質：

> 反向投資者的特異之處，在於他們致力尋找的投資機會是市場共識所導致的股價偏差。所謂尋找股價偏差的標的，意即，他們尋找的是市場共識所造成的績效空間，市場共識本身並沒有錯，只是被誇大扭曲了……，這樣的誇大扭曲通常是大眾心理造成的結果，並且依不同程度於股票市場盛行。

當然，市場先生是令人難忘的「大眾心理學」化身，參考帕利可的說法，它會導致投資人誇大對於金融市場的認知，因而導致市場價格不具效率性。如此一來，上述說法便成為反向投資者的觀念核心。據說，當《巴隆》週刊的專欄作家席爾斯（Steven Sears）在二〇一〇年夏天，強調高度市場波動正環繞著某檔特定有價證券，他將此稱為「市場先生送來的禮物」——這表示已出現可以讓投資人從中獲利的市場無效率之處。請注意，如果投資者本身有足夠的信心及耐心遵守反向投資法，那麼由市場先生的古怪行為所提供的貨幣「禮物」，便會是有利可圖的追逐標的。

晚年擁有數十億美元身價的富豪鄧普頓爵士（Sir John Templeton）曾經寫道：「行情總在絕望中誕生，在半信半疑中成長，在憧憬中成熟，在充滿希望中毀滅。」任何曾經從事過反向交易的投資者，很可能至少會同意上述評論的第一個部分。到底為何反向投資會令人如此不安？其實是，反向投資法跟深植在我們靈長類動物腦袋當中的「有樣學樣」本能，是相違背的。在財務界的比喻，就等於要參加一場需盛裝打扮的正式晚宴，卻穿著圓點花樣的睡衣出席。經過數百萬年的演化過程，讓我們傾向避免徹底地違反常理，也就是服從我們周圍具壓倒性的多數人意見。從進化的觀點來看，反向投資的潛在性孤立行為，可能降低我們的生存能力。畢竟，我們生來就是社會化的動物；就一個較為廣大的層面而言，必須能與其他人類同儕相互交流。

然而，就像動物會橫越公路，必定是因為發展本能的驅使，例如看到或嗅到對面一片更大、更綠油油的青草地。在未經思考便屈就於一時的衝動之前，最好客觀地分析每一次的動物本能，這在投資尤其重要。如同馬克斯建議的：「為了保護自己的資產，你必須投入時間與精力搞懂市場心理學。」將市場先生這個概念內化，是採用健康的反向投資態度來針對「市場心理學」建功的最好辦法。此外，當他們在等待市場先生修正（而且通常會過度修正）它的價格錯誤之際，這個概念可以幫忙加強反向投資人的決心。投資財務學作家羅斯寫道：「當股票投資展望很悲觀，特別是在時間漫長的熊市之際，投資人需要勇氣及紀律，才能在這種市場環境持續投資。相反地，在持續一段長時間牛市的環境中，賣掉手中持股也需要勇氣及紀律。」

有一個共通的特質，將葛拉漢與其他成功的投資者連結在一起，包括巴菲特、魯安、布蘭帝、許羅斯、卡恩，以及其他人，他們似乎都擁有獨特的「反叛」立場，因為反向投資人便是利用市場價格的錯置而獲利。任何人只要寫下「股票市場總是錯得一塌糊塗」，並跟隨《智慧型股票投資人》的腳步，就是一名值得驕傲的反向投資者。至於巴菲特，在他最常被人拿來引用的嘉言錄當中，以下這段話最發人深省：「在別人恐懼時我貪婪，在別人貪婪時我恐懼。」這席話就是最典型的反向投資者該做的事！此外，巴菲特想表達的意涵，就是市場投資心理通常就像葛拉漢所描述的「大錯特錯」——這就是市場先生寓言的本質。

市場先生是反向投資者的自信態度所不可或缺的要素，布蘭帝在《高獲利價值投資法》中，頻繁地提及市場先生使這個連結更為明確：

應該由你來決定一家企業的真正價值有多少，而非市場先生。你來決定何時，以及什麼樣的價格，是你想要買賣的股票價位……，相信自己的判斷，相信你所做的研究……，提醒自己市場先生的陰晴不定，可以幫助你有耐心，而且可以幫助你做出符合理性的投資決定。

當投資人下單的方向，與市場主流意見或關於市場的某些特定因素相左時，反向投資人獲取勇氣的方法，就是牢記市場先生那些短線的想法，長期而言被證明是多麼不理性。市場先生可能在短期內會讓反向投資人的決策看來似乎錯了，但是，就像本書一直重複強調的，有效的價值投資方法需要長期架構才能看得出效果。

—最後微笑的人—

長期投資與短線投機之間的差別，也是為何所有成功的價值型投資人，都是反向投資者的重要理由。整個證券市場的運作機制，包括證券經紀商、股票承銷商、大眾財經媒體，以及相關附屬周邊人士，都是繞著「金融市場明天會漲會跌」這個問題打轉。正因為如此，占壓倒性的多數投資人便會去追求短線獲利。葛拉漢認為這種作法是徒勞無功的蠢事：「許多完全投入在關心每天股市漲跌這個領域的智慧心靈，經過長期薰陶之後，都會習慣養成將利空中性化或自我欺騙的行為。」因此，每日下注賭市場的漲跌，本身就含有不利的因素，就短線操作而言，投資人的表現也會傾向不理性及行為無法預測。事實就是，當「過多的獵人競相獵捕同一隻兔子」，便會在某些情況之下限縮，甚至取消了傳統的短線投資作法所帶來的獲利。

就像道西告訴我的：「為了賺取短線報酬率的市場競爭是極大的，但若是長期投資，競爭壓力便減輕許多。」為了解釋箇中道理，他援引了哈雷・戴維森公司大約二〇〇八年晚期至二〇〇九年初期的資料為例。這個案例值得深入探討，因為它是「當市場先生明顯出現錯誤時，反向投資人與市場先生對作」的最佳案例。當然，這個案例之所以值得注意，也因為它是巴菲特與孟格在二〇〇八年十月股市崩盤之後，最成功的投資案例之一。在市場暴跌過後不久，社會陷入短期經濟「大蕭條」的恐慌，這家高級摩托車公司產品短期內的銷售成績必定黯然無光。然而，市場先生「預期哈雷・戴維森銷售量短期下滑」這個狀況，「忠實反映」在股價上究竟如何呢？

二〇〇八年十月一日，哈雷・戴維森的普通股股價為每股三十六點七三美元，該年年初曾經高達每股四十五點六一美元，這段期間內股價多在每股三十五至四十美元之間盤整。在發生金融海嘯的股市崩跌之前，二〇〇八年該股最低點曾在七月下探每股三十三點〇七美元。

其後美國遭逢近代經濟史最艱辛的時期，隨著國內生產毛額、就業市場，以及房地產價值統統出現暴跌，而哈雷・戴維森的第三季財報業績選在十月十六日公布，雖然其結果不及市場預期，但亦並非災難性的難堪數字，尤其在考量總體經濟當時的狀況之後：「會計年度第三季淨獲利一億六千六百五十萬，相較於二〇〇七年第三季的數字二億六千五百萬美元，下滑幅度高達三十七點一個百分點。第三季經稀釋後每股盈餘（這是比較精確的每股盈餘計算方法——盈餘的除數納入範圍不僅包括普通股，也包含所有的可轉換有價證券，例如可轉換債——上述所有的發行股份在轉換成普通股別之後，預期皆會稀釋每股盈餘）為〇點七一美元，相較前一年同期的每股一點〇七美元，下降三十三點六個百分點。特別是該公司自一九〇三年開始營運以來，其美國事業體的經營管理就一直相當穩健。投資人可能以為，就在當年十月股市崩盤的大混亂時期，市場先生會有足夠的智慧去了解，只要當時的經濟循環脫離谷底並開始變好（景氣總有循環回到復甦的一天），像哈雷・戴維森這種經營體質強健、在當時仍有堅實獲利的公司，其股價將會表現得非常傑出。

然而，就像葛拉漢預測的那樣，市場先生會用完全爆發出來的恐慌來面對這件事，不加選擇便將手中持股全數「趕盡殺絕」。到了二〇〇八年十一月二十一日，哈雷・戴維森的股票被市場棄如敝屣，跌到每股十二點〇四美元——這家仍然有獲利、而且是組織架構非常完整的公司，已經在七週內蒸發近三分之二的市值！這種劇烈的股票折價實在太超過，而且從企業主的觀點來看，完全在邏輯上站不住腳，但是這對市場先生而言卻是常態。這就是市場先生常犯的歇斯底里與目光短淺經典範例，因此為葛拉漢及陶德所描述的「時刻保持警覺與勇氣的投資人」創造了投資機會。截至二〇一一年底，哈雷・戴維森的股價已經漲回到與崩盤下跌之前相同的每股三十五到四十美元區間。所以那些敢用每股十二美元，甚至每股二十四美元買進的投資人，已經賺到令人羨慕的獲利。

當然，那些跟隨市場先生的領導，在二〇〇八年十一月以每股十二美元賣出持股的投資人，因此確定蒙受令人不忍卒睹的巨額損失。然而，在二〇〇九年二月底、三月初之際，當哈雷的股價下跌至每股個位數美元，那些早先用每股十二美元賣掉持股的投資人，可能會覺得自己的作法再正確不過了。是的，就短期而言，他們的決策似乎是正確的。在此同時，價值型投資人，例如巴菲特，並不會特別擔心上述的股價下跌現象，他們還是依然保有信心，相信經過長時間的考驗，哈雷・戴維森公司健全的企業基本面會幫助其股價得以回升，因此老江湖的價值型投資者，都在等待鄧普頓爵士所講的「最大宗終極獎賞」。顯然，那些具有遠見、勇氣以及耐心，選在市場先生最躁鬱的時期買進哈雷・戴維森股份的投資者，擁有最後、最燦爛及最長久的笑容。一切都是拜市場先生所賜！

—市場醫生—

哈雷・戴維森是個相當老調重彈的案例，讓讀者了解利用暫時性的極端證券市場行為失序現象，可以創造高獲利的方法。然而，那些在二〇〇八年十月市場崩盤之後，立即購入某些銀行股股票的投資人，將會確認與市場先生對作的策略並不保證一定會成功。

就像最優秀的醫生在沒有考量所有的病情症狀前，絕對會避免急於做出診斷；不論市場先生在某個時間點的行徑是多麼明目張膽的瘋狂，市場的狂亂走勢並不代表每一檔暴跌的股票都是健全的長期投資標的。這就是為何價值投資大師在提出其投資決定之前，都會非常深入地探討細節，檢驗每一檔有價證券的所有相關企業基本面數據。你可能會發覺近期下跌的股價已為這一檔有價證券提供了足夠的安全邊際，因此具有長期投資價值。然而，也有一種可能性，就是該企業的基本面太差，導致即便投資人可以用折扣後的價格買進，它仍不是一檔健全的長期投資標的。

市場先生在為有價證券訂定價格之際，有時候也會冷靜以對且價格合理。然而，他卻以陷入失去理性的躁鬱症聞名，在發病的時候他就會情緒失控。在他發病期間，股價可以從任何企業該有的價值轉向下跌。

相反地，「市場醫生」（這裡指的就是專注的價值型投資者），是一位嚴謹的理性主義者，他會堅持蒐集所有相關企業擁有者需要知道的資料，並且經過縝密分析，才會寫下他的「診斷報告」，也就是他對該企業每股內含價值的評估。當市場先生冷靜的時候，他對於企業股票的評價，跟市場醫生計算出來的內含價值不一定會差距太遠。然而，即便市場先生已陷入短暫瘋狂的狀態，關於某些特定有價證券的看法，市場先生仍有可能是對的（不論是否出於意外）——或者，價格至少沒有錯得離譜，不值得為此改變對該股的投資策略與想法。這就是為何認真的價值型投資人總是做足必要的功課，以確認市場先生對於某檔考慮中的特定有價證券，犯了明顯的訂價錯誤。

價值投資大師的投資績效得以持續性地超越大盤，其背後原因並非他們學會如何避免犯下錯誤。畢竟，複雜如投資市場，要用盡全力避免犯下任何失誤是近乎不可能的任務。不去從事無謂的努力，這些價值型投資人透過基本面健全度的研究分析架構，便能獲得不同於一般人的高報酬。其中市場先生的存在是核心關鍵之一，輔以必要的紀律、洞察力及智慧，再以最大效能應用於投資分析，除了使用安全邊際、企業主心態，以及葛拉漢的計量「工具箱」，市場先生這個觀念的價值，將與投入研究的時間及努力成等比例關係。當然，有鑑於近期發生的事件以及持續性的經濟不穩定，對現代投資人而言，市場先生的觀念可說具有更大的潛在有效性。

葛拉漢是幸運的，一九三〇年代晚期，就在世界遭逢前所未見的惡劣經濟危機之後，市場先生終於「走出迷途」。就像我在下一個章節想要探討的內容，葛拉漢重新再來過的優異表現以及混亂的情史，交織成為他人生中最變化無常的一段時期。

第九章 嶄新的開始

到了一九三四年，葛拉漢和傑若米終於看到市場先生展露笑顏，因為他們十年前以「低於清算價值」買進的股票開始上漲了。如我們前面提過的，原本公司合夥人的薪酬協議中有一條累進式條款，規定只有投入資本的年報酬率超過百分之六這個保證門檻，合夥人才能進行利潤分配。例如，操盤的績效是百分之八，則合夥人只能拿到百分之二的分紅（百分之八扣除百分之六）。

因為這一條規定，導致葛拉漢和傑若米從一九二九到一九三三這五年都沒有賺到半毛錢。更慘的是，由於績效保證以累積方式計算，因此即使班傑明．葛拉漢聯合帳戶（當時仍沿用此名）在一九三四年的績效相當優異，合夥人第六年無法從該帳戶獲得分紅的機率仍然很高。

一九二九年以前，班傑明．葛拉漢聯合帳戶一直是合夥人的主要收入來源，可想而知他們處境的艱辛。所幸，死忠的投資者之一蓋．列維（Guy Levy），提出一個替代性的獎勵協議，除了一人反對之外，所有追隨葛拉漢的投資者（在該帳戶經營最嚴峻的幾年，仍有一些投資人棄船而逃）一致同意。他們修改了累進式條款，但誠如厄文・卡恩及羅伯特・米奈所述：「分紅條件修訂後，從一九三四年一月一日開始，葛拉漢和傑若米的獲利分配減為非累進式的百分之二十。」

—勇於賠償投資者的損失—

值得注意的是，一九三五年底，葛拉漢挑選的股價低估股由於漲勢凌厲，彌補了過去以來的虧損，使得帳戶重新回到一九二九年的正報酬。更了不起的是，葛拉漢和傑若米還把大蕭條最慘的那幾年所賠的每一分錢，都還給了投資人。當時他們並沒有法律責任這麼做。

當我們討論到葛拉漢的豐功偉業時，瑪喬里顯然對她父親堅持償還投資人在大蕭條時代的損失，感到驕傲無比：

一九二九年經濟大蕭條來臨時，葛拉漢和他的公司都賠了很多錢，波及了大部分有出錢投資的家人和朋友。後來，大蕭條結束後幾年，他東山再起，把每個投資人的虧損都還清了。那真的很了不起——我從來沒聽過有人那麼做。他償還了每個人的投資損失。葛拉漢手上有一本紀錄，以確定每個投資人在大蕭條的虧損都有獲得補償。我不認為當時華爾街有多少人有本事償還客戶的虧損，在這一方面，他是非常不平凡的。

就像瑪喬里指出的，很多投資人都是「家人和朋友」，葛拉漢覺得個人要為他們的財務福祉負起責任。此外，葛拉漢幼年時因為家人財務問題而承受過巨大痛苦和內心煎熬，因此在葛拉漢的管理下，大蕭條時代的巨大虧損考驗著他的良知與信心。但是，《證券分析》於一九三四年出版時，顯然他和陶德已經明白，他們生活在一個異常瘋狂的時期：「就像一種極端的實驗室測驗，承受著無法預料的壓力程度。」此外，除了難纏的小舅子之外，葛拉漢的長期投資者都充分了解那時哀鴻遍野的金融災難及經濟困局，並且保持他們對葛拉漢的信賴及善意。

就連葛拉漢的舅舅莫里斯，即便在葛拉漢的聯合帳戶賠了這麼多錢，導致他和家人再也住不起紐約市，也沒有對自己的姪子懷恨在心。莫里斯的女婿薩奈特醫生告訴我：「傑拉德家族對於葛拉漢投資失利並沒有一絲怨恨，因為那時每個人都在賠錢。」由於國稅局的糾正——它質疑聯合帳戶的概念事實上不是真正的合夥關係，而是實質的公司行號，以及投資人格林曼（一名職業會計師，葛拉漢記得他「建議我們成立公司，否則在稅法的規範下，總是會有人質疑我們的正當性」）的緣故，一九三六年一月一日，「葛拉漢—紐曼公司」取代了「班傑明·葛拉漢聯合帳戶」。

從那時開始到公司二十年後解散的這段期間，葛拉漢的公司合夥人和投資人享受到相對風平浪靜的時刻：經營狀況漸入佳境，加上葛拉漢對財務的保守個性（從他一九二九年後避免槓桿操作即可見一斑，大蕭條時代慘賠的痛苦經驗或多或少使他更趨於保守），確保投資人的資金在葛拉漢的管理下，績效表現亮眼，並顯著降低曝險的機會。「葛拉漢—紐曼公司」於一九三七至一九三八年景氣衰退時積極買進低價股的經歷，證明葛拉漢具有趁市場先生愁雲慘霧時毫髮無傷、異軍突起的能耐。葛拉漢絲毫沒有失去利用股市短暫脫序機會的投資興致。只不過，他已經學會用更謹慎的觀點來操作。

「葛拉漢—紐曼公司」在一九四六年寫給投資人的一封信中，可以說明葛拉漢在這方面已經多麼成功。那封信把公司於一九三六年至一九四六年的績效表現歸納如下：「根據每年年初的資產淨值計算，股東年報酬率的平均值為百分之十七點六。與同期相比，標準統計局（Standard Statistics）編製九十檔股票的普爾指數報酬率為百分之十點一；道瓊工業指數更只有百分之十。」尤其考慮年年擊敗大盤超過百分之七點五的累計效果，葛拉漢在這段期間的績效可謂一流。此外，從大蕭條時代學到的經驗，讓葛拉漢沒有運用槓桿或其他高風險工具，就能創造出這麼傑出的績效。

—為總體經濟問題貢獻心力—

葛拉漢的投資方法不只受到大蕭條的影響，身為一個具有強烈社會良知的知識分子（第十四章將會深入探討這個主題），葛拉漢覺得自己有責任為更大的總體經濟問題貢獻一份心力。

早在一九三一年，葛拉漢就開始進入「社會研究新學院」（New School for Social Research）就讀。厄文・卡恩及羅伯特・米奈提到，他在這所學校和經濟領域的達官顯要「討論經濟危機可能的解決方案」，這些名人包括像伯理（Adolph A. Berle，羅斯福總統推動第一次「新政」的智囊群之一），以及馬丁（William McChesney Martin，紐約證交所官員，他在幾年後成為聯準會史上最年輕的主席，而且是雄據這個大位最久的官員）。馬丁也協助創辦著名的《經濟論壇期刊》（*Economic Forum*），並於一九三三年出版葛拉漢第一篇對總體經濟的投稿——標題為〈穩定的通貨復膨〉（*Stabilized Reflation*）的八頁文章，該文關注穩定大宗商品價格的需求，以支持經濟的持續復甦。

雖然葛拉漢在腦中形成的貨幣計畫，本質上是為了因應趨於緩和及一九二一年到一九二二年短暫的經濟衰退，但經濟大蕭條的嚴峻程度，激勵他更慎重發展這個概念。基本上，葛拉漢的貨幣計畫，主張以「一籃子」常用的大宗商品，取代金本位制來支撐美元的價值。如同葛拉漢在摘要寫道：「提高公糧供給與價格的穩定很重要。」由於葛拉漢在「社會研究新學院」結識有名望的新朋友，因此他的經濟構想被送入白宮討論，甚至還獲得農業部長華勒士（Henry A. Wallace）的書面背書及凱因斯的部分認同。

─源源不絕的創作靈感─

在這段期間，葛拉漢另一個業餘興趣就是劇本創作。從孩提時代就接觸文學和戲劇的葛拉漢，數十年來一直是有抱負的劇作家。一九三〇年代期間，當他在工作上站穩腳步的那十年，他覺得經濟已經夠安定，可以撥一些時間投入自己熱愛的舞臺劇寫作。他的創作頗豐，產量不下於三個全本劇及一個單幕輕歌舞劇的大綱。根據葛拉漢的說法，他第一個劇本《瓷婚》（*China Wedding*），有部分在暗指當時妻子海柔爾的紅杏出牆。但注重隱私、不愛衝突的葛拉漢，決定不找海柔爾當面對質，至少不要一開始就採取行動。

儘管第一個劇本沒有順利登上百老匯，但葛拉漢對於《瓷婚》在約翰・霍普金斯大學「美國新銳劇作家」（American dramas by new playwrights）的年度競賽中勇奪第二名，而感到欣慰不已。不久之後，葛拉漢又完成一部令人毛骨悚然的單幕輕歌舞劇，劇名是《審判日》（*The Day of Reckoning*）。劇情描述一個復仇心切的理髮師，幫多年前曾勾引過他妻子還把錢偷走的男人剃鬍子。葛拉漢提到：「劇本以這個惡棍在剃刀的威脅下驚嚇死去而告終。」回想起來，葛拉漢認為這個作品「難登大雅之堂」。

在金融寫作的部分，他和梅瑞迪斯決定合寫一本幫助投資人解析財報的書。當然，要成功應用葛拉漢的基本投資原理，看懂財務報表是極為重要的，因此寫一本這樣的書完全合理。雖然《證券分析》已有部分內容涵蓋這個主題，但葛拉漢和梅瑞迪斯於一九三七年出版的《葛拉漢教你看懂財務報表》，專門探討這個主題。根據它的前言，這本書的目的在於：幫助讀者「聰明地」閱讀企業財報，俾使他們「對估計企業未來潛力有更好的準備」。

《葛拉漢教你看懂財務報表》一書滿滿都是葛拉漢敏銳的分析智慧。舉例來說，探討企業無形資產可能造成誤導的財報時，葛拉漢寫道：「一般來說，投資人可能認為，資產負債表上列示的無形資產金額，用不著太過重視……，然而真正重要的，卻是這些無形資產的獲利能力，而不是它們在資產負債表的評價。」他也警告切勿過度簡化選股法，並鼓勵充分分析所有相關參數。比方說，他提醒選股分析時採用流動資產價值當作判斷因素的投資人：「當股票的出售價格遠低於它的流動資產價值時，這個現象往往值得探討，但絕對不能妄下判斷說是股價遭到了低估。」

同一年，葛拉漢出版了《商品儲備與物價穩定：現代常平倉》一書（*Storage and*

Stability: A Modern Ever-Normal Granary，葛拉漢第一本關於總體經濟的著作，同類型的書共有兩本）。下一章將會討論這部影響深遠的著作提出的創新思想，以及一九四四年的相關作品——《世界商品與世界貨幣》（*World Commodities and World Currencies*）。

第一次離異

不過，至少從個人角度來看，葛拉漢於一九三七年最重大的事件，就是與結縭超過二十年的妻子不歡而散的離婚。後面那幾年，他們破碎的婚姻，不管是對他們或孩子，都已經成為一場夢魘。正如瑪喬里所言：

我想我十幾歲的時候，他們就會在半夜叫醒我聽他們爭執了——因為任何一方都覺得自己可以說服我，那樣就能證明對方是錯的。他們硬把我扯進去，但那根本不干我的事。我只能靜靜聽著那些沒完沒了的爭吵，那實在太可怕了。後來我成年時，接受了心理治療，並且花很多時間分析父母的不和原因，來甩掉我被挑起的煩惱、憤怒和焦慮。我無法確切記得那些爭論的內容。重點不在於他們吵什麼，而是他們之間的對立和彼此根本不再相愛這件事，使他們的孩子感到驚慌失措，而那個孩子就是我。那是段艱苦而難受的經歷。

我還記得瑪喬里講這些話時，臉上表情為之一變的模樣。顯然，儘管事隔七十五年，父母的怒目相向仍然是她不可承受之重的回憶。不幸的是，父母離異對瑪喬里、小牛頓、妹妹伊蓮造成更大的傷害。一九三六年，葛拉漢和母親目送海柔爾帶著孩子登上開往加州的船，去拜訪一九三二年跟著莫里斯搬到洛杉磯的大表妹羅達與其母（莫里斯於一九三四年過世）。羅達每年暑假都會和葛拉漢一家相聚，因此她和班傑明及海柔爾的關係很密切。羅達告訴我：「當我還是小女孩時，海柔爾和班傑明就像我的叔叔和阿姨一樣。」和海柔爾及葛拉漢家的孩子在一起，原本應該是開心的家庭團圓日，但是葛拉漢卻將自己與海柔爾的短暫分隔兩地，視為解除婚約並盡量避免接觸和情緒反應的大好機會。

後來變成羅達丈夫的薩奈特醫師告訴我：

有一次，海柔爾和女孩們待在洛杉磯時，她收到班傑明•葛拉漢的電報說「我正在辦離婚手續」，海柔爾聞訊大吃一驚，立刻跑去找羅達住在比佛利山莊的母親。

顯然，這令人震驚的消息使海柔爾心神錯亂，她竟把四個孩子丟在洛杉磯一家旅館讓瑪喬里照顧，自己四處遊蕩，直到後來想到孩子們沒錢會挨餓才回過神來！起初，海柔爾拒絕同意丈夫的離婚要求，但葛拉漢和律師最後還是強迫她簽了字。

這些談判的細節我們並不完全清楚，不過就像前文略為提到的，葛拉漢握有兩封妻子違反道德的情書，成為他手上的一張王牌。葛拉漢回憶道：「出於謹慎，我只留了兩封信，後來發生的事情證明那是必要的。」

那幾封不祥的信件除了刺激葛拉漢步入命運多舛的「劇作家生涯」之外，似乎還有助於他談成可接受的離婚條件。我們無從得知，海柔爾是否認為葛拉漢開出的條件不公平，或是她採取「刁難」的態度，使她先生必須為離婚付出高昂代價，但後者的可能性似乎比較高。

一九三七年初，葛拉漢夫婦在內華達州的雷諾市訴請離婚。當時離婚是一種社會禁忌，留下的汙名比現在嚴重多了，這或許是海柔爾極其不願同意的原因之一。就像瑪喬里說的：「他和我母親離婚的那個年代，離婚並不像後來變得那麼普遍；事實上，當時離婚是很不正常的。」離婚家庭的罕見，更加深葛拉漢家孩子的痛苦和屈辱。這件事對已經出現精神病跡象的小牛頓來說，造成特別大的傷害。根據某些傳聞，自從父母離異後，小牛頓的精神狀況便顯著惡化起來。

葛拉漢或許知道、也或許不知道這些可能的後果，但是結婚二十年來，他和海柔爾之間的水火不容，已經嚴重到找不到辦法化解歧見的程度。所幸，海柔爾從未讀過葛拉漢死後二十年才公諸於世的回憶錄（葛拉漢去世時，海柔爾仍健在）。除了直言不諱說出他們彼此的不忠之外，可以明顯感受到，離婚後多年，葛拉漢對他第一任妻子仍然懷恨在心。不過，據說葛拉漢寫完大部分回憶錄之後，臨終前有和海柔爾達成某種程度的和解。

當葛拉漢在七十出頭回顧自己的一生時，他帶著無限的悔意看待第一段婚姻：

儘管我願意讓步，討厭任何爭執，但我有強烈的獨立意識，並打從心裡憎恨別人以各種形式支配我。假如我二十三歲就明白這些道理，我們的婚姻關係將會截然不同。我應該從一開始就拒絕言聽計從，對所有事情都該堅持我的理念要獲得對等的尊重，甚至還應刻意提出異議，提醒她不能老是一意孤行。我應該更仔細研究她常常主張自己有理、是我不對的無數技倆和手段；我應該想出一些有效的方法反制她。但事與願違，我犯了一個大錯誤，以為發生的每件事都是芝麻綠豆的小事，根本不值得去爭論。

—第二次離異—

然而命運弄人，葛拉漢第一次離婚後沒多久，就娶了另一個他也發現「不可能共同生活」的女子。事實上，葛拉漢似乎在仍有婚姻關係時，就愛上了一位來自加拿大的熱情女演員。凱羅（Carol Wade）是個金髮美女，比葛拉漢年輕將近二十歲。這些特質深深吸引著這個中年、婚姻不順遂但多金的「花花公子」。因此，一九三八年五月，他們在第五大道一間可以俯瞰中央公園的富麗堂皇酒店「雪莉荷蘭酒店」（Sherry Netherland），舉行了一場跨越宗派的婚禮（凱羅是新教徒）。

原因。

葛拉漢與凱羅談了一場濃情似火的不倫戀，但結為夫妻後，他們的結合幾乎從一開始便風波不斷。我們並不完全清楚他們的婚姻為什麼會觸礁，但十八歲的年齡差距，加上熱情女伶和自詡為知識分子的葛拉漢之間可能存在的個性差異，有可能是導致他們婚姻失敗的重要原因。

為了說明兩人有多麼不登對，葛拉漢回想起他們對暹羅貓「雪莉」共同的愛，如何令他們搖搖欲墜的關係得以苟延殘喘：「我們對雪莉的愛，是少數能夠共同寄託的情感之一。要是沒有雪莉，我們結婚第一年就不僅是一場災難，而是徹徹底底的大浩劫。」雖然帶著開玩笑的口吻，葛拉漢對他第二次婚姻的悽慘回憶，或許並沒有言過其實，因為當雪莉意外死亡，葛拉漢和凱羅買了另一隻沒那麼惹人憐愛的暹羅貓來替補時，似乎也體現了貓主人愛情關係惡化的事實。

此外，葛拉漢也承認，這件事和失去大牛頓及飽受情緒問題困擾的二兒子小牛頓，有極其詭異的相似之處。葛拉漢感慨地說：「也許第二隻貓不夠討人喜歡；也許是我們對牠期望太多；也許牠感受到我們沉浸於對雪莉的思念，因此用行動來表達牠的憤怒（我寫到這些字句時，想到的其實不是兩隻雪莉，而是我的兩個牛頓）。」

同時，身為英國人，葛拉漢也深受一九三〇年代末期歐洲的戰爭風暴所苦惱。當法國受到德國入侵而淪陷，英軍也在德軍攻擊下從敦克爾克（Dunkirk）狼狽撤退，即便是一生見慣大風大浪的葛拉漢，也一反常態地憂心忡忡起來。誠如他在回憶錄所言：

> 我變得惶恐不安而抑鬱寡歡（我很少會這樣），比以前更沒有能力處理家務事。這種精神衰落促使我去尋求特殊的療法，其中一種方法聽起來很幼稚。我又重新開始溜冰——長大後就很少再從事的運動。不停地旋轉、身體的節奏律動、撫慰人心的音樂，甚至幾百隻轉動的輪子發出的低吼聲，都能帶給我一種奇特的慰藉。每次剛開始溜冰時，我可能懷著對世界情勢的傷感和對凱羅的深惡痛絕，但溜到後來我會發覺自己沉浸於溜冰的姿態之中，那時我的靈魂便會獲得夢寐以求的平靜。

在財政方面，即使在美國正式參戰前，歐洲對美國軍備和其他物資的需求，就已大幅提振美國經濟並帶動股市大漲，當然，包括「葛拉漢—紐曼公司」的投資表現也跟著雨露均霑。雖然金融市場恢復生氣，對葛拉漢這樣的投資專家來說是大好消息，卻無法改變「法國淪陷，而我的祖國英國岌岌可危」的事實。

幾年後，當美國於一九四一年直接加入第二次世界大戰，葛拉漢終於有機會將擔憂化為有意義的行動。因為葛拉漢的緣故，這場戰爭激出前所未有的志工人數：他接下「紐約州戰爭財務委員會」（New York State War Finance Committee）副指揮官的重責大任，後來更榮膺聯邦政府「戰爭契約價格調整理事會」（War Contracts Price Adjustment Board）主席。雖然擔任這些職務可以領到更優渥的酬勞，但是他投入這些需要長時間付出的差事，都不接受超過一美元的薪水。

回到一九三〇年代末期，歐洲和葛拉漢家裡同時升高的衝突，促使他花更多時間參與社交活動，寧願陪伴別人，也不願面對他的妻子。很多社交活動發生在由史萊德（Helen Slade）和她丈夫桑德斯（Henry Sanders）主持的「華爾街聚會」上，史萊德素來只邀請華爾街的達官顯要參加她氣派奢華的饗宴。幾年後（一九四六年），史萊德成為厄文・卡恩及羅伯特・米奈形容的「《分析師期刊》（*Analysts Journal*）背後的精神領袖」，這本雜誌於一九六〇年創刊時原刊名是《財務分析師期刊》，葛拉漢定期為它撰稿並具有重要貢獻。

在這本由他協助創辦的期刊中，葛拉漢始終站在最前線。事實上，財務分析師認證制度的起源，就是出自葛拉漢的構想——僱主或客戶經由這套標準化系統，可確認某位分析師的專業知識及能力水準。葛拉漢的概念，成為後來的CFA（Chartered Financial Analyst，特許財務分析師）資格，是現在全球公認至高無上的財務分析能力與職業道德的「認證標誌」。截至二〇一一年，世界各地有超過九萬五千名財金專家持有CFA執照。在「財務分析師協會」（Financial Analysts Federation）於一九四七年舉辦的大會上，葛拉漢強烈呼籲建立專業認證制度的需要，並且在一九五〇年代初期及之後始終支持這個目標。

到後來，即使有頻繁的溜冰和社交活動，葛拉漢再也受不了和妻子短暫相處時的那種深惡痛絕。葛拉漢深知這樣的關係荒謬至極，堅持提出離婚，想當然凱羅並沒有反對。因此，結婚才剛過一年他們就分手了，葛拉漢不到三年內第二次恢復了單身。葛拉漢本來決定利用這段空窗期尋覓他的真命天女，後來反而花更多時間陪伴三個平常與他相處融洽的人——兩個哥哥里昂與維克多及他的母親朵拉。一九四四年，朵拉在打完橋牌的返家途中遭到搶劫謀殺；幸虧葛拉漢有機會於一九四〇年代初期花更多時間與母親共度。

第三次婚姻

兩度離婚、喪母之痛，加上孤獨而痛苦的感覺，使得葛拉漢在母親死後不到幾個月便梅開三度並最後一次結婚，這件事或許並非偶然。這一次，葛拉漢的對象是他的祕書——一個叫做艾絲黛兒・梅絲（Estelle Messing，暱稱為艾絲提）的年輕迷人女孩。艾絲提的直爽坦率和自然的親和力，正好可以和葛拉漢廢寢忘食的生活方式互補。一年後，葛拉漢和艾絲提生下他們第一個也是唯一的孩子——小葛拉漢（又被稱作「巴茲」）。葛拉漢的兒子比孫子年紀還小的情形，雖然在今天已經司空見慣，但在一九四五年卻是相當罕見的。

巴茲誕生三年後，葛拉漢一家搬到紐約州市郊的高級住宅區——斯卡斯代爾（Scarsdale），直到一九五六年才遷往加州。當我問到葛拉漢的兒子巴茲，在他成長的過程中，葛拉漢是什麼樣的父親時，他回覆了以下這段話：

唔，他或許有一些心不在焉，腦中總是在思考很多事情，你知道的，我就是其中一件。不過也不盡然如此。我受到比較正統的教養。我有個保姆會打理幾乎所有大小事，我母親負責一部分。但是在智力方面，他絕對是非常可親近和富有魅力的。

葛拉漢的大腦當然在「思考」很多事情。其中最重要的，就是他對總體經濟的高度創新觀念，這是下一章要討論的重點。

第十章

凱因斯、海耶克與葛拉漢

由於巴菲特及其他著名價值投資門徒的非凡成就，在二十一世紀初期，葛拉漢的名字幾乎完全是與投資界連結，而不是在經濟的領域。不過，葛拉漢本人認為，他相信自己提出的更穩定貨幣形式的主張，才是他畢生最具啟發性的貢獻。就像他在一九六五年寫道：「假如我的名字有一絲機會被後代子孫記得……，那就是『大宗商品儲備貨幣計畫』的發明人。」即使是肯定葛拉漢對金融界的啟蒙貢獻具有革命意義及影響力的人，也鮮少有人知道他的經濟觀點。畢竟，葛拉漢投入整整四十二個年頭，全心奉獻於華爾街，其中有三十三年在管理或共同管理他運用自己投資方法而操盤成功的基金。雖然葛拉漢絕對也投入了一些時間在探討、思考他那個年代的總體經濟挑戰，但他的「老本行」還是在投資領域，而非推動貨幣機制的大規模改革。

投入時間長度的不同，可以解釋葛拉漢為什麼在金融投資界具有象徵地位，在經濟領域卻未受到同樣的推崇，但這並非全部原因。另一個重要的原因是，雖然當時有些最負盛名的經濟學者，曾考慮過葛拉漢的貨幣儲備提案，但是葛拉漢的價值投資典範，不僅受到財務分析師的徹底檢視和討論，更重要的是它獲得成功的應用。如今，全美乃至於全世界的經理人，正積極應用葛拉漢的投資法則，進行數千億美元規模的資產配置。然而，在總體經濟學方面，在葛拉漢提出詳盡的替代貨幣方案八十年後，他嘔心瀝血的主張還沒有獲得任何實質的運用。

因此，不像價值投資的應用已經累積超過八十年不計其數的績效統計數據，葛拉漢的經濟觀點缺乏實證資料的支持或駁斥。但是，它們絕對有足夠的價值可以激發廣泛的討論，而且還獲得當時最知名的經濟學家及政府官員的盛讚。如同我們後面的討論，雖然葛拉漢這些經濟論點大多已經式微，但它們偶爾還是會以有趣的方式重新浮出檯面。總體而言，假如葛拉漢還在世，一定會對他自認為最重要的智慧遺產遭到漠視而感到失望不已。葛拉漢的好朋友及當過他教學助教的厄文・卡恩，必然也有相同的感受。二〇一一年九月，卡恩先生告訴我：「班傑明最出色的一本書，不是最有名的《智慧型股票投資人》，他最棒的一本書，也是最重要的一本書，其實是《商品儲備與物價穩定》。」

雖然我不確定那是否是葛拉漢最棒的一本書（端看每個人的定義），但我很訝異自己竟然會對貨幣穩定這類「枯燥」的主題感到興致勃勃。一如既往，葛拉漢在《商品儲備與物價穩定》這本書的寫作風格，非常具有吸引力和說服力。這本書切實而完整地分析大量的經濟數據，輔以令人入迷的歷史背景及見解。至少從傳記的角度來看，就像卡恩所說的，它也是一本重要的書。

《商品儲備與物價穩定》除了顯示葛拉漢是一位理論家以及其社會良知之外，這本書的基本風格和後來的作品《世界商品與世界貨幣》，都呈現出一種不僅談貨幣，也談生產力、就業，甚至國際關係的嶄新概念。為了了解這些原理，我們有必要認識激勵葛拉漢構思出這些制度的挑戰。

—貨幣先生—

第八章討論過葛拉漢反駁他那個年代和我們當代的主流智慧，提出股票市場這個系統本質上的非理性，以及不容存疑的非傳統觀點。它經常會出現一連串極度不理性／沒有效率的行為，葛拉漢把它歸納在「市場先生」這個虛構人物的學說中。同樣地，早從一九二一年初開始，直到我們現在所熟知的一九二〇至一九二一年大蕭條結束，或者是一九二〇至一九二一年的通貨緊縮，葛拉漢開始了解到，應該是十分「理性」的美國貨幣系統，其實天生便有其缺乏效率之處。葛拉漢在回憶錄中回想他口中的「大蕭條」時，他形容那段期間「也許是這個世界在走過豐饒年代後，首次真正嘗到貧窮的滋味」。

向來是邏輯論者的葛拉漢，在深入檢視整個經濟狀態後，他開始認為這是決策當局重大而無可卸責的常識錯誤。如同他在回憶錄寫道：

> 如果一個國家缺乏生產工具——擁有肥沃的土地、製造業產能、技術性知識——那麼該國的生活水平必定十分低落。但是像我們這種有福分享有豐沛資源的國家，竟然發現沒有辦法買到自己生產的貨品，而且還經歷過倉庫庫存過多，一般家庭卻買不到貨的窘境，從邏輯上分析是很荒謬的。

一九二〇年代初期景氣嚴重衰退期間，葛拉漢留意到，金礦生產商竟然能「躲過我們一般人飽受折磨的艱困日子」。

這個令人困惑的情況，其實是實施金本位的直接結果：美元長期獲得黃金的「支撐」，以每一塊美元代表一定數量金屬的方式來訂價。這樣的架構受到一九〇〇年聯邦法律通過的《金本位法案》所保障。因此，雖然基礎原物料價格在一九二〇至一九二一年期間暴跌，黃金價格卻在一片經濟混亂中成為具有穩定力量的綠洲。就像葛拉漢點出的：「不管金礦的產量有多大，他們（黃金生產商）永遠可以用獲得保障的價位馬上將金礦賣出——當時每盎司為二十美元。」這套貨幣制度基本上是有問題的，在發生經濟危機，整個經濟體系動盪不安的時刻，那些生產唯一能用來連結紙鈔的有形商品產業，竟然能置身事外，甚至從中獲利。

當時二十七歲、任職於「紐伯格，韓德森與羅伊比公司」的葛拉漢，親眼目睹了價格崩跌導致經濟重挫以及產業接連倒閉的骨牌效應，反映在他每天研究的公司財務資訊上。看到明顯失去理性的貨幣制度非但沒有獲得控制（更遑論反轉），災難反而日益擴大的情況，令他感到既心慌又好奇。在理想上，一個貨幣制度應該藉由挹注額外流動性的刺激，來幫助有問題的經濟步入復甦，亦即刺激需求以及為經濟注入更多資金，以阻止價格繼續下跌。雖然葛拉漢沒有受過經濟學的訓練，就像前面提過的，他退掉在哥倫比亞大學唯一選修過的一門經濟學，不過他結合了嚴格的數學訓練加上天生的邏輯思考能力，充分地把它們應用在金融投資的領域（他也沒受過正式的投資學教育）。無畏於對這個領域的陌生，葛拉漢下定決心要思考這個問題。

果不其然，一如葛拉漢在金融投資界獨樹一格的貢獻，他思考總體經濟問題所獲得的結論也非常有意思。當時著名的經濟理論家，都是採取調整美元和黃金的關係來解決貨幣制度的重大缺陷；葛拉漢維持一貫的獨特風格，提出一套截然不同的解決方案，更關注原物料供應商的困境及其對更全面的經濟體系帶來的影響。葛拉漢回憶一九二一年想到這個方案的最初靈感表示，「我認為比較好的制度，應該是給指定的一組或『一籃子』基礎原物料，等同於過去根據黃金訂價的貨幣地位。」

具體來說，葛拉漢提倡用一籃子二十三種常用的商品所組成的「商品單位」貨幣——

「過去以二十三克黃金兌換一美元，改成以二十三種少量的不同基礎原物料來兌換。」這樣一來，那些供給／製造葛拉漢所述「常用且需要的適當數量的有形基本商品」，也能獲得大蕭條期間金礦廠商所享受的部分價格穩定性。這是一個為基本糧食（例如小麥、糖）、紡織品（例如棉花）、金屬（例如銅），以及美國人生產、消費的其他重要有形商品（例如橡膠）價格提高穩定性的貨幣制度。

換句話說，就像黃金因身為貨幣單位（美元）的構成要素而享有更好的價格穩定性，只要將一籃子主要商品提升為美元的構成要素，就能大幅增加它們的價格穩定性。葛拉漢認為，這些主要「美金兌換成員」的價格穩定性獲得改善，就會對整個經濟產生漣漪效果，帶來訂價、生產、消費、獲利，以及就業市場穩定度的全面提升。

在經濟不景氣期間，政府會按照頒布的比例原則，向供應商購進一籃子商品作為儲備，以吸收市場上過多的產能。隨後，當經濟循環再度轉佳，政府就會出售這些儲備商品來交換資金。當然，在景氣蕭條的年代，這些儲備還有緊急供應民生必需品的額外好處。根據葛拉漢的回憶錄，早在一九二一年，葛拉漢便主張「我認為，現代社會發生大蕭條的主要原因，是因為大眾缺乏購買力去吸收過去經濟繁榮時期所增加的產能。」這種缺乏適度消費支出的問題，迫使工廠及其他企業，為了因應消費需求減少而降低產能來做調節。這個作法，結果導致企業裁員，反而讓經濟雪上加霜。

葛拉漢對於民眾購買力的想法非常重要，因為在凱因斯發表這方面重要著作——其中最著名的是一九三六年的經典作品《就業、利率與貨幣通論》（*General Theory of Employment, Interest, and Money*）——的許多年前，葛拉漢就已經有此構想。葛拉漢承認他讀過霍布森（John A. Hobson）一九二二年的作品《失業經濟學》（*The Economics of Unemployment*），該本書亦擁護同樣的觀點。但是，葛拉漢聲稱自己早在閱讀霍布森的著作之前，就已做出相似的結論；就好比他也聲稱自己在得知類似但沒那麼詳盡的計畫前，就已經考慮過以大宗商品為基準的貨幣制度——這個構想的發明者不是別人，恰巧是湯瑪士・愛迪生（Thomas Edison）。

我們從葛拉漢屢次的自我批判，甚至批評自己作品的例子來看（譬如他認為劇作《親愛的龐畢度》，「或許是劇本還沒有好到足以登上百老匯，因此它的失敗理所應當」），葛拉漢原本打算死後才出版的回憶錄，是我讀過最坦白的一本書。因此，我傾向相信葛拉漢表示那些經濟觀點沒有受到霍布森、凱因斯及愛迪生的影響，而是自己構思出來的主張。

不論如何，葛拉漢意識到在企業景氣循環衰退時因需求不足而帶來的災難，並相信他的商品儲備制度，藉由維持「一籃子基礎耐用原物料」穩定的最低需求，將有助於減緩景氣循環的衝擊。可惜的是，葛拉漢一九二一年太專注於他在紐伯格的工作，因此他除了跟有興趣的舅舅莫里斯討論過這個想法之外，並沒有進一步的作為。

此外，儘管一九二〇年代初期的經濟衰退異常嚴峻，不過隨著緊接而來前所未見的景氣「狂飆」盛況，那一時的蕭條便淡化為美國歷史上模糊的一個註解。這時要負擔家庭規模與開銷日益壯大的葛拉漢，回想起自己的儲備貨幣計畫，如何在景氣狂飆的那十年逐漸消聲匿跡：「為了迎接接踵而來的榮景，我把這個計畫擱置一旁。我太忙於在華爾街賺錢了。」

——為癱瘓的貨幣制度獻策——

一九二三年或一九二八年，貨幣穩定性似乎還是一種學術性、甚至無關緊要的議題，但到了一九三二年，一切就不可同日而語了。根據傅利曼（Milton Friedman）以及舒華茨（Anna Schwartz）所著的《美國貨幣史一八六七—一九六〇》（*A Monetary History of the United States, 1867–1960*），一九二九年至一九三三年，美國貨幣供給量緊縮超過三分之一，在過去造成整個經濟「動彈不得」的美國貨幣政策當中，「比歷來最大規模的緊縮幅度還大上三倍」。「一九二九年至一九三三年，以當時市價估算，美國國民生產淨額衰退超過二分之一；經通膨修正後的國民生產淨額下滑超過三分之一；以隱含價格計算下跌超過四分之一；按月度躉售物價計算，跌幅則是超過三分之一。」當然，物價暴跌會影響生產量，結果造成一九三二年的失業率飆升至百分之二十四點一。傅利曼與舒華茨認為，當時的貨幣緊縮政策，是加劇原本的經濟衰退，釀成美國乃至全世界歷史上最嚴重經濟危機的主因。

傅利曼與舒華茨是在一九六三年回顧一九三〇年代貨幣政策動盪所釀成的災難。不過，就像凱因斯及其他經濟學者的鉅作所證明，經濟危機時貨幣政策所扮演的角色，並未遭到大蕭條時代的總體經濟學家忽視。那時候對於貨幣穩定的要求，已經成為任何跟美國經濟休戚與共，以及對不幸身受其害的人懷有社會良心者最重要的任務。葛拉漢兩者兼備。他積極參與強森（Alvin Johnson）所領導的「經濟論壇」，其明確目標就是「針對如何改進『令人遺憾』的經濟方案交換意見」。強森的「經濟論壇」是一個非正式的智庫組織，有許多優秀的知識分子，但政治影響力有限。在一九三二年「經濟論壇」主辦的一場會議中，葛拉漢向該組織提出了幾項經濟計畫，其中以大宗商品儲備貨幣計畫獲得最高的評價。

巧合的是，在葛拉漢這位紐約居民完全不知情的情況下，同年鹿特丹大學（University of Rotterdam）的荷蘭裔學者古德里恩（Jan Goudriaan）也想出一項貨幣修正計畫暨相關方針（但內涵與葛拉漢大不相同），並以《如何阻止通貨緊縮》（*How to Stop Deflation*）為題，將他的主張發表在一份名不見經傳的三十二頁小冊子。古德里恩主張以大宗商品貨幣取代金本位制，而國營儲備計畫，不論孰優孰劣，則是葛拉漢貨幣計畫的核心元素，不是古德里恩的觀點。

如厄文・卡恩及羅伯特・米奈所述：「這本小冊子沒什麼人知道，班傑明也是很多年後才聽說。後來，班傑明還和古德里恩教授成為好友。」另一位曾簡略提出商品相關貨幣一些片段觀點（最後認為「極其不便」而放棄）的歐洲思想家，就是十九世紀的英國經濟學家傑馮斯（William Jevons）。直到幾年後葛拉漢才認識他。當然，在我們的「資訊時代」之前，這種橫跨大西洋的同步學術發現其實並不少見。

根據葛拉漢的說法，「經濟論壇」發行同名期刊的目的，是希望「盡可能刊登編輯認為值得關注的新經濟主張」。顯然梅德與馬丁認為葛拉漢提倡的商品儲備貨幣計畫，具有值得關注的分量，便將以〈穩定的通貨復膨〉為題的八頁文章，刊登在一九三三年春季版的《經濟論壇期刊》。葛拉漢解釋，後來廢除的專有名詞「通貨復膨」（reflation），當時是「很常見的用詞，用來描述從通貨緊縮回到正常水準，而且不會引發通膨惡果的經濟狀態。」同一年春天，羅斯福（Franklin Delano Roosevelt）開始領導華盛頓的行政部門，不久就著手推出積極的改革及經濟方案，以前所未見的規模，設法解決美國接近癱瘓的經濟問題。

出乎意外的是，葛拉漢竟然有幾個管道可以進入新政府的權力核心——包括一個曾經和新總統是同班同學的朋友。事實上，據說羅斯福本人曾不止一次認真考慮葛拉漢的經濟計畫，而且他的農業部長（後來成為副總統）華勒斯還邀請葛拉漢到華盛頓會面討論。獲得美國政府最高層級正面評價的鼓舞，葛拉漢更進一步發展和構思這項商品儲備貨幣計畫，最後完成長達兩百三十五頁的方案報告書，就是一九三七年出版的《商品儲備與物價穩定》。

不論眾人對他為金融投資、總體經濟，或是其他議題提出的創新／另類假說有何意見，葛拉漢的觀點幾乎總是分析透徹且架構完整，以農業及貨幣歷史與政策為研究主軸的嘔心力作《商品儲備與物價穩定》也不例外。葛拉漢從農業產能過剩的棘手問題切入，提到思慮不周的貨幣制度這個荒謬的「解決辦法」，如何導致「商品的剩餘庫存使一九三〇年代的經濟大蕭條雪上加霜，幾乎是無庸置疑的。一九三三年，當時的政府大規模補貼民眾採收棉花及屠宰豬隻。」接著葛拉漢解釋，這種總體經濟無效率的問題，是紙鈔幾乎完全和人類福利直接相關的有形物資脫鉤的直接後果：「總之，財富不再是實際擁有物資，而是購買那些物資的能力。」

商品儲備的歷史基礎

布蘭帝曾言：「我認為葛拉漢因為擁有豐富的人生閱歷，給予他不朽的觀點，這個部分可以成為在投資方面極大的優勢。」幫助他型塑投資方法的不僅是歷史方面的知識，此點從葛拉漢撰寫的回憶錄當中，對於各式各樣的主題（神學、友誼及其他）帶來不同的迴響可作為證明。他對歷史知識罕見的廣度及深度，使我們知道，他對於引起自己注意的每一個生活細節都有看法。整體而言，葛拉漢在總體經濟學的作品，可以作為他針對當前問題有能力提出「不朽」觀點的例證。事實上，商品儲備貨幣計畫的基本假設前提便有其歷史根據。

在《商品儲備與物價穩定》這本書當中，葛拉漢解釋了對於商業與投資銀行的大量設立，何以流動性（亦即資產可以被轉化成現金並流通的速度）的重要性勝過一切，但也因此對許多重要的製造廠商造成傷害。「貶低大宗商品庫存的價值至今日的劣勢地位，甚至就流動性的考量而質疑它的存在價值，已經成為一種長期但進展緩慢的過程。」根據葛拉漢的看法，歷史上一連串不利的發展結果才會導致上述這種情況，也說明了為何完全有用且有需要（雖然不會總是馬上被需要）的物資庫存，例如民生必需食品、紡織品以及基本金屬（但不是貴金屬），已經變成「視當時市場狀況而可能是生財的工具，也可能是賺錢的阻礙。」後者的情況就會演變出相對走向岔路的情境：「生意人及農夫」都把剩餘的商品庫存視為罪犯，乃至於焚燒穀物以及其他類似作法都被視為完全理性的行為，甚至有其必要性，只因為這些作法可以用來反制穀物價格的下跌。

除了生意人與農夫之外，政策決定者在此也扮演了中心角色，尤其是在《商品儲備與物價穩定》這本書出版之前的那幾年。羅斯福提倡的《農業改革法案》（Agricultural Adjustment Act，AAA），透過對於生產力的限制，設計出一套能夠幫助穀物與牲畜採用

「價格下限」的辦法。為了達到這個目的，該法案讓農夫沒有耕種的部分農地也獲得必要補貼，並且導致燃燒穀物與屠宰牲畜的行為。然而，透過農產品售價調高，這個法案的確達成了羅斯福總統主要支撐部分農夫收入的目標。

「雖然在該法案推行之初引發相當爭議——特別是因為這麼做需要毀掉新種植的農地，而在此同時卻有許多美國人仍在餓肚子——《農業改革法案》逐漸成功提高農民的收入。」然而，由於此法案實施後引起一連串意想不到的結果（該法案於一九三六年經最高法院判決違憲，因為憲法賦予每個州有自己的裁量權，但相似的立法馬上取而代之），證實了只有擁有大幅耕種農地的企業能感受到好處，但對佃農的命運卻像敲響死亡的警鐘；這個狀況長久以來便是美國經濟重要元素，尤其是對於南部的州而言。

葛拉漢相信這些加諸於農業（還有其他原物料產業）生產面的限制，「既不能用理論、實務面結果來為其辯護，也不能用需求法則來評論。」他相信由一個政府經營的體制來儲存多餘的產值，比起摧毀作物或扭曲現況以限制生產量，不但遠遠來得更有效率，而且有利於人類長期的發展與福祉。在一系列令人入迷的歷史以及即將走入歷史的範例當中，葛拉漢舉了一個具有說服力的案例：「在二十世紀之前，擁有農業剩餘產出的美國政府，一直以來主要關心的焦點都是先宣揚此事的好處，接下來第二步就是藉由儲存以節省生產力，也可用於日後所需。」此作法最早之前可追溯至《聖經》記載約書亞在埃及飢荒之前開始儲糧，而祕魯印加帝國和古中國文明也皆有文字詳加記載食物儲存系統，一直到近代的十六至十九世紀主導歐洲的國家。葛拉漢提供大量的歷史文件來作為其論文的內容佐證。

葛拉漢也在論文中環顧了二十世紀以來，全世界實施嚴厲的生產量設限案例，例如巴西燒毀咖啡豆、希臘破壞菸草，以及「將美國的棉花田拿來作為耕地」。此外，就像葛拉漢強調的那般，即便是在二十世紀，儲存系統也已經被加拿大和阿根廷等農業出口國家成功應用。因此，根據葛拉漢的說法，政府在一九三七年施加生產量限制，代表的是近期農業發展，與人類歷史軌跡及健全的經濟政策並不同調。

然而，葛拉漢並非認同奧地利不干涉經濟學者的論點。在經濟學領域，「奧地利」意指對於經濟問題採自由開放的態度，因為這種不干涉的觀點主要由奧地利經濟學家提出，成員包括孟格（Carl Menger）、米塞斯（Ludwig von Mises），某部分亦涉及海耶克。葛拉漢針對災難性的價格下跌現象，不提倡較為被動式的回應，他已經發展出一套相當深入且複雜的系統。由於他所建議的執法範圍和權力涉及層面太過龐大，因此只能由強而有力的中央政府建立並發揮監管功能。

—魔鬼裡的細節：商品儲備貨幣機制—

在《商品儲備與物價穩定》這本書中，葛拉漢寫道：「我所提倡的概念，也就是美國應該在有剩餘產出的時候累積大宗商品，並且在需要的時候釋放出來供大眾消費，就原則而言聽起來相當合理，問題就出在實際應用層面有其困難。」至於關於此計畫的貨幣觀點，葛拉漢的論點是「現代化金本位制度」可以與他的計畫同時被保留，然而這樣的作法就需要一些運籌管理的策略。一九三四年通過的黃金儲備法案，賦予總統有權力降低美元兌換黃金比例；羅斯福總統隨後就讓美元貶值百分之四十。

當然，運籌管理的流程簡單化，並非葛拉漢在總體經濟學方面的強項，然而，他的想法是，複雜的問題不見得總是可以找到簡單答案，而相對複雜的系統，如果能夠仔細小心地建構，雖然仍不夠完美，但相較於現況卻可以帶來另外一些社會經濟學方面的益處。考量到《商品儲備與物價穩定》這本書是在一九三七年出版（當時美國一度從一九二九至一九三三年的大蕭條最慘時期復甦一些，但之後又再度滑落至深度衰退），對當時的人們來說，實在不能把維持現況視為一個理想狀態。

這一籃子的組合，將會由四種不同的商品類別當中的二十三種物品所組成：食品類——玉米、小麥、糖、燕麥、咖啡、大麥、裸麥、可可，以及棉花子油；紡織品類——棉花、羊毛，以及絲綢；金屬類——銅、鉛、錫，以及鋅；還有「其他類」商品——石油、動物獸皮、橡膠、棉花子粉、亞麻子油、菸草，以及牛油（一種可以不用冷藏保存的牲畜類動物脂肪）。在《商品儲備與物價穩定》這本書當中，葛拉漢呼籲新政府官員們關注他的計畫書當中，關於儲存和貨幣的特點：

一個貨幣制度經紀人（假定是財政部）在它的倉庫收到大宗商品後，將會準備好發行不限制數量的完整商品貨幣單位。相反地，財政部也會準備好數量正確的完整商品單位，以便進行交換，也就是贖回為此目的而提供的不限制數量貨幣。

雖然《商品儲備與物價穩定》中有更多的細節記載，以上這段文字已貼切地摘錄出一個中央儲存機制該如何運作。關於提案中的「穩定」元素，葛拉漢提倡政府可以在「公開交易市場」買賣大宗商品，這和聯準會買賣不同種類的政府債券，以「重新平衡」經濟至某一個特定方向，並無多大不同：

公開交易市場上基礎原物料的一般價格水準，將會用最直接可能的方式保持在標準價格水平。亦即當價格水平處於下跌趨勢時，便在公開交易市場購買這些大宗商品；而在價格處於上漲趨勢並超過其標準價格水平後，便在公開交易市場出售這些大宗商品……，上述這種穩定機制因此會在同一時間以兩種不同的方向運作。它將會增加或減少市場上的貨幣供給量，而另一方面，它也會同時減少或增加（公開交易市場）上的大宗商品供給數量，以平抑任何原物料價格過度上漲或下跌趨勢。

連葛拉漢本人都承認，這樣的一個穩定物價機制「與金本位制度之下，穩定外匯市場的傳統作法相當類似」，因此初次見到這個穩定物價機制，便不會覺得是一個牽強的作法。此外，葛拉漢提議穩定整體商品價格（而非只是單一貴金屬價格）的好處相當具有說服力，他的結論就是，由一籃子基礎商品組成支撐的美元匯價，將會「在基本面比黃金支撐的美元來得更為健全，因為它會更接近人們需要及使用得到的物品。」

葛拉漢的計畫當中另一個使人感到興趣的觀點，特別是在上一個十年（二〇〇〇至二〇〇九年）之後出現的巨大信貸膨脹與泡沫破裂，就是他的計畫如何幫助不健全的信貸擴張問題極小化。已證實「在企業擴張經營時期，傳統消費力道的增加速度傾向低於企業生產力的擴張速度」，葛拉漢觀察到，「信貸擴張」接著會演變成最明顯，但絕不是最具有遠見的工具，來「彌補企業與消費者生產力之間的差異性」。

葛拉漢曾目睹一九二〇年代的信貸熱潮到達頂點，以及一九三〇年代的經濟大蕭條程度之深，於是他擔心企業的經營循環，其實「每一段時期的繁榮便是在培育下一個泡沫破滅的種子」。透過政府購買／賣出以及儲存／運送商品的機制，葛拉漢提議的這套系統，便是設計以協助穩定物價及基本投入生產的需求原物料。正因如此，就葛拉漢的看法而言，這套系統有潛力取代「投機性信貸擴張（或政府赤字），成為維持經濟繁榮的邊際或有效因素」。

—商品儲存與全球穩定—

一九三〇年代初期，當葛拉漢重新探索商品擔保貨幣這個想法（這個概念的整個輪廓是他早在十或十一年前便已孕育成形），以及到了一九三〇年代中期，當時他決定把關於這個主體的全部內容作品定稿，主要是受到當時美國發生前所未見的經濟癱瘓現象所激勵。到了一九四〇年代初期，當他撰寫《世界商品與世界貨幣》時，必定受到來自前一個十年當中，全球經濟是如何不穩定及保護主義盛行的啟發，而這個現象是造成國際貿易關係產生災難式崩解的主要因素，最終也導致了可怕的第二次世界大戰。葛拉漢的主張，便是全球化執行他所提出商品儲備貨幣計畫，每個國家可適用部分改良版的形式，便可以幫助「戰後的世界解決關於穩定物價及豐富資源兩者之間的衝突」。

《世界商品與世界貨幣》這本書假設，由當時發展尚未成熟的國際貨幣基金會（ＩＭＦ）成立一個子單位，進行「以混合或單位作為基礎，進場購買、持有及出售主要的原物料」。這個理想中的全球性機構，葛拉漢建議將其命名為「國際商品組織」（International Commodity Corporation），該單位將被授權管理一種國際認可貨幣，而該貨幣是由一籃子的下列十五種原物料商品組合而成。其可分成下列兩個類別：屬於農業領域的部分，包括小麥、玉米、棉花、羊毛、橡膠、咖啡、茶、糖，以及菸草。葛拉漢將剩餘的六種大宗商品

——石油、煤、紙漿、生鐵、銅、錫——全部歸類為非農業原物料。《商品儲備與物價穩定》這本書的假設前提是，管理單一的全球貨幣，會比管理二十三個建議與美元匯價連動的貨幣來得簡單。

在葛拉漢以原物料作為支撐美元的概念而形成的機制當中，他還建議讓「國際商品組織」透過在公開市場上買賣原物料單位，以維持物價穩定：

> 當這個綜合指數下跌至基準值的百分之九十五之際，國際商品組織將會在全世界出口市場，買進適當數量的全部十五種大宗商品……，當綜合指數上漲至基準值的百分之一百零五，國際商品組織將會賣出完整的大宗商品單位……，不論買進與賣出，這兩種政策將會是完全自動化的過程。

根據葛拉漢的說法，這種作法有助於穩定全世界的物價及貨幣價值，因此可以避免發生當年「德國馬克通膨」的惡夢。當時正是因為德國威瑪共和年代的超高速通貨膨脹，才給了希特勒崛起的可乘之機。

對於上述這種國際貨幣計畫，最明顯的反對意見便是該計畫難以在全世界執行，因為各國經濟主權幾乎是被政府視為神盛不可侵犯的事務。葛拉漢針對這些反對意見，利用《世界商品與世界貨幣》這本書較後面的章節內容給予回應：

> 一個國際商品儲備貨幣並非綁住任何國家，要求它不可在其國土境內從事或不得從事哪

些活動。它純粹是一個應用在範圍有限的原物料族群之買進與賣出系統。在這樣的機制底下，原物料商品有時候是被買進且儲存起來，而在其他時候則是被拿到世界其他市場出售。

事實上，葛拉漢甚至提供一個案例，解釋為何上述貨幣計畫將會嘉惠、而非阻礙國家經濟政策的管理。葛拉漢的論點在於：「一般說來，相較於廣泛變動的全球物價水準環境，國家經濟目標較容易在穩定的物價水準環境下達成。」

—二十世紀的經濟巨人—

在二十世紀的總體經濟學領域當中，有兩位大師名望勝過其他所有人：凱因斯以及海耶克。後者是諾貝爾經濟學獎得主，並且根據馮．米塞斯機構（Von Mises Institute）的看法，海耶克是「毫無疑問最卓越的現代奧地利經濟學者」，還有他一直以來便是「把奧地利學派的經濟概念散播至英語系國家最成功的一位」。一九六七年，來自英國的經濟學家希克斯（John Hicks），回想起關於一九三〇年代經濟大辯論的「戲劇性」演出，遂寫下「海耶克所提倡的新理論，就是凱因斯新理論的主要競爭對手」這番評論。

至於談到凱因斯，近期一本關於此人的傳記，形容他「與卡爾．馬克思、達爾文、佛洛依德以及愛因斯坦等人位居同等地位」，凱因斯「屬於創新思考的發明者，帶動人類的現代智能進化」。比起過去一百年的其他經濟學家，凱因斯有更顯著的成就，因為他已經成為戰後各國經濟政策的主要推動力量。另有部分原因也是由於現代的凱因斯學派經濟學者，例如克魯曼（Paul Krugman）也具有崇高地位，得以讓凱因斯的觀點在現代經濟學的各項爭論當中，持續占有主導性地位。雖然現代經濟學觀點爭論，通常被歸類為凱因斯學派與奧地利學派之爭，但事實上凱因斯與海耶克彼此尊重對方的成就。可以肯定的是，這兩位大師都是廣受尊敬，且同為西方經濟學界的領袖人物。關於這兩位聲譽卓著的經濟學家，還有值得一提之處，就是他們兩位都有投入時間去回應葛拉漢的商品儲備貨幣計畫！

誠然，葛拉漢的計畫屬於市場干預學派。他在《商品儲備與物價穩定》這本書當中所提出的構想，需要美國財政部、農業部，以及聯邦政府其他不可缺少的機關主動參與。至於在《世界商品與世界貨幣》所提出的觀點，則需要世界上主要經濟強權的同意，以及創設一個新的全球性組織，該組織必須被賦予能夠顯著影響全球經濟的能力。就是這些理由，才會讓我們對下列事實感到驚訝：在兩大經濟學派的開創者當中，竟然是海耶克這一位較支持不干預市場的奧地利學者，「強烈支持該計畫於國際經濟事務的應用。」事實上，海耶克寫了一篇內容完整的文章，替「商品儲備貨幣」這個計畫案背書，而該篇文章曾在一九四三年六月至九月刊登於《經濟學期刊》。

至於凱因斯，他對葛拉漢的支持態度較為模稜兩可，因為他認為上升的物價水準，比起葛拉漢以穩定價格為目標，較有益於創造完全就業市場。然而，他確實認可葛拉漢計畫中其他觀點的存在價值。例如凱因斯在給葛拉漢的個人信件中指出：「關於使用商品庫存作為緩衝以穩定短線商品價格，你和我就像忠貞的十字軍東征者一般，擁有同樣的信念。」根據厄文・卡恩及羅伯特・米奈的說法：「班傑明曾與凱因斯交換過多次信件，針對上述這個議題及其他經濟學觀點進行討論。」不論世人對他的經濟提案有何種評價，至少可以證明沒有受過正統經濟學訓練的葛拉漢，擁有非凡超眾的智慧及寫作技巧，可以構思、發展及彙整報告他的計畫，並引起兩位當代最偉大經濟學家深思熟慮後的回應。

此外，如同我們先前提及，小羅斯福總統政府亦認可商品儲備貨幣計畫中數項觀點的價值。葛拉漢將該計畫的國際化概念做成彙整式報告，呈交給傳說中於一九四四年舉行的布列敦森林會議（Bretton Woods conference），此地正是國際貨幣基金的發源地，亦是世界銀行的前身孕育成形之處。然而，讓他感到極度失望的一點，就是葛拉漢從未有機會目睹他的貨幣計畫被落實，不論是在美國國內或國際舞臺。

直到一九六五年（他過逝前十一年），葛拉漢依然相信他的提案較當時的經濟政策，或是任何先前被提出的貨幣機制，都更為合宜：「如果專家們準備好接受一種新型態及經過改良的健全貨幣公式，我的主張可能會被接受且視為最佳提案。」雖然「專家們」迄今尚未接受葛拉漢的「最佳提案」，但是自從葛拉漢在一九七六年過逝之後，這份計畫在某些令人感興趣的學科，又被重新提出。

商品儲備貨幣機制：一個過於前衛的構想？

波士頓的經濟學者瑞森（David Ranson），在一九八九年《紐約時報》的一篇文章〈過度波動的美元：浮動的美元匯價需要一個校準器〉（*The Volatile Dollar: The Floating Dollar Needs an Anchor*）中，為葛拉漢的商品儲備貨幣計畫提出許多強力的辯護。他認為美國在面對「美元匯率的不穩定」，已經付出昂貴代價。然而，瑞森的文章既未提到葛拉漢，亦未提及其他近期針對這個主題出版的著作。如果瑞森只是提到以商品作為貨幣支撐的整體概念，人們可能會認為瑞森的結論與是否讀過葛拉漢的作品無關。

事實上，瑞森在文中提及「以一籃子商品」這個觀念，可見其讀過葛拉漢商品儲備貨幣計畫的可能性相當高。可以肯定的是，葛拉漢的朋友、客戶以及學生賀爾布朗（**Robert Heilbrunn**）就是抱持上述看法。就在瑞森的文章見報數週之後，有一封由賀爾布朗發給該文章編輯的信件，亦以〈修補美元〉（*Fixing the Dollar*）為題刊載於《紐約時報》。該篇文章除了認同瑞森的中心論點之外，賀爾布朗還希望讀者知道，葛拉漢在許多年前就已提出類似的構想：

> 將時間回推至一九三七年，不只像班傑明・葛拉漢這樣的專業人士——葛拉漢是美國受到最高度崇敬的投資領域權威——在當時便宣揚使用大約二十種基礎原物料來支撐美元匯價……，現在就是將此提案重新送交給立法單位的時刻。

二〇〇二年，英國作家博伊爾（David Boyle），和幾位以倫敦為根據地的新經濟基金會同儕合作，撰寫出版了關於貨幣改革歷史概述的書籍。這本書名為《貨幣改革者：從亞里斯多德演進至電子付款機制的通貨改革進程》（*The Money Changers: Currency Reform from Aristotle to E-cash*），內容僅包含博伊爾覺得在二十一世紀還值得拿來討論的貨幣改革貢獻者和主題。有趣的是，雖然《商品儲備與物價穩定》這本書被忽略了，但是書中卻提及「班傑明・葛拉漢」這個詞條，與以國際原物料作為支撐的貨幣計畫有關，細節記載於《世界商品與世界貨幣》這本書。

博伊爾相信，當時在二〇〇二年前後發生的事件，足以證明葛拉漢於一九四四年出版的書具有預知能力：「浮動匯率的貨幣機制，就像我們現在的貨幣制度，是徹底危險的一件事，他（葛拉漢）提出警告，因為這些貨幣並沒有以任何物品作為支撐。亞洲金融風暴，以及其他在過去半個世紀以來急速惡化的貨幣危機，似乎已經證明了他的觀點無誤。」能夠在一本出版於二十一世紀的總體經濟學作品當中，見到「班傑明・葛拉漢」的詞條被列在素有聲望的經濟學者厄文・費雪（Irving Fisher）之後，絕對是了不起的一件事。

甚至到了近期，就在二〇一一年元月，一名紐約的中國裔美籍交易專家在倫敦經濟學院（London School of Economics）發表演說時，也替葛拉漢的國際貨幣計畫背書。在這場演說當中，艾倫（John W. Allen），這一位曾替約翰・沃爾芬森爵士（Sir James Wolfensohn，於一九九五年至二〇〇五年擔任世界銀行行長）工作的哈佛商學院畢業生，稱譽葛拉漢為「歷史上最卓越的經濟學家」之一。藉由引用中國央行行長近期大力鼓吹使用可以「與單一國家匯率脫鉤」及「能夠保持長期匯價穩定」的一種新式儲備貨幣，艾倫試著告訴臺下的優秀聽眾：「這些想法與葛拉漢於一九四四年出版的著作《世界商品與世界貨幣》不謀而合。」可以確定的是，如果這樣一個國際貨幣提案真的被執行（因為中國的堅持或其他原因），然後再採用葛拉漢著作當中的細節當作模型，那麼，葛拉漢在一九六五年預測後人會記得他所提出的最重要貢獻是「商品儲備貨幣計畫」，這樣的看法可能會因此成真了。

第十一章

來自奧瑪哈的青年學子

當我訪問一百零六歲的厄文・卡恩這位葛拉漢的忠實朋友、合夥人暨終生「擁護者」（巴菲特也是其中之一）時，他說出最引人矚目的一段話：「班傑明・葛拉漢依然是初學者以及高階學生的投資分析之父。」

信奉葛拉漢財務分析法的高段班學生、未能躬逢其盛親聆葛拉漢演講者，通常會透過《證券分析》一書的詳盡解說來學習「投資教父」的智慧。這本原始的價值投資「聖經」，為葛拉漢與陶德在一九三四年合著。然而，這本經典著作的深入程度及用字遣詞，並不適合未受過全職投資專家之訓練的「入門者」，但適合擁有足夠的可支配所得及空檔，可藉由應用葛拉漢的投資原則而受惠的獨立投資人。

——將「價值」帶給社會大眾：智慧型投資人——

厄文．卡恩及羅伯特．米奈在一九七七年給葛拉漢的謝詞中寫道：「葛拉漢認為有需要讓精明的業外人士關注他的投資方法，遂於一九四九年寫了《智慧型股票投資人》一書。」或者，就像巴菲特對這本書的描述：「當然，葛拉漢撰寫《智慧型股票投資人》時，他想要寫的是對社會大眾有用的東西，不只是為了少數人。他想盡辦法要讓愛達荷州波卡特洛的牙醫，或德州奧斯丁的律師都能運用他的投資方法。」一九四九年哈波與羅氏公司（Harper & Row）出版的《智慧型股票投資人》，成為葛拉漢兩本永恆的經典之一。

《智慧型股票投資人》的歷久不衰並不難了解。這本書的目標讀者是「精明投資人」，而非金融圈人士。它減少了《證券分析》中的技術用語，以更偏向對話的風格來傳授葛拉漢完整的選股原理。此外，為了提高此書對一般大眾的實用價值，《智慧型股票投資人》為兩種類型的精明投資人做了重要的區隔：積極型投資者是願意投注時間與心力，選擇健全且具有吸引力投資標的的投資人；防禦型投資者指「對資金安全及不受干擾」會感到興趣的投資人。

此外，此書充分了解精明投資人特別容易脆弱的行為弱點，誠如下面這段引自一九四九年版本的話所示，它強調了重要但經常遭到忽略的投資心理層面：「要同時具備機警與理性這兩種特質，區別成功投資人和投機分子的差異是愈來愈困難了，有智慧的投資是勝在心理素質而非技巧。」換句話說，適當的心理架構（同時具備機警與理性）取代了更技術導向的價值投資。所以，《智慧型股票投資人》裡的「市場先生」，便以非專業投資人容易理解的角度，強調重要的心理歷程。

《智慧型股票投資人》首次出版後已經過數十餘年，巴菲特表示：「一九五〇年初我拜讀此書的第一版，那年我十九歲，當時我認為它是談論投資最好的一本書，至今我仍然這麼認為。」由於《智慧型股票投資人》是巴菲特初次完整認識葛拉漢——至少在聰明才智方面，因此我請巴菲特評論對這本書的最初反應，以及這本書對他傳奇投資生涯的長期影響：

這本書合乎邏輯。我的意思是說，我十一歲那年就讀遍「奧瑪哈公共圖書館」所有的投資典籍，而且幾乎每一本都是反覆琢磨。你也知道，我父親是國會議員，因此我可以自由進出國會圖書館。可以說是父親給了我各式各樣的書——我讀得興致盎然，並試過各種投資理論。就在那個時候，我讀到《智慧型股票投資人》，這本關於投資的書使我豁然開朗，自此成為它的信徒。要是沒有接觸到這本書，我的人生將會全然不同。誰曉得會變成怎麼樣？不過，可以肯定的是，我的人生際遇絕對大不同……，也許我的身價會少掉好幾個零吧！

─來自核心地帶的價值投資學派傳人─

當然，讀《智慧型股票投資人》一書，不僅成為巴菲特人生中決定性的一刻，後來的事件也證明，此書更是葛拉漢的人生與遺澤獲得傳承的關鍵時刻。檢視這兩個傳奇人物的人生事蹟，我們會發現很多令人驚訝的相似之處，共同形成他們最後似乎不可避免的「交集」。表面上，這位在美國中西部土生土長的新教徒及共和黨國會議員之子，和出生年代相差三十五年的新移民、華沙首席拉比的曾孫，似乎來自完全不同的世界。不過，更深入來看，這兩位價值投資界的巨擘，其出身與成長經驗都有一些顯著的雷同。

巴菲特的胡格諾派（Huguenot，法國新教徒）祖先以儉樸和創業能力聞名，有些猶太人同樣具備這些物質。一八六九年，巴菲特的曾祖父在內布拉斯加州的奧瑪哈創立「巴菲特雜貨店」（S. H. Buffett Grocery Store），後來在巴菲特祖父的經營下，發展成非常成功的「巴菲特父子雜貨事業」（Buffett & Son）。

巴菲特的傳記作家洛溫斯坦表示，雖然霍華・巴菲特（Howard Buffett）「沒興趣當第三代雜貨商」，但是他在其他產業成為非常傑出的企業家。當然，葛拉漢的父親和祖父也是成就斐然的企業家。此外，霍華・巴菲特是知名的虔誠教徒（長老教會）；在《股市大亨》中，特雷恩形容老巴菲特是「崇拜彌賽亞的極端保守分子」。葛拉漢的父親艾薩克也是信仰虔誠的人，他堅定的宗教信仰是出了名的。

另一個有意思的相似之處，就是巴菲特和葛拉漢從小就遭逢降臨在兩家的厄運。當葛拉漢一家因為艾薩克之死而在一九〇三年淪為貧戶時，巴菲特家族則因為受到經濟大蕭條的直接衝擊，於一九三一年陷入財務危機。在一家銀行擔任證券銷售員的霍華・巴菲特，當公司破產時，在厄運來臨的同一天同時賠掉工作和一家人的積蓄。在一九三三年美國聯邦存款保險公司（FDIC）成立之前，存款人必須自行承擔銀行倒閉的損失。幸好，霍華後來成立了證券經紀商和家畜飼料公司，在短短幾年內，巴菲特家裡嚴峻的經濟困境似乎已成為遙遠的過去。

然而，誠如洛溫斯坦所述，這些經歷對年幼的巴菲特，留下了深刻而永恆的印象：「巴菲特懷著變成超級有錢人的堅定信念，從第一次困苦的歲月中站起來。他不到五歲便萌生致富的想法，從此以後，他幾乎無時無刻都在思考這件事。」

和葛拉漢的童年遭遇相仿，巴菲特在成長過程中親身經歷過貧困，強化了後來奠定他一生的兩大關鍵特質：鋼鐵般不可動搖的致富意志，以及只有嘗過貧窮之苦的人才能完全體會、對真正價值的鑑賞本能。

一九八〇年代末期和一九九〇年代初期，巴菲特成為億萬富翁的很久之後，曾任職於奧瑪哈當地一家通用汽車經銷商的計程車司機告訴我，因為大冰雹造成車子表面受損的關係，當經銷商宣傳大降價時（不過沒有一輛是高級車），全奧瑪哈市愛撿便宜的人都跑來搶購，包括巴菲特本人！巴菲特向我證實了這則傳聞的真實性，不過他澄清去找經銷商的其實是他女兒，她是代表巴菲特去買車的。

說到致富的意志，就像葛拉漢年輕時就賺到巨額的財富，巴菲特也不遑多讓，儘管巴菲特採取的是比較偏向創業的模式。透過異於常人的勤奮和創造力，巴菲特把別人眼中只是普通的華盛頓特區送報路線圖，變成令人驚訝的賺錢事業。就像洛溫斯坦說的，巴菲特才十四歲時：「每月就賺一百七十五美元，這是當時很多年輕人的全職薪水，而且他把每一毛錢都存下來。」同年，巴菲特開始啟動他的投資事業，在他的老家內布拉斯加州買下四十英畝的農地。

兼具賺錢的意志和尋找價值的本能，是巴菲特為什麼對「安全邊際」、「內含價值」和天性謹慎的葛拉漢在《智慧型股票投資人》和《證券分析》提出的其他「價值福音」觀點，接受度如此之高的原因。但是，巴菲特在應用葛拉漢的投資原理時，之所以能夠大放異彩的原因，其實是他卓越的智力——另一個和他導師的共同特點。

事實上，洛溫斯坦描述巴菲特的青年時代，跟葛拉漢可說是如出一轍：「巴菲特是有名的書蟲，在街坊鄰居的眼中，大家都公認他擁有過目不忘的記憶。」同樣地，葛拉漢的兒子巴茲告訴我，他第一次發現父親的記憶力有多麼驚人的情形：「有件事使我大吃一驚。我高中選修拉丁文時，有一次父親問我『你在讀什麼？』我告訴他，我在讀西塞羅反對加帝藍的第一次演說稿。他馬上憑著記憶，用拉丁文逐字背誦出來，全文約三頁，背得一字不差。」

另一個重要的相似處是，跟葛拉漢一樣，巴菲特擁有非凡的數字能力。基爾派翠克（Andrew Kilpatrick）在《永恆的價值——巴菲特傳》（*Of Permanent Value: The Story of Warren Buffett*）一書提到：「他（少年巴菲特）會在教堂計算聖歌作曲家的壽命，來了解信仰感召是否能讓他們更長壽。巴菲特的結論是：沒有差別。」巴菲特和葛拉漢除了同樣對數字著迷之外，根據基爾派翠克記載的趣聞軼事，也說明他們迷人的相似之處：兩人都是剛烈的獨立思想家，儘管出生在信仰保守的家庭，但後來都成為崇尚政治自由及不恪遵宗教規矩的人。如前所述，這種獨立性及經常需要逆向操作的決策智商與情感能力，是成功價值投資的核心要素。

不過，不像葛拉漢和他對廣泛學科、語言等文藝復興式的著迷，巴菲特從年幼開始，就把他強大的智力能量傾注於投資。他八歲開始閱讀投資書，而且像前面提過的，巴菲特十一歲就讀遍奧瑪哈公共圖書館各式各樣的投資典籍。巴菲特傳記作家舒德（Alice Schroeder）表示，巴菲特才十歲大，就讀過一九二〇年代末期北方油管公司的故事：「他那時還搞不清楚班傑明・葛拉漢在投資界的地位。」後來巴菲特更是孜孜不倦地飽覽國會圖書館更大規模的館藏。

此外，少年時期的巴菲特，除了其他財經刊物之外，也是《華爾街日報》的忠實讀者。到一九五〇年，巴菲特已經在相關領域獲得受人敬重的正式教育——最初他在賓州大學華頓商學院攻讀財務與商業，後來在內布拉斯加州大學完成大學文憑。因此，巴菲特讀《智慧型股票投資人》雖然只有十九歲，但或許已經和當時許多投資金融圈的華爾街老手同樣博學多聞了。

—「我的頂尖名師」—

就像巴菲特在舒德的《雪球：巴菲特傳》（*The Snowball: Warren Buffett and the Business of Life*）所述，他向哥倫比亞商學院（當時的副院長和入學申請審查者，正好是《證券分析》一書的共同作者陶德）提出的申請文件有點與眾不同。不過，那反映出巴菲特讀了《智慧型股票投資人》和《證券分析》之後，他對葛拉漢（和陶德）的敬畏程度：「我大致是表示，我剛好在奧瑪哈大學發現貴系手冊，簡介上說您和班傑明・葛拉漢是指導教授，過去我以為您們只在奧林帕斯山的聖地笑望眾生，而今假如我有幸得入寶山，我願追隨左右。」當然，從遠處遙望葛拉漢的巴菲特，在見到本尊之前，不免有一些理想性的想像。

一九八〇年代中期，巴菲特告訴奧瑪哈的記者，頭一次讀到葛拉漢的著作時，他有一種醍醐灌頂的感覺，「就像聖保羅在前往大馬士革的途中，受到神的啟示而皈依基督教那樣。」後來，成為葛拉漢哥倫比亞大學的學生時，巴菲特很快就發現，葛拉漢不只是優秀的作家、理論家和投資人，他也是傑出的理念傳播者。實際上，巴菲特在一九九五年寫給波克夏・海瑟威股東的信中說：「上班傑明的課實在是一種享受。」

當我探詢葛拉漢的教學方法有何特別與有趣之處時，巴菲特告訴我：

在（葛拉漢的）課堂上，他總是用當時觸手可及的各種可能投資工具來舉例。另一方面，他善於運用想像力，以虛構情境的方式來闡述重點。有時他會以A公司和B公司為例，兩者的投資機會看來大不相同，到最後他才揭露，其實A公司和B公司是歷史上不同時間點的同一家公司，以諸如此類的方式，他總是有巧妙的辦法讓課程引人入勝。此外，他也是一個討人喜愛的人，這個特質對當老師的很有幫助。因此，你會覺得他對人總是掏心掏肺，我從他身上學到很多為人師表和投資的道理。

巴菲特是唯一一個在葛拉漢手上獲得A+的學生，他們彼此惺惺相惜。魯安（巴菲特在哥倫比亞大學的已故同學）向基爾派翠克形容葛拉漢和他的明星學生之間衝撞出的化學反應。「火花四濺，」魯安回憶道，「那時你就看得出來，他絕非泛泛之輩。」不管在葛拉漢的課堂內外，巴菲特都很積極掌握每個學習機會，不僅止於教授的投資方法，還有教授的為人處事。就像《班傑明・葛拉漢的價值投資》一書作者羅威（Jonet Lowe）的觀察：「巴菲特感興趣的，不只是投資分析方法，他也對葛拉漢的個性深深著迷。」他得知葛拉漢是 GEICO 保險公司董事長的後續行動，就是青年巴菲特崇拜這位新教授的最佳例證。巴菲特不只深入研究 GEICO（當時 GEICO 並非高知名度的企業），更從紐約搭火車直奔這家公司位於華盛頓特區的總部。

幾年後與巴菲特交好的薩奈特醫生，以輕鬆愉快的語調，告訴我接下來發生的事：

> 有一個關於巴菲特前往華盛頓特區 GEICO 總部的小故事。那天是星期六，巴菲特在不抱期望有任何人在的情況下敲了門……，終於，有一個清潔工開門問道：「有什麼事嗎？」巴菲特回答：「我只是想找這家公司的人談談。」清潔工聽完回答：「現在只有戴維森在。」戴維森（Lorimer Davidson）是 GEICO 的總裁或副總裁（戴維森當時擔任財務副總，後來升任為總經理）。巴菲特說：「沒關係。」然後和戴維森進行了一個下午的愉快談話。

就像戴維森向洛溫斯坦透露的，他對面前這位求知欲旺盛的大學生印象非常深刻：「我們交談十五分鐘後，我就知道我正在跟一個奇葩談話。他問的都是具有深度和高度智力的問題。」不過，戴維森或許萬萬沒想到，眼前這個優秀的年輕人，後來竟然會全面接管 GEICO！

同樣地，巴菲特獲悉葛拉漢投資「馬歇魏爾斯公司」（Marshall Wells，空調與通風設備經銷商）之後，馬上夥同年輕的「葛拉漢幫」——史丹貝克（Fred Stanback，巴菲特同班同學）和許羅斯（「葛拉漢—紐曼公司」的年輕員工）參加該公司的年度大會。這幾個人加上魯安、瑞普（Tom Knapp）、溫伯格（Marshall Weinberg）及其他人士，共同形成一個以傾慕葛拉漢及其高度有效的選股方法為核心的強大社交圈。如洛溫斯坦所述，這個新成立的葛拉漢粉絲團「起初以部落形式開始，然後受到機智、討喜及比自己領先一步的巴菲特的吸引而集結在一起。」在最成功的一批價值投資信徒當中，後來有些人發展出長久的友誼，儘管各人的投資方法各有巧妙不同，但他們都同意，自己得遇葛拉漢這位名師是何其幸運。

哥倫比亞大學畢業時，巴菲特卯盡全力說服他最喜愛的教授僱用他到「葛拉漢—紐曼公司」任職，甚至不拿薪水也無所謂。以巴菲特頂尖的學業表現及他和葛拉漢相處融洽的關係，當恩師拒絕僱用他時，他一定感到既洩氣又錯愕。厄文‧卡恩向我解釋箇中緣由：

> 巴菲特想為班傑明工作，但班傑明不願僱用他，他說原因並非巴菲特欠缺經驗，而是他傾向給猶太青年機會，因為他們經常受到歧視。但是後來，班傑明還是改變主意，給了巴菲特一份工作。

從二十一世紀的觀點來看，起初葛拉漢以巴菲特並非猶太人為由，拒絕僱用這位內布拉斯加州的青年，似乎非常不可思議。毫無疑問，這是公然的歧視。不過在批判葛拉漢的決定錯誤之前，了解一九五〇年代初期華爾街相對緊張的種族動態是很重要的。在前花旗集團總裁桑佛德・威爾（Sanford Weil）的傳記《金融霸主》（*King of Capital*）中，作者解釋，威爾之所以會成立他的第一家公司（Carter, Berlind, Potoma & Weill），主要是因為猶太人（尤其是比德裔猶太人更弱勢的東歐猶太人）受到某些「貴族血統」的華爾街公司排擠：

> 一九五五年，當威爾大學畢業後進入華爾街四處找工作時，比較守舊的公司仍緊握權柄，不給外來者機會。即使遲至一九六一年，威爾自己成立公司一年後，年輕的經濟學家考夫曼（Henry Kaufman）拒絕了美邦證券公司（Smith Barney）一份人人稱羨的職務，因為有位老師警告他，由於宗教信仰的關係，他不可能升到資深管理階層的位子。

雖然葛拉漢有向他的明星學生解釋自己做此決定的前因後果，但無論如何巴菲特可能是感到受傷的。就像《雪球》作者舒德的評論，儘管葛拉漢的決定「肯定令人大失所望」，但是「即使過了數十年後，巴菲特發覺自己還是說不出任何可能被解讀成批評葛拉漢的話。」而且，巴菲特並沒有因此自傷自憐，反而選擇將葛拉漢起初的拒絕視為一時的挫敗，並竭盡所能克服它。回到奧瑪哈之後，這位新科哥倫比亞大學畢業生持續和葛拉漢通信，甚至還會向葛拉漢提出具體的投資機會建議。最後，長期的書信往來收到了預期效果。一九五四年，葛拉漢被他學生卓越的分析能力所打動（巴菲特的不屈不撓可能也有關係），他終於心軟了。巴菲特再度回到紐約，投入「葛拉漢─紐曼公司」麾下成為全職員工，終致躋升為舒德口中所說，葛拉漢─紐曼公司旗下的「金童」。

巴菲特加入葛拉漢—紐曼公司的時候，他已經和蘇西（Susie）共結連理。那年年底，這對年輕夫妻生下大兒子霍華·葛拉漢·巴菲特（Howard Graham Buffett）。第一個名字「霍華」是紀念巴菲特的父親，中間名當然就是向葛拉漢致敬。巴菲特在二〇〇九年的一部影片中，回憶他在葛拉漢—紐曼公司時期及葛拉漢的慷慨大度，提及自己私下和葛拉漢的互動，欠他的恩情「永遠還不清」：

嗯，你總是覺得他一直在為你付出，而且很難想到什麼好辦法回報他。當我的大兒子出生時，他送我們各式各樣的禮物；當他知道我太太愛跳舞，但我卻沒有什麼表示時，隔天我就發現有一張亞曼瑞舞蹈課的禮券躺在我桌上。當他給你某樣東西時，無論是智識或物質方面，他從來不期望收到任何回報。我實在想不到該怎麼報答他，所以，我欠班傑明的恩情，是永遠還不清的。

薩奈特醫生表示，與此同時，蘇西·巴菲特這個他形容為「相當令人喜愛的人」，也和葛拉漢的妻子艾絲提建立了友誼：「巴菲特為葛拉漢工作時，艾絲提便特地幫忙那時育有一子的巴菲特一家。艾絲提是一個樂善好施的人，她對蘇西非常友善。」據巴菲特表示，雖然他與葛拉漢一直相處融洽，如他所說「葛拉漢對我好到不能再好」，但是他們的個人情誼，要等到幾年後巴菲特到加州拜訪葛拉漢一家，才真正開始熱絡起來。

―好日子又回來了嗎？―

表面上，一九四〇年代末至一九五〇年代初，似乎是葛拉漢一生最幸福順遂的時期。在家庭生活方面，他娶了一個溫柔賢淑的女人，和她生了一個健康快樂的小孩，而他的大女兒和二女兒也有好歸宿，而且葛拉漢似乎很享受同時身兼父親和祖父的身分。

在專業方面，葛拉漢撰寫並出版了最成功的書，而葛拉漢—紐曼公司的業務也蒸蒸日上。根據葛拉漢—紐曼公司當時的股東信，一九四六年一月三十一日至一九五四年一月三十一日這段期間，公司的資產淨值成長了百分之七十五。要釐清的一點是，這個成長率主要是經由資產管理創造出來的。就像葛拉漢在一九五五年說：「公司賺的每一塊盈餘幾乎都派發給股東了，因此在某種意義上，我們的資產現值非常接近保留盈餘。」

還有，就在一九四九年，接受了當時已是股東及潛在投資者的指示，葛拉漢及傑若米利用籌設一家獨立的合夥企業，來達到擴充營運目的。雖然實際上紐曼及葛拉漢的有限合夥公司需要投入困難度極高的五萬美元，以作為最低投入資本，結果該公司的初始資本竟然衝高至二百五十萬美元。此外，這兩位合作夥伴最成功的一筆投資案，就是買下蓋可百分之五十的股份（細節已在第六章討論過），同樣發生在這個時期。上述這些發展都讓葛拉漢個人賺了不少錢：在一九五四年，僅計算葛拉漢—紐曼公司的獎金部分，也就是說，還不包含來自身為有限合夥人的薪酬，他就賺到將近八萬七千美元，以二〇一一年的物價計算，為將近七十一萬美元。除此之外，葛拉漢仍然持續投入專業見證人的工作，並且從中賺取可觀的收入；還有，來自出版書籍的權利金也日漸增加。

就像是一個驕傲的父親，葛拉漢也正在享受見證一個新的職業和認證系統的成長，而在創建的過程當中，他扮演了不可缺少的重要角色。最佳範例，就是他在新近組成的「國家聯盟財務分析師協會」（National Federation of Financial Analysts Societies）發表了一篇演說，名為「朝向證券分析科學化的路程」（Toward a Science of Security Analysis）。這篇演說的內容帶有十足的葛拉漢式風格，不但有先知的色彩（他幾乎可以確定這個行動最終將會發展為一個成熟的職業）、博學多聞，而且非常細心。他在對第五屆年度會議參加者的演講，做出以下帶有希望色彩的結論：「證券分析可以開始適度、但充滿希望地，讓自己的行業變成科學化訓練。」

慈善事業也開始在葛拉漢的人生當中占據更重要的分量。可以肯定的是，慈善事業的付出是葛拉漢一生當中努力追求的方向：一九二六年五月有一篇刊載於《紐約時報》的文章，內容是關於「波蘭裔猶太人亟需你的幫忙」的募集資金宣傳活動，便列舉「班傑明・葛拉漢」為其贊助者。此外，一九六五年，葛拉漢和他兩位哥哥一同募集資金，為非洲裔的美國浸信會教友，在康乃迪克州重建曾在大火中燒燬的教堂。在一九五〇年代初期，葛拉漢覺得自己的事業已比先前有成就，於是他開始投入更多時間從事慈善活動。自一九五一年至一九五三年，葛拉漢身兼猶太盲人公會（Jewish Guild for the Blind）的總裁。葛拉漢原本想在餘生當中繼續為這個組織奉獻，不幸的是，在上述這些正面和積極的發展過程當中，葛拉漢即將被一個可怕的悲劇打擊。

—任性的孩子—

當小牛頓的父母離異時，他還是個九歲大的孩子，他的舉止行徑有些異於常人，而且在他的父母婚姻尚未生變之前，小牛頓就有精神方面的問題。然而，父母解除婚約似乎進一步加劇了他精神方面的疾病，而且似乎更加傾向與人疏離。這個問題也讓他和父母之間的關係變得更加複雜化。

一九五三年初，進入韓戰爆發以後的最終階段，小牛頓被徵召入伍。根據葛拉漢的生平傳記，以及在一九九六年出版的回憶錄書本後面附加的遺物，都把葛拉漢的第二個小孩描繪成「韓戰老兵」。但是根據其他資料來源，最有可能的情況就是小牛頓在到法國服役前，先被送到西德的美軍基地接受訓練。事實上，軍方可能未考慮「喜歡獨處的牛頓」，是否有足夠健全的身心條件擔任戰鬥角色。官方或許特別將他部署在非戰鬥角色或是其他戰區；又或者，即便他本人傾向遠赴「半島戰場」，最有可能的情況是，當他完成在德國接受的軍事訓練，韓戰已告結束。

不論任何情況，葛拉漢都值得稱許，因為他打從一開始，就擔心自己兒子服兵役的問題。葛拉漢充分了解小牛頓復發的精神疾病史，不論是否有牽涉到與敵人的肉搏戰，葛拉漢都很替他擔心，不知道他的兒子該如何回應社會化以及紀律甚嚴的軍隊生活。

然而，軍令如山，而且看起來小牛頓本人似乎也沒有奮力反對入伍服役。因此，在一九五三年，為了展現對即將入伍的兒子和兄弟在精神上的支持，小牛頓的家人選擇在曼哈頓奢華的華爾道夫大飯店，為他舉辦了一場歡送晚宴。這場宴會的參加者，包括了這位新兵最親密的每一位家庭成員，亦即他的父母親及姊妹們全部到場，還包括了艾絲提、海柔爾的第二任丈夫、瑪喬里和伊蓮的丈夫，以及其他若干人等。不幸的是，事後看來，那一場晚宴其實更像是一場道別晚會。

就像他父親擔憂的一樣，小牛頓，這位在家族中罹患社交恐懼症以及心理高度敏感的「異類」，並沒能適應軍旅生活。根據推測，透過信件往返及電話追蹤，葛拉漢得知兒子身陷嚴重的情緒不穩定。在當下，他必定會一直擔心小牛頓自我了斷的可能性。根據羅威的紀錄：「班傑明開始有所警覺。他寫信給政府官員，盡其所能幫助小牛頓解除軍職。」

悲劇發生了，當葛拉漢在一九五四年接到小牛頓自殺的訊息，其內心最深層的恐懼終於成真。一聽到兒子的死訊，葛拉漢立刻動身前往法國。當他一邊整理小牛頓在法國的生活及遺物之際，葛拉漢遇到了瑪莉・露薏絲（Marie Louise）——他小兒子之前的愛人，當時她約莫四十歲。可能是這次與「瑪露」（Malou）（瑪莉・露薏絲的暱稱）的初次巧遇，促使了後續的書信往返，之後兩人才發展出一段事前料想不到的關係！

也許是因為第二個兒子自殺所帶來的嚴重痛苦及難堪，葛拉漢在他的回憶錄中，對於小牛頓的行為失序呈現異常的保護態度（令人好奇的是，對於小牛頓的自殺卻是隻字未提）。在提出小牛頓所遭遇困境的一連串可能理由之後——「偶爾我們會責備自己，就是因為把他的名字取得跟第一個小孩一模一樣，而且一開始便努力認為他是長子投胎回來找我們」——葛拉漢不同意其他人的講法，並且堅稱「那單純只是小牛頓與我們夫妻倆的不幸事件，使得他出生以後就注定變成這個樣子。」

然而，就像許多在其自傳裡面的部分情節，我們有時候會產生一種印象，當葛拉漢在回憶某些特定的人或事件之際，那些回憶所透露的其實是他的良知該有的，或他相信自己「應該」做的。因此，葛拉漢對這些事情的反映，不見得每次都是內心最深層的想法與信念。

舉例來說，葛拉漢寫道：「我覺得自己不需要在情感上對我所出身的猶太裔血統付出太多。」即便如此，他自己也坦承，事實上，他一開始還是拒絕那位唯一在他的課堂上拿到A+

的學生進入他的公司工作，理由是他擁有必須對猶太同胞負責的情感。從葛拉漢的日常生活當中可以看出，還有其他一些事例似乎也與上面的陳述有所違背。然而，我並不相信當他在回憶錄裡寫下這些論述或其他文字的時候，葛拉漢是有意扯謊。反而，我相信這些文字反映了一個可能性，就是先前的「班尼・葛拉斯本」可能在潛意識裡，覺得自己的猶太人身分與本身的認知產生了衝突。

—時代的終結—

下一個年度，也就是一九五五年，在葛拉漢的人生當中，可說是變化無常的一年。他的兒子巴茲告訴我關於全家遷至加州的故事：「我知道我們全家人先搬到這裡幾個月，其實是想先住住看能否適應。我們先住在比佛利山莊一個學期，接著在下一個年度（一九五六年），我們又有正當理由進行搬遷。」可見得在一九五五年，葛拉漢必定花費了至少好幾個月（一個完整學年的一半），在洛杉磯準備即將在加州開始的半退休生活。其他在該年度有關葛拉漢的人生當中值得一提的事件，也同樣發生在紐約市以外的地區。在三月十一日，葛拉漢受邀前往華盛頓首府，在美國參議院的銀行與貨幣聽證委員會之前進行作證。

根據有關於這個時期銀行與貨幣委員會的歷史政府資料，標籤為「一九五五年元月至五月」的檔案，當時委員會是由參議員福布萊特（James William Fulbright）擔任輪值主席，而該次聽證會目的描述如下：「委員會特別關心，隨著融資交易、投機、股權委託書制度、投資顧問的盛行，大型機構法人（例如退休基金）以及應用現存法規來交易櫃臺買賣股票的種種行為。」

葛拉漢在三年之後又被國會再次召喚，以深入進行有關證券業的專家聽證會。事實上，葛拉漢是國會議員心中可以諮詢此類證券事務的專家，明顯反映出他的社經地位已躍升至多高的水平。那一次也是讓他為自己和傑若米・紐曼經營的投資事業自開業以來，一直持續保持職業道德與遵守法律行為的作證機會。葛拉漢已經成功地在華爾街執業超過四十年，而他的名字從未與任何汙點沾上邊。

到了一九五六年，葛拉漢覺得該是從證券事業退下的時候了，他決定搬到加州居住，那裡同時住著兩位兄長。據說當葛拉漢及傑若米決定從管理階層退休之際，他們對於管理團隊的接班首選是米奇・紐曼（Mickey Newman）以及巴菲特。前者即將取代他的父親而主管行政，後者就接替葛拉漢的位置而成為該公司的首席分析師。

然而，巴菲特當年首選進入葛拉漢—紐曼企業服務的主要動機，其實只是想要掌握能夠與葛拉漢在一起打拚的工作經驗。隨著「班」（巴菲特如此稱呼葛拉漢）的離開，巴菲特也看不到留在那裡工作的理由了，即便是晉升為管理階層。此外，那個時候他也開始懷念起故鄉奧瑪哈。

隨後章節將討論的重點是，巴菲特以及葛拉漢的其他學生，應用葛拉漢的選股準則並將其發揚光大，使他們變成投資界「最耀眼的光芒」。

第十二章 價值投資門徒遍及全球

應用科學在近幾個世紀以來出現的偉大進步（例如電力學、航太科學），皆幫助西方世界文明生活水平出現不可限量的提升。在這些卓越的一系列實體科學進步背後，至少有某部分的動力是源自於偉大的英國思想家及政治家法蘭西斯・培根爵士（Sir Francis Bacon），以及其他同屬那個年代而給予我們現代化科學方法的先人。在採用這些科學化方法之前，新的想法通常會被接納的理由，都是因為它們似乎是有邏輯地追隨其他的想法，而這些其他的想法依序看來也是符合邏輯的。

就像培根爵士知道，在這些含糊未定的結論背後有多少主觀的成分（「人們寧願相信容易相信的事情」），因此他堅持，驗證一個想法是否具有正當性的唯一客觀「權威」，就是提出符合經驗主義的證據。如果不符合，那麼這個想法必須經過不斷的修正，直到符合上述條件為止。這就是實驗科學的基本前提，自從實驗科學這個名詞出現後，它便成為「現代科學」的同義詞。

不像一些其他的投資「假說」，價值投資法的正確性，可以用科學化的方法獲得證明，並不需訴諸培根爵士所謂的「大眾想要的科學」去證明。雖然投資學在本質上不算是物理科學，但它也不是一種抽象的學科。投資結果可以用具體的術語來測量，而且很少人會不同意，整體報酬相較於「平均」大盤表現，是市場觀察者最中肯的測量辦法。如同葛拉漢的希望，價值投資學派數十年來的「經驗主義證據」（即績效數據），已經證明他的投資方法，能夠禁得起現代科學方法的嚴苛考驗。

格林瓦德（Bruce Greenwald）博士是哥倫比亞大學的財務學教授及「葛拉漢&陶德投資研究中心」（Heilbrunn Center for Graham and Dodd）主任，他聯合了幾位作者如賈德．卡恩（Judd Kahn）、桑金（Paul Sonkin）以及拜瑪（Michael Van Biema），在二〇〇一年共同寫作出版了《價值投資：從葛拉漢到巴菲特再到超越》（*Value Investing: From Graham to Buffett and Beyond*），其中寫道：「一個理論最好的證明就是結果。過去的績效證實價值投資策略是有效的。經過長時期的考驗，價值投資比主要的其他投資法以及整體大盤，更能創造優異的回報率。」注意，「經過長時期的考驗」這句話很重要，因為如同以下的說明，我們會發現有好幾段時期，即便是某些最成功和最受推崇的價值基金經理人，操盤表現皆有可能不如大盤。

之所以會有這種現象，是因為一個重要的事實：廣大的（包含非價值投資者）投資管理產業是受到短期績效的激勵——這裡指的是管理團隊的薪酬獎金以及客戶的預期。如同投資顧問和廣播人威士頓（Gabriel Wisdom）在他的智慧結晶《價值投資智慧》（*Wisdom on Value Investing*）一書提到：「極度關注短期績效的結果，成為投資經理人的壓力，使他們忽略了企業長期經濟表現，而僅在乎短期市場行為。」這樣的聚焦結果通常可以成功創造卓越的短線績效。然而，就像一個短跑選手在整個賽程中的一小段路程內，可以輕易地超越馬拉松選手，但是這樣只會削弱他跑完全程比賽的耐久度。

同樣的道理，追求短線績效的基金經理人，通常會乘著短線投資的「浪潮」，犧牲「未來」的可能績效，以求在「當下」擊敗競爭對手。「英國倫敦政治經濟學院」（**London School of Economics and Political Science**）發表了一份研究報告，其結論是「沒有耐心等待投資成果，或是沒有能力或意願去承擔基本面分析的辛苦工作，以便找出便宜股票的經理人，將會利用市場動能來操盤。事實上，就短期表現而言，動能投資法通常會享有最好的賭注結果。」

當然，市場上還有一種基金經理人，為了因應客戶壓力與投資理念之間的矛盾與衝突，遊走於在這兩個投資方法之間。這種混合型作法所牽涉到一大堆的「投資活動」，都會被葛拉漢定義為「投機」，並不能算是價值投資學派。就像我們在前面的章節所述，葛拉漢年輕的時候曾經受到誘惑，選擇放棄自己的謹慎投資原則，去投資當時市場的「熱門股」——賓州薩沃德輪胎公司。儘管身為價值投資理論之父，而且還是最始終如一的實踐者，葛拉漢晚年了解到，他早年那些表面上的「投資活動」，完全屬於投機（典型的投機行為會招致災難性的結果）。對葛拉漢而言，就是那些例外的失敗才能證明他的價值準則無誤。然而，當投資經理人更習慣從事這種「投資活動」，先前用基本面導向之價值投資所帶來的好處，很快也就會跟著煙消雲散。

同樣的態勢也可在〈奧瑪哈智者如何擊敗華爾街〉（*How Omaha Beats Wall Street*）一文得到印證。這篇具有吸引力的文章，一九六九年刊載於《富比世》雜誌，文中向全國讀者介紹了葛拉漢的明星門徒所創造出來的投資現象。這篇文章評論說，許多人不像巴菲特那樣堅定不移，據說還是有價值投資者，在一九六〇年代由科技股帶動的「泡沫」當中，背離他們的投資準則而誤入歧途（從投資觀點來看，這個情況很明顯地與近年發生的「網路泡沫」相似——炙手可熱但毫無獲利內涵的初創公司、瘋狂的本益比倍數，以及最後導致輕率的投資人蒙受巨大的投資損失）：

有很多年輕的基金經理人，在六〇年代初期一開始和巴菲特擁有相同的投資理念，但是後來在瘋狂追逐熱門股的過程中忘記了這些理念，導致現在的投資績效一敗塗地。然而，巴菲特始終堅守自己的投資準則，他並不會隨眾人去談論尚處於概念中的企業，或是具有話題的股票。他也從不會因為獲利報告結果就進行短線進出，或是去買進他一無所悉的公司。

─嫡系門徒─

跟巴菲特一樣，還有好幾位堅定不移的價值投資人，或多或少也算是直接受教於葛拉漢。以下我們會將葛拉漢的學生分門別類，包括：曾與葛拉漢一起共事或是替他工作的門徒；曾上過葛拉漢在哥倫比亞大學或是紐約金融協會的課程；或是直接由他本人指導過。

必須釐清的是，雖然這些帶有傳奇色彩的投資者，都是充滿智慧地從「葛拉漢及陶德體系」崛起，不過他們每一個人都發展出獨特的投資方法。舉例來說，巴菲特與孟格實踐了著名的價值派大師海格斯壯描述為「聚焦投資」的方法，這樣的選股準則專注於巴菲特所說的「少數表現傑出的企業」，並非全然以計量化的方式選出。當我向巴菲特詢問這個法則與葛拉漢投資法的顯著差異時，巴菲特回應道：

班傑明會認為我現在的作法，用在我自身的投資處境是有道理的。這個方式仍舊源自於葛拉漢，但是它的確包含更多質化層面的評估方式。因為，舉個例子來說，我們管理的資產部位如此龐大，以致於你沒有辦法再輕易找到相對小型的價值錯估股。相反地，我們必須進行相對大型的資產配置，而這會涉及觀察更多的指標，並非全部指標都是量化判斷依據。但是，班傑明會說我現在的作法是合理的，不過他也會表示，這種作法對多數投資人而言困難得多。

如同我們在第六章提到的，巴菲特的好友及先前在葛拉漢—紐曼企業的同事——許羅斯，他就持有規模龐大且充分分散風險的股票投資組合，與巴菲特的「聚焦投資法」形成鮮明的對比。然而，雖然採用不同投資技巧，他們都遵循「葛拉漢及陶德體系」所有嫡派弟子共同信奉的同一套基本選股典範。《價值投資》作者格林瓦德及其同事提出以下的觀察：

經過許多年來，許羅斯及其接班人已管理過不少資金，他們發現自己投資在許多包含大型股、中型股，以及小型企業的不同產業；他們會投資在股價出現過暴跌的企業，也會投資在那些股價緩慢變動但持續滑落的公司。整體統一的選股邏輯，就是他們買進的都是股價被低估的股票。

換句話說，對於許羅斯以及從一九七三年開始承繼其衣缽的兒子——愛德溫・許羅斯（Edwin Schloss）而言，基本的選股準則就是找到具有利基性的企業，其股價與合理價值之間必須有差異，不管那些公司的營運規模、所處產業、管理團隊以及其他條件。

如同巴菲特於一九八四年的觀察，當年他在哥倫比亞大學，以「葛拉漢及陶德體系的超級投資人」為題，為《證券分析》出版五十週年紀念發表演講。巴菲特提到：「他（許羅斯）持有的股票數量遠超過我的持股——而且對於企業的經營本質興趣缺缺。」事實上，當巴菲特讚揚「超級投資人」許羅斯（他是一九八四年那場演講當中，第一個被巴菲特表揚的葛拉漢門徒）的美德時，許羅斯當時持有超過一百檔各式各樣的股票。

雖然與他的投資方式有所差異，但是巴菲特認為這位他在葛拉漢—紐曼企業工作的前同事，屬於「葛拉漢及陶德」投資方法的實踐者之一。畢竟，這兩位投資大師的基礎投資準則具有一致性。巴菲特清楚說明他特別列舉出來的九位超級投資人，雖然各自擁有自己特定偏好的投資觀點，但也擁有共同的投資思維，那就是他們都在投資市場上「尋找企業的價值與當時股價出現落差的投資機會」。

在短暫的考慮之後，我也把孟格在加入波克夏•海瑟威之前的投資績效列入這個族群，因為，透過巴菲特的關係，孟格在這段時期（一九六二年至一九七五年），的確曾經擁有一些與葛拉漢的個人互動經驗，當時的孟格還在管理自己成立的投資合夥資產。我將孟格的投資合夥事業也包含在此次調查範圍中，原因絕對不只是考量其績效（他的績效足為楷模），而是因為孟格事實上被認為受到費爾•費雪的影響較大，而非葛拉漢。

聲譽卓著的投資研究機構——晨星，用以下這句話來概述費雪的投資方法：「建構一個聚焦型的投資組合，買進並長期持有你非常熟悉並具有亮眼成長前景的傑出公司股票。」雖然孟格的確有遵照葛拉漢的「價值折現」投資方法，但是身為費雪的擁護者，他還是會給具有長期競爭優勢的持股較大的股價溢酬，這點和葛拉漢是有所區別的。

巴菲特形容這位波克夏的副董事長，為「葛拉漢及陶德體系的超級投資人」之一。另外，在孟格自己出版的著作《窮查理的普通常識》（*Poor Charlie's Almanack*）一書中，他說葛拉漢是「在查理形成投資觀點的過程中，舉足輕重的一個重要人物」。因此儘管有上述的資格爭議，但是將孟格納入這份調查名單並沒有不合理。

可能會有人反對，說這份嫡系門徒名單是經過我「精挑細選」的，只有極少數的投資人曾經與葛拉漢密切共事或學習過，後來才成立自己管理的基金。但是，如同巴菲特在「葛拉漢及陶德體系的超級投資人」演講中清楚提到的，他「並沒有在數千人當中刻意選出這些人」，我也沒有。值得注意的是，還有其他成功的投資者曾與葛拉漢有過直接聯繫，但他們是否有持續遵守葛拉漢的基本選股原則，卻是有疑問的，像這樣的投資人則排除在這份名單之外。

巴菲特合夥企業、巴菲特合夥企業有限公司，及波克夏・海瑟威

一九五七年至一九六九年，巴菲特合夥企業的兩大事業體（即巴菲特合夥企業本身及巴菲特合夥企業有限公司）——也就是巴菲特現在的波克夏・海瑟威控股公司之前身，因為績效遠遠勝過大盤而異軍突起。在那段期間，道瓊工業指數的平均年報酬率（以複利計算）為七點四個百分點，而標準普爾五百指數均值是百分之十點二二；巴菲特合夥企業的平均年報酬率是百分之二十九點五，而巴菲特合夥企業有限公司的相對數字則是百分之二十三點八。

一九六五年，巴菲特在麻薩諸塞州買下一家名為波克夏・海瑟威的公司。雖然波克夏過去的經營歷史是一家紡織公司，巴菲特卻用更宏觀的角度來看待這個機會。以洛溫斯坦的說法，他對波克夏的定位是「將資金布署在獲利最茂盛之處的公司」。因此，波克夏開始橫跨不同產業買進其他公司的大量股權，這些標的都是巴菲特視為具有吸引力的投資機會。到了一九七〇年代，波克夏・海瑟威永久性地取代巴菲特合夥企業有限公司，成為巴菲特（及後來巴菲特與孟格）的主要投資管道。這些轉變發生在一九六〇年代晚期，其他跟巴菲特有關的公司出現幾年重疊存在的時間。

在波克夏公司二〇一〇年以「波克夏企業對比標準普爾五百指數的績效表現」為標題的董事長公開信中，有一個圖表顯示這家公司從一九六五年至二〇一〇年相對大盤指數的績效表現。這份追蹤將近半個世紀投資活動的績效表，從數個角度來看都非常驚人。在統計期間內，標準普爾五百指數的平均報酬率為百分之九點四，而波克夏的投資績效表現是百分之二十點二。雖然兩者之間績效表現的差距十分明顯，但我們可能會誤判，認為巴菲特、孟格和波克夏的績效，比整體市場的兩倍表現再稍好一點而已。

然而，因為經過長達四十六年期間複利的效果，對於持續作為波克夏的投資人來說，他所享有勝過大盤的投報率遠遠超過上述差距。舉例說明，截至二〇一〇年底為止，選擇在一九六五年投資於標準普爾五百指數的兩千五百美元，已經增值至接近十五萬六千五百五十元。即便是加計通膨後的調整結果，此數據仍足以讓人十分驚豔。然而若在當年把同一筆錢拿來投入波克夏公司的股份，在相同一段時間內，它便會增值成為一百二十二萬六千美元，比起大盤指數的表現還要超出八倍！

四十三個年頭過去了，《富比世》雜誌有一篇標題為〈奧瑪哈智者如何擊敗華爾街〉的文章，證明波克夏公司是動作反應更為敏捷的公司，甚至連那一本八月號的期刊都已經可以猜到會有這樣的績效結果。波克夏公司股票目前的市場總價值超過一千八百億美元，而它所管理的資產規模據估計超過三千七百億美元。

紅杉基金：威廉・魯安

在價值型投資者的社群裡，談到要比「魯安」更有威望的名人，也許只有葛拉漢及巴菲特夠資格。芝加哥土生土長的魯安，在一九四〇年代晚期進入哈佛大學商學院就讀之前，曾經短暫地當過電機工程師。進入哈佛大學以後，有一位教授鼓勵全班學生閱讀《證券分析》這本書。根據《華盛頓郵報》所刊登的魯安訃聞：「雖然當時他對投資股票一無所悉，但是他對於作者葛拉漢及陶德在財務分析所使用的投資方法感到印象深刻。」幾年之後，魯安開始在華爾街工作，他決定選修葛拉漢在哥倫比亞大學開設的課程。如同我們先前所提到，就是在那個地方，魯安親眼目睹他的新朋友巴菲特，和他們共同的英雄——葛拉漢之間互動的火花。巴菲特後來描述魯安早期的職涯發展為「超級投資人」：「自從離開哈佛大學商學院，魯安就跑到華爾街報到。不久之後他便了解自己需要接受完整的商業教育課程，所以他最後跑來選修班傑明在哥倫比亞大學開設的課程。」

從一九四九年至一九六九年，魯安當時替凱德・比伯帝公司（Kidder Peabody，當時相當知名的證券公司）工作，之後才和卡尼夫（Richard Cunniff）建立合夥公司——魯安與卡尼夫，其後才創立紅杉基金。直到二〇〇五年過逝前，魯安都負責管理這一檔以紐約作為根據地的基金投資活動。

相較於大盤，紅杉基金從一九七〇年至一九八四年（就是巴菲特在哥倫比亞大學發表「葛拉漢及陶德體系的超級投資人」演講的那年）的操盤績效，幾乎就跟波克夏一樣優異（部分原因也是因為魯安夠聰明，將大筆資金投入購買波克夏的股份），使人讚嘆不已。紅杉基金的平均年化複合報酬率為十七點二個百分點，相對標準普爾五百指數的百分之十。該檔基金自一九八四年之後的績效仍然十分傑出，但是大體來說，相較於傳奇的一九七〇至一九八四年紀錄，便沒有那麼突出了。

根據一份公告於紅杉基金網站的績效比較圖表，在該檔基金過去四十一年的歷史當中，此基金提供給它的投資人百分之十四點二五的「平均年度總報酬」，相較於標準普爾五百指數的百分之十點三二。回顧當年，就在二〇〇五年他即將過逝的幾個月之前，魯安形容《證券分析》是一本「投資研究最偉大的著作」。我想，沒人會懷疑終其漫長及卓越的投資職涯，魯安一直是葛拉漢及陶德的虔誠信徒。然而，為了彰顯葛拉漢及巴菲特兩人對於價值投資架構的啟蒙貢獻，魯安曾經這樣評論：「葛拉漢寫下令我們投資者稱為《聖經》的著作；而巴菲特則寫出了《新約》。」根據報告統計，魯安、卡尼夫及葛法伯（羅伯特・葛法伯在一九九八年變成合夥人）等人，旗下管理資產已超過一百四十億美元。

推帝與布朗投資合夥企業：瑞普與安德森

瑞普在一九五七年加入這個投資合夥企業之前，曾經是葛拉漢—紐曼公司的員工，而葛拉漢與這家現在更名為「推帝與布朗合夥企業」之間，比瑞普加入這家企業之前還要更早許多年便已發生關聯。如同史威格在《華爾街日報》的專欄中寫到：「從一九三〇年代到一九五〇年代，推帝與布朗——原始名稱為推帝企業——原本就是葛拉漢這位價值投資之父最喜愛的一家證券經紀商。」因此，當瑞普（其後還有安德森的加入），幫助這家公司從券商轉型成為一家以價值選股導向的投資公司，葛拉漢的選股方式對於推帝的「投資文化」而言並不算陌生。如同推帝與布朗公司在官網上公布的訊息：「本公司投資方法源自已故班傑明・

葛拉漢的研究成就。」

在一九五〇年代晚期，推帝企業開始使用合夥人的集資資金進行投資。其後，到了一九六八年，瑞普和安德森（此人也是葛拉漢的信徒，透過瑞普和巴菲特，曾有機會與「大師」親自接觸與學習）一同努力組成一個新企業體。根據該公司網站，推帝企業開始「首次從外部招攬客戶並進行管理資金生意」。從這個時候開始的績效紀錄，就是一九八四年巴菲特在哥倫比亞大學關於「超級投資人」的演講當中強調的數據。推帝有限合夥企業從一九六八年至一九八四年的平均每年複合報酬率為百分之十六，而它的整體平均每年複合報酬率（這裡是將有限合夥企業和其他投資工具的結果合併計算）為百分之二十；在此同期間內，標準普爾五百指數僅提供給投資人百分之七的報酬率。

推帝企業近來有部分基金的投資績效已經沒有那般傑出，雖然這家公司價值基金的績效表現仍舊得以超越標準普爾五百指數，但是勝出的幅度並不大。該檔價值基金（推帝在一九九三年成立）在它過去十八年的操作期間內，替投資人帶來平均年化報酬率百分之八點四的成績。在上述那一段時期之內，標準普爾五百指數平均年化報酬率為百分之七點六八。

然而，大師的門徒（瑞普和安德森）已不再管理基金。就如同某位觀察家在二〇一〇年的評論：「推帝與布朗近期的基金績效表現，已經不若當年瑞普和安德森管理時那般優異。」截至二〇一一年九月三十日為止，從這家以紐約作為根據地的推帝與布朗合夥企業繳交的財報資料顯示，旗下管理總資產規模為一百一十五億美元。值得注意的是，在特雷恩一九八〇年版的經典著作《股市大亨》當中，他提到：「他們（推帝與布朗）宣稱，事實上無論在任何基金規模大小的運作下，只有他們是唯一絕對追隨葛拉漢原始教條的操盤者。」但是這種純粹的投資理念在近年來似乎有了一些轉變。在二〇〇九年，擔任推帝與布朗合夥企業投資董事的韋考夫二世（Robert Wyckoff Jr.），做出以下表示：「目前我們的投資組合混合了高品質股票、巴菲特偏好的企業股票，以及班傑明・葛拉漢偏好的價值被低估企業的股票。」

華特與愛德溫・許羅斯合夥企業

這裡所列舉的葛拉漢「嫡系門徒」，與葛拉漢第一次面對面接觸的時間點，大部分落在一九五〇年至一九六〇年代，而許羅斯卻是眾門徒當中兩名最具智慧的繼承人其中一位，得以在一九三〇年代便開啟與葛拉漢之間的關係。當許羅斯聽聞葛拉漢在紐約金融學院開設晚間課程之際，當時的他正在華爾街擔任券商「跑腿」——負責在不同券商之間傳遞股票憑證以及其他文件。從來沒有上過大學的許羅斯，決定去選修葛拉漢的課程。修習過葛拉漢教授的兩門課程以後，許羅斯接著花了四年時間參加第二次世界大戰；在戰爭期間他還與葛拉漢維持通信。戰後當他回到紐約，許羅斯曾在葛拉漢—紐曼公司服務過好幾年，此後才選擇在一九五五年於紐約創辦華特．許羅斯投資公司。

到了一九七三年，他的兒子愛德溫加入運作以後，該公司也順勢改名為華特與愛德溫．許羅斯合夥企業。整體的基金績效直到一九八四年之前都非常傑出，而且此後還持續擁有非常優異的表現（雖然已不像一九八四年以前那樣出類拔萃）。許羅斯就是波克夏企業董事長巴菲特在一九八四年的演講內容當中，舉例強調的第一位超級投資人，而這麼做的背後是有其原因的。

從一九五六年至一九八四年，許羅斯的基金平均年度複合報酬率為百分之二十一點三，而他的另一檔有限責任合夥人旗下基金的報酬率則是百分之十六點一；而標準普爾五百指數在那段期間的平均年化複合報酬率只有百分之八點四。用另一種角度解釋，在一九五六年投資一千美元於標準普爾五百指數，到一九八四年會膨脹成八千八百七十二美元；同樣地，交付給許羅斯基金一千美元，則可以長大到二十三萬一千零四十七美元！

華特與愛德溫在二〇〇一年將此基金關閉，然而，這支基金在過去四十五年的績效表現，平均年化複合報酬率為百分之十五點三，顯著優於同時期內標準普爾五百指數百分之十一點五的報酬率。在那些超級投資人當中，許羅斯是其中一位最能夠效忠於純粹的「用五十美分買進價值一美元股票」的葛拉漢投資準則。在一九九八年，許羅斯毫無疑問地確認自己已找到幫助他達成高度成功的投資哲學：「基本上我們喜歡買進的股票，就是我們覺得其價值被低估的股票，隨後當它們股價繼續下跌的時候，我們要能夠有勇氣買進更多股份；這就是班傑明・葛拉漢的投資歷史。」許羅斯已經在二〇一二年二月十九日與世長辭。

孟格

在奧馬哈出生長大的孟格，早年曾經在洛杉磯成功建立一家律師事務所，隨後在一九六二年創辦自己的投資合夥企業，而且一直以來都經營得頗為成功，直到介入波克夏・海瑟威的運作為止。孟格在成為巴菲特的事業夥伴之前，就一直與他保持親密的友誼關係。事實上，在一九六〇年代初期，就是巴菲特鼓勵他成立自己的投資合夥事業。透過巴菲特，孟格除了受到激勵而有機會去閱讀葛拉漢的著作之餘，也得以在不同的場合擁有與葛拉漢接觸的機會，以及在有限的範圍內接受葛拉漢的指導。

前文已說過，由於孟格是費雪的信徒，因此他較屬於「聚焦型投資者」，而非傳統葛拉漢式的低價股投資者。然而，孟格認為葛拉漢對於他的投資方式帶來很大的影響力。此外，巴菲特也推薦他是「葛拉漢及陶德體系」的超級投資人之一，因為，就像其他的價值投資者，孟格聚焦於「找出企業內含價值與市價之間的差異」。

從一九六二年至一九七五年，孟格的合夥事業創造平均年化複合報酬率達百分之十九點八，旗下的有限合夥事業帶來百分之十三點七的回報率。在上述同一時期之內，標準普爾五百指數的報酬率為百分之六點六五。

二〇一二年超級投資人

巴菲特在一九八四年介紹大部分超級投資人的投資成功經驗，已經在前面的段落中討論過。顯而易見的是，他們的操作績效在一九八四年以後皆可持續保持優異。有兩個超級投資人被排除在上面的調查範圍之外，因為它們在本質上不能算是真正的投資者。它們其實是由巴菲特信徒管理的投資企業：華盛頓郵報的信託基金（Washington Post Company Master Trust）以及 FMC 企業退休基金（FMC Corporation Pension Fund）。

關於前者，一九八四年以後的投資結果已無法取得；關於後者，根據哥倫比亞大學商學院的網站：「該檔退休金在過去十年的績效表現是百分之六點七七，同期間相較於標準普爾五百指數卻是百分之負零點九五；這個結果讓 FMC 在全美所有基金當中，排名總是能夠在前百分之三以內。」雖然上述的資料並不能代表 FMC 在一九八四年以後全部的帳戶績效表現，但是這樣的結果已經足以產生令人受到鼓舞的指標。

還有兩位個人投資者，帕爾米特（Stan Perlmeter）以及古力安（Rick Guerin），這兩位投資者都在巴菲特一九八四年的演講中被點名強調。由於他們兩位沒有與葛拉漢本人親自接觸的機會，因此被我從葛拉漢的嫡系門徒名單當中排除。不論是帕爾米特或是古力安，自從被巴菲特點名過後，其投資績效皆不盡理想。然而，到了二〇一二年，事實上七名當中有五位超級投資人，在一九八四年以後績效表現持續突出，證明巴菲特的「葛拉漢及陶德體系超級投資人」這個中心論點仍然令人信服。該場演講展現出持續運用葛拉漢「應有價值再打折」的投資方式，其績效表現便能夠以顯著的差距幅度，超越平均市場報酬率。

這些結果，使得那些提倡效率市場假說者的論點變得不夠正確。如同巴菲特所言：「這些效率市場假說的理論學家提出辯解，認為市場上沒有價值被低估的股票，因為有聰明的證券分析師會利用所有可得資訊，確保每檔股票的價位在適當水準。」當然，事實就是，當一種特別的投資方法可以用極顯著的差距打敗大盤，必定會對效率市場假說的正當性產生質疑，並強化葛拉漢的核心價值投資假說，也就是說，只要找到並買進價格相對內含價值被低估的有價證券，市場上便會給予優異的長期投資報酬作為獎勵。

如同一位市場評論家在二〇一〇年提到關於「葛拉漢及陶德體系超級投資人」，更為現代版本的觀點：「整體來說，巴菲特當年的論點是以五比二的比例，打敗法瑪的效率市場假說及其信徒。」或者，若用科學化的語言表示，數據呈現的結果對「葛拉漢與陶德派」（此派理論依據便是利用股票內含價值與市價的高額價差，以實現優異的超額利潤）有利，而非效率市場學派。

事實上，一個配備強力感測系統的金礦工人，其開礦的績效表現，一定會持續優於那些隨機在地面上挖洞的金礦工人。那些「隨機挖洞」者，有時可能會出現好運而挖到礦坑，但是就長期表現來看，配備較精良的礦工探勘礦區成功機率將會遠遠勝出。持續創造優異的投資績效表現所憑恃的並非好運，而不論是在一九八四年之前還是以後的歲月，「葛拉漢及陶德體系」的績效表現之所以能創造如此優異紀錄，也絕非好運的結果。

經過重新計算巴菲特傳奇性地購買當時瀕臨倒閉的華盛頓郵報公司多數股份（波克夏於華盛頓郵報的持股價值在二〇〇四年達到最高峰之際，有接近二十億美元），當年所花費的代價僅占該公司內含價值的百分之二十，亦即該筆交易的安全邊際高達百分之八十。著名的投資財務學教授及作家康寧漢為此事下了註解：「運氣在當沖交易者的投資組合裡占有極重要的角色；而投資紀律則在波克夏公司明顯扮演要角。」在此所謂的紀律，指的便是忠誠地遵守葛拉漢最基本的投資原則，不論就短期而言，這種反向投資方法會造成多麼大的不便及不受市場歡迎。

其他的嫡系門徒

卡恩兄弟集團：厄文及湯瑪士・卡恩

厄文・卡恩在一九三一年成為葛拉漢全職的教學助教，並且在未來的四十五年與葛拉漢保持親密的友誼關係。「現存最年長的投資專家」厄文・卡恩，以目前一百〇六歲的高齡，持續作為葛拉漢投資理念最強力的擁護者。值得一提的是，厄文・卡恩目前仍活躍並參與卡恩兄弟集團的公司運作；而卡恩兄弟集團是厄文與自己的兩個兒子——艾倫與湯瑪士於一九七八年創立。目前，湯瑪士（他也曾經與葛拉漢有過私下接觸的機會），還有厄文的孫子安德魯，以及其他在這家公司的操盤人，都在努力實踐根深柢固存在於葛拉漢作品裡面的價值投資方法。

在此，我沒有辦法很確切地陳述它的整體操盤績效相對於大盤的表現，但是這家以紐約市作為總部的公司，已有非常堅強的名聲，而且根據公開資料，旗下管理資產超過八億美元。如同我在二〇一一年九月與湯瑪士・卡恩進行面訪時，他告訴我卡恩兄弟集團遵循「修正後的葛拉漢與陶德投資法」，也就是卡恩比葛拉漢更強調一家企業的管理團隊及技術層次等細節。

布蘭帝投資夥伴

布蘭帝是匹茲堡人，在一九七〇年代初期服務於一家位於聖地牙哥的證券經紀商，當時他遇見退休後的葛拉漢親臨他的公司並想開戶購買股票。自從那次與葛拉漢碰面之後，葛拉漢與這位年輕門徒之間便展開智慧的交流。

布蘭帝在遇見葛拉漢之前，並未採用哪一種特別的投資哲學；他藉由數次參加面對面的價值投資研討會，得以與大師本人討論，從此便成為葛拉漢忠誠的「信徒」。此後過了不久，布蘭帝投資夥伴因此成立。如同刊登在該公司網站上的聲明：「本公司自一九七四年成立以後，我們將班傑明・葛拉漢創立的價值投資方法應用於選股策略。」在他所撰寫的第三版《高獲利價值投資法》內文中，布蘭帝提及：「本人極度受惠於我的導師，班傑明・葛拉漢。」而且他至今依然是葛拉漢最成功的學生之一。

我無法很確切地陳述該公司的整體操盤績效相對於大盤的表現，但是截至二〇一一年九月三十日，布蘭帝投資夥伴旗下管理資產已超過三百四十億美元，使其成為全世界規模最大的價值型基金之一。

其他的頂尖價值投資者

馬力歐・蓋伯里／蓋伯里資產管理公司（GAMCO）

蓋伯里在一九六〇年代中期就讀於哥倫比亞商學院研究所，當時葛拉漢早已退休並搬遷至加州定居，但是蓋伯里還是幸運地得以受教於穆瑞（Roger Murray）——一位著名的價值投資派學者，此人之後還得到參與第五版（一九八八年版）《證券分析》的編修機會。蓋伯里在一九七七年成立自己的投資基金，而且，蓋伯里現在的投資管道，也就是蓋伯里資產管理公司，直到二〇〇九年底為止的旗下總管理資產共兩百一十四億美元。

在價值投資領域內，格林瓦德及其同事強調，蓋伯里對於這個專業領域的部分貢獻無可抹滅（將一些葛拉漢原創的評價模型拿來修改／更新）。然而，蓋伯里依然是一位專注的葛拉漢信徒，格林瓦德及其同事描述蓋伯里是一位「價值投資者……接受班傑明・葛拉漢學派的傳統訓練」。事實上，蓋伯里也設立了年度「葛拉漢及陶德、穆瑞、格林瓦德」獎項，給予擁有傑出成就的價值投資者。

約翰・柏格

身為先鋒（Vanguard Group）集團（目前旗下管理總資產高達一點七兆美元）知名創辦人，現在已經退休的柏格，在投資財務界的事業到達共計數十年之久的巔峰。在大部分的職業生涯中，他也以自己能夠成為葛拉漢的信徒而感到自豪。在其經典著作《柏格談共同基金：明智投資人的新觀點》的致謝詞中，柏格提到：「兩百年前，有句諺語：『只要我們站在巨人的肩膀上頭，就可以比巨人看得更遠。』我在撰寫這本書的時候，背後最主要的巨人之一，就是站在班傑明・葛拉漢的肩膀上頭。」

艾維拉德（Jean-Marie Eveillard）／第一老鷹基金（First Eagle Funds）

身為一名土生土長的法國人，艾維拉德在一九七〇年代初期移民至美國定居，一度被《財星》雜誌封為「價值投資大師」。根據該雜誌的介紹，在負責操作全球價值型基金的二十六個年頭內，艾維拉德繳出了平均年度報酬率達百分之十五點八的成績單，同期的標準普爾五百指數為百分之十三點七。艾維拉德在那一篇報導中，引述葛拉漢的投資理念，而且他的投資偏好一直以來被描述為「選擇內含價值和長期成長潛力超過市場價格變動風險的有價證券」，清楚顯示他是葛拉漢式的價值投資實踐者。目前艾維拉德是第一老鷹基金的首席投資顧問；根據報導，第一老鷹基金旗下總管理資產規模超過兩百二十七億美元。

其他值得尊敬的名字

其他值得一提的美國本土投資者及基金，包括長葉松合夥企業（Longleaf Partners）、查爾斯・勞斯／勞斯基金（Charles Royce/Royce Funds）、克里斯・戴維斯／戴維斯基金（Chris Davis/Davis Funds）、盧・李／喜馬拉雅合夥企業（Li Lu/Himalaya Capital Partners）、比爾・奈可林／奧可馬克基金（Bill Nygren/Oakmark Funds）、葛蘭・葛林堡／酋長資本／英勇戰士資本（Glenn Greenberg/Chieftain Capital/Brave Warrior Capital）、霍華德・馬克斯／橡樹資本管理（Howard Marks/Oaktree Capital Management）、希斯・卡爾曼／包斯特集團（Seth Klarman/Baupost Group）、邁可・普萊斯／富蘭克林坦伯頓／MFP投資者（Michael Price/Franklin Templeton/MFP Investors）、羅伯特・海格斯壯／美盛資本管理（Robert Hagstrom/Legg Mason Capital Management）、派特・道西／薩尼貝爾・開普提瓦（Pat Dorsey/Sanibel Captiva）、莫尼什・帕伯萊／帕伯萊投資基金（Monish Pabrai/Pabrai Investment Funds），以及薛佛・庫倫資本管理（Schaffer Cullen Capital Management）。

葛拉漢學說全球化

北方的巴菲特：彼得・康迪爾／康迪爾價值基金（Peter Cundill/ Cundill Value Fund）

被世人視為「加拿大的巴菲特」，康迪爾當時是在一九七三年搭飛機的途中，首度於《超級理財》（*Supermoney*）這本書得知有關葛拉漢這個人及其投資方法。康迪爾對於葛拉漢的投資概念留下如此深刻的印象，以致於在結束那一段旅程後，這位住在溫哥華的會計師便明瞭，自己的剩餘人生當中該選擇何種職業。

比起大部分的超級投資人更屬於純粹的葛拉漢信奉者，康迪爾喜歡利用他的會計背景來找出「擁有超過公司淨值」的投資機會。根據財經作家阿爾發（Robert Arffa）所著的《財務規畫分析專家：跟著贏家學習投資策略》（*Expert Financial Planning: Investment Strategies from Industry Leaders*），康迪爾對有價證券的觀察重點，「根據葛拉漢的原則，在於資產負債表強度及其淨流動資產價值」。康迪爾先生已於二〇一一年元月告別人世。

旭日之國的價值投資者：野村（Nomura）

總部設立在東京，並以價值投資為導向的基金公司——野村資產管理，橫跨全世界，一共在三十一個國家設立辦公室，全球僱用員工人數超過兩萬七千人。它的經營規模與全球布局狀況，就是將葛拉漢的價值投資準則應用於國際化宣導與練習的實證。我曾有機會與兩位野村資深投資組合管理者面談。在二〇一一年於奧瑪哈市所舉辦的價值投資者會議上，我與鶴尾光伸、青木秀幸在當地見面。青木先生告訴我，當年在日本首度接觸價值投資學派的經驗：「當我還是個大學生的時候，讀過特雷恩寫的《股市大亨》日文翻譯版，當然，在那本書裡頭有部分篇幅是在強調葛拉漢的投資哲學。那本書對我的職涯發展有重大影響。」至二〇一一年月底為止，野村資產管理旗下總管理資產規模已達二十四點七兆日圓（將近三千二百二十一億美元）。

巴黎的葛拉漢信徒：阿米洛・蓋斯駿（Amiral Gestion）

這一家位於法國的價值導向基金集團最引人矚目之處，就是它的成立時間非常晚。在二〇〇三年甫成立，以巴黎作為總部的阿米洛・蓋斯駿，將其成立宗旨明確陳述於企業網站：「藉由尋找有品質的公司，且其股價明顯遭到市場低估，以實現堅強的長期績效表現。」在二〇一一年於奧瑪哈市所舉辦的價值投資者會議上，我曾與來自該公司的兩位分析師碰面，他們是波列特與摩諾。我得以確認，阿米洛公司的投資哲學主要來自於葛拉漢的著作，再藉由巴菲特的投資智慧擴大其深度。如同摩諾先生告訴我：「當我還是個實習生的時候，我的老闆送給我一本《智慧型股票投資人》，接著他要求我閱讀其中幾篇章節，並在兩天內向他回報！」一家成立於二〇〇三年的法國投資公司，將自己定位為葛拉漢投資哲學的追隨者，這個事實可以說明，葛哈漢的投資準則存在著永恆及普遍性的特質。

價值投資應用在環球選股：湯姆．羅素／賈德納、羅素與賈德納

「賈德納、羅素與賈德納公司」的投資組合經理人湯姆．羅素，是一名高度成功的價值投資實踐者。雖然羅素的所在地是美國，他卻擅長找尋全世界發展中國家快速崛起的投資機會並藉此獲利。舉例來說，羅素喜歡投資某些歐洲的消費性產品公司，這些公司的特質，就是它們在非洲撒哈拉沙漠以南的經濟快速發展中國家，擁有龐大的業務量。藉由這樣的投資方法，「賈德納、羅素與賈德納」的投資人可以透過持有制度完善及財務穩定的歐洲企業，而享有這些經濟快速成長區域帶來的好處。當然，增加全球化投資範疇，只是他們在擴大應用葛拉漢投資方法論的其中一個極佳範例。透過他們的有限合夥企業「賽波．維克有限合夥

公司」（Semper Vic Partners LP），「賈德納、羅素與賈德納」自一九九二年之後，每年的操作績效皆穩定擊敗大盤。目前賽波・維克旗下管理總資產超過四億美元。

上述那些葛拉漢投資方法的實踐者，都是有頭有臉的知名人士，世界上還有數千名相對沒沒無聞、但已成功的投資者及投資公司，至少有部分的成功績效，可以歸因為抱持與上述同樣謹慎、但卻善於利用價值投資機會的投資準則。畢竟，除了成為偉大的投資者之外，葛拉漢同時是一位多產的作家，不像許多投資者都喜歡「私藏絕學」，葛拉漢非常熱切地向世人介紹他的投資方法及其細節。數十年來，他兼任學校講師，同時撰寫數十篇的學術報告及文章，還進行為數眾多的演講，其內容經過改編便可以留給後代子孫。

價值投資法持續成功，為巴菲特這句經常被引用的名言，提供了更進一步的信譽保證：「如果一個原則會因時間的過去而顯得陳腐過時，那麼這個道理並不能成為真正的原則。」葛拉漢的基本概念經過時間試煉而歷久彌新，似乎已經通過巴菲特的考驗。既然目前已經有數十年的後見之明可作為經驗參考，我請巴菲特評估葛拉漢的思想當中，是否有哪些「盲點」（如果有的話）。

他的回答還是如過去那般，可以帶給人們啟示：「我真的沒有看到任何盲點。就像我在以前便強調過，如果葛拉漢的三個主要投資理念——把投資標的視為自己的事業、『市場先生』的啟發，以及讓安全邊際變成你投資行為的『基因』，結果就不會出現什麼大問題。」上述這段話是引用終極的超級投資人說出的觀點，因此其公信力十足。然而，即便是法蘭西斯・培根爵士（他曾說，「毫無疑問，經驗就是最好的證明」）也必須承認，葛拉漢的門徒及其追隨者所創下的那些令人驚豔的績效紀錄，已經成為價值投資理論有效性的最佳背書。

透過數十年應用他那些經過時間淬煉證明的投資理念，葛拉漢即便已賺得為數可觀的財富，他在搬遷至加州不久以後還是不甘寂寞，沒有想要就此完全退休。事實上，他很快就在加州大學洛杉磯分校找到證券分析課程的教職，另外他還全心投入寫作及其他有創意的專案計畫，其中許多專案甚至完全與投資財務學或總體經濟學無關。更值得一提的是，即便住在相當舒適的比佛利山莊，過著表面上看來就像田園般的悠閒生活，葛拉漢已經準備好替他那充滿傳奇色彩的人生，繼續譜出更為奇特跌宕的章節。

第十三章

比小說更奇特的跌宕人生

特此通知，葛拉漢—紐曼公司將於一九五六年八月二十日星期一上午十點半，於紐約州紐約市東四二街一二二號的辦公大樓召開特別股東大會，研議公司清算及解散之建議案。

——「特別股東大會通知」，葛拉漢—紐曼公司，一九五六年七月三十日

於是，一家傳奇性的投資機構及其共同創辦人暨首席分析師——班傑明・葛拉漢，顯赫的投資生涯就此終結。在一九五六年八月的股東大會上，葛拉漢—紐曼公司的股東決議執行清算，一九五七年九月三十日，葛拉漢—紐曼公司解散。

在投資表現方面，就像我們在第九章強調的，一九三六到一九四六年，葛拉漢—紐曼公司的績效贏過大盤超過百分之八十五。厄文・卡恩及羅伯特・米奈蒐集該公司一九四五至一九五六年的「股東信」（實際上是相當詳盡的公司年報），並進行績效數字的分析，結果顯示年報酬為百分之十七點四，表現強勁但不夠出色。事實上，這個數字略遜於標準普爾五百

指數相同十一年期間的百分之十八點三。但是，在質疑葛拉漢擔任投資經理人的能力之前，讓我們依次考慮三個重要條件。

首先，當我們合併計算兩組績效資料（「一九三六到一九四六年」及「一九四五到一九五六年」），並調整兩年重疊期間（一九四五和一九四六年）的數字時，葛拉漢—紐曼公司一九三六到一九五六年這二十一年來的平均年報酬約為百分之十七點五，而標準普爾同期的平均值為百分之十四點三。顯然，葛拉漢在公司任內的活躍期間，他的操盤績效顯著超越大盤。

更重要的是，葛拉漢—紐曼公司於一九五六年解散後，股東仍持續持有按比例分配大額蓋可公司股票，其獲得的報酬率都很亮眼，並大幅擊敗大盤。就像第六章的討論，葛拉漢早有先知卓見，於一九四八年建議葛拉漢—紐曼公司以七十三萬六千一百九十點九五美元——相當於現在的七百萬美元，買進蓋可百分之五十的股權。到一九九五年八月，蓋可成為美國第六大汽車保險公司。

同年的八月底，巴菲特旗下已經擁有蓋可百分之五十一股權的波克夏・海瑟威公司，再以二十三億美元——相當於現在的三十三・七億美元，買下其餘百分之四十九的股份，吃下整個公司。當然，自葛拉漢收購股權以來，蓋可的組織架構已經大不相同，因此不能拿「此蘋果和彼蘋果」做比較。不過，這個例子確實說明了蓋可的價值自一九四八年以來的大幅增值。此外，就像羅威曾於一九九〇年代中期寫道：「一九九三年，葛拉漢的孫子賣掉祖父一部分蓋可的原始持股，來籌措醫學院的學費。」

其次，即使是一九四五到一九五六年這段期間，從某些指標來看，葛拉漢—紐曼公司的績效紀錄也很出色：零點三九的低β值（貝他值，即個股對整體市場風險的敏感度），α係數也達到零點七七，代表葛拉漢—紐曼公司操盤的投資報酬率，比同類型低風險投資組合所預測的統計水準超出百分之七點七。經歷過經濟大蕭條時代椎心刺骨的虧損後，對葛拉漢來說，降低風險比什麼都重要。當然，他也追求極大化報酬，但是他不會為了提高獲利而妥協低風險原則。就像羅威的評論：「葛拉漢的員工有時會抱怨他過度保守。」因此，一九四五年到一九五六年這段期間，葛拉漢公司的報酬或許並不亮眼，但相對於大盤，它們伴隨著極低的風險和波動度。

然而，就像厄文・卡恩及羅伯特・米奈寫道：「令人懷疑的是，葛拉漢—紐曼公司是否有這麼多投資人，會用這個方法來衡量他們的投資成就。投資蓋可的驚人獲利，使一切黯然失色。」確實，葛拉漢在一九四五到一九五六年這段期間，似乎失手於過分追求低風險而導致低報酬。不過，受惠於一九四八年收購蓋可股權所產生的巨大獲利，葛拉漢的低風險投資決策，最後還是創造了卓越非凡的高報酬。

——黃金之州的黃金年代——

一九五〇年代中，葛拉漢做了許多決定，確立了他後半輩子的人生。也許最重要的是，過了四十幾年「華爾街拚命三郎」的歲月後，葛拉漢了解是時候退休了。自幼時家道中落便奮鬥一生而終獲財務安全與讚譽的葛拉漢，看不出有什麼理由，繼續傾注全副心力於投資管理活動。不過，在智能層面上，他對股市維持斷斷續續的興趣，這段期間仍持續演講和從事金融投資方面的著作。其中最重要的，就是致力於《證券分析》第四版（一九六二年），《智慧型股票投資人》第二版（一九五九年）、第三版（一九六五年）和第四版（一九七三年）的改版工作，並且在《巴隆》週刊、《財務分析師期刊》及其他聲譽卓著的財經期刊發表數篇文章。一九六四年一月出版的一份傳記概述，在介紹葛拉漢執筆的一篇論文時，貼切地歸納出葛拉漢在這段期間的專業活動：

班傑明・葛拉漢集雄厚的商業與學術經驗於一身。他目前是加州大學洛杉磯分校的駐校教授，及華盛頓特區「政府員工保險公司」（蓋可）副主席，寫過許多關於證券分析和各種一般經濟主題的文章。

在投資本業方面，布蘭帝告訴我：「（葛拉漢）退休時，我想他已經把資金轉進市政公債，並沒有從事太多投資活動。」就像前面的討論，雖然投資是葛拉漢真正的興趣，但那只是他眾多的嗜好之一。葛拉漢的兒子巴茲，回憶一家人在斯卡斯代爾時期（「我記得他（葛拉漢）每天都會去公司」），和他們在比佛利山莊那段日子的差異，證實了布蘭帝的看法：

我想我父親多少知道自己想要足夠的錢過好日子，但是他對於賺更多的錢興趣缺缺，因此在某個時間點，他退出了股票市場。我認為後來燃起他熱忱的，純粹是思考關於市場和溝通那些概念的智力挑戰。不過，除了股市之外，他還有很多其他興趣。

擺脫全職工作的枷鎖及卸下管理別人財產的重責大任後，葛拉漢終於可以在自己的「黃金年代」盡情探索其他興趣。在各項嗜好中，巴茲記得他父親透過一項新發明，重新燃起他對數學的酷愛：

他花很多時間研究一種計算尺的概念，它沒有用到對數，而是利用相似三角形來計算。他找人把尺做成模型並取得專利，後來等他終於準備好要生產時，第一臺計算機問世了，所以他就退出不玩了。不過他並不是真的那麼在意，那確實只是他的知性探索。

事實上，葛拉漢多出來的空閒時間，反而令他忙得不可開交，因為他的大腦似乎需要一連串的新挑戰。巴茲回想起父親渾然天成的創造力，如何以趣味橫生的方式表現出來。葛拉漢的摩斯電碼記憶系統就特別有意思：

在美國童子軍營隊中，我必須學習摩斯電碼，因此父親想出利用文字的音節來背誦摩斯電碼，這個辦法很聰明。比如說R是「・—・」，他就用「Revolver」這個三音節的字來代表，每個字母對應某個長音節或短音節的字來記。他一直在做像這樣的事情，同時還兼顧各式各樣的興趣。當然，他也讀了很多書。

南加州的宜人氣候與天然美景，似乎是追尋這些嗜好的理想環境。母親過世，三個女兒嫁了兩個，最大的兩個兒子已不在人世，葛拉漢的哥哥里昂和維克多及其家人都定居在洛杉磯，這些絕對都是葛拉漢決定搬到西岸的重大因素。在葛拉漢的回憶錄中，有一段真情流露的文字，提到他兩個哥哥：「他們對我疼愛有加，我們注定要當超過六十年的好兄弟。」第二次痛失愛子後，與哥哥「再度團圓」，或許多少能給他極度需要的感情慰藉與家人支持。

葛拉漢舉家遷到加州是經過周延計畫的。就像前面提過，在一九五五年的長住期間（為期半學年），他、艾絲提和巴茲有很多機會可以盡情體驗西岸的生活。他們在加州短暫停留的日子想必非常開心，住到後來，三人皆欣然同意並準備永久搬到這個黃金之州。像葛拉漢這種閒不下來的知識分子，早就充分認知到，自己不可能滿足於整天「享受生活」，從事一些學術活動對他是有益的。因此，葛拉漢揮別了在哥倫比亞大學二十六年的輝煌時光，並獲得加州大學洛杉磯分校商研所所長的熱情邀約，保證他可以在這個聲譽卓著的學術機構，教授他名聞遐邇的證券分析課程。

雖然葛拉漢很開心和哥哥及其家人比鄰而居，不過對他們一家決定到西岸展開新生活帶來更重大影響力的，其實是其他親戚。二〇一一年八月，薩奈特醫生向我表示：

我們搬到加州去的時候，有拿出一小筆錢投資葛拉漢—紐曼公司（有限合夥），直到我在此地的工作穩下來之前，全家人都要靠那筆資金過活。後來，令我大吃一驚的是，我發現班傑明・葛拉漢退休了，而且也搬來了加州（哈哈）。

薩奈特醫生之妻——羅達，是葛拉漢的大表妹，但因為羅達是莫里斯第二段婚姻才生下的小孩，所以她的年齡和葛拉漢家的大孩子相仿，早年有一段和班傑明、海柔爾及他們家的小孩玩在一起的美好回憶。雖然薩奈特夫婦是葛拉漢—紐曼公司的投資人，但是一九五〇年代，薩奈特家族和葛拉漢家族似乎並沒有密切互動。兩家人幾乎同時搬到洛杉磯的決定，完全是互不相干的。兩家人有志一同的決定本身就已令人嘖嘖稱奇了，沒多久又發生一個幾乎可說詭異的巧合。薩奈特醫生提到：

後來，我有個和班傑明・葛拉漢沒有任何關係，和羅達也不太熟的表弟，有天晚上他無意中打電話給我，說他有個寡婦朋友，在比佛利山莊有棟房子要賣：「我想你應該趁房子還沒公開銷售前過來看看。」那個時候，羅達已經花了一個禮拜的時間找房子，她看到三間喜歡的，但我沒有一間中意。房仲帶著我到處走走，最後我終於找到滿意的房子（楓葉大道六一六號），哎呀，你看！那麼巧就在葛拉漢家（楓葉大道六一一號）的正對面。

葛拉漢全家入住比佛利山莊的楓葉大道才不過幾個月，薩奈特醫生、羅達和兒子蓋瑞

（Gerry）便跟著搬到他們家對面。雖然葛拉漢和薩奈特醫生彼此互不討厭，但私交上也沒有到「投緣」的程度。當我詢問薩奈特醫生，他們兩家人往來頻繁的互動中，他都和班傑明聊些什麼，他說：「跟班傑明？我們很少交談。」不過，倒是艾絲提和羅達成為形影不離的好朋友，巴茲和蓋瑞也是。「羅達與伯尼的兒子和我同年，」巴茲表示，「所以我們從小一起長大，到現在感情還是很好。」

確實，住進璀璨耀眼的洛杉磯——全美最高級的住宅區之一，葛拉漢和薩奈特一家於一九五〇年代末、一九六〇年代初開始和「富豪圈」交往。除了加州大學洛杉磯分校商研所所長和該校校長之外，經常出現在葛拉漢晚宴的座上嘉賓包括名作家威爾．杜蘭（Will Durant，代表作《世界文明史》〔*The Story of Civilization*〕）、厄文．史東（Irving Stone，代表作《痛苦與狂歡》〔*The Agony and the Ecstasy*〕）等人，及諸多政商名流。

就像洛溫斯坦的觀察，比起她的知識分子丈夫，艾絲提似乎更迷戀西岸生活的魅力。「一個來自布魯克林的窮女孩，自學出身的艾絲提，沉醉於洛杉磯的上流社會生活。她和葛拉漢在『好萊塢露天劇場』（Hollywood Bowl）有一個私人包廂，並經常舉辦奢華闊氣的晚宴。」葛拉漢本人對於攏絡洛杉磯的豪門權貴興趣缺缺，反倒是艾絲提熱衷於扮演東道主的角色。

回想起來，葛拉漢賓客名單中最有名的，很諷刺地並非「洛城人」，而是溫文儒雅的中西部人——一個當時除了奧瑪哈市之外，幾乎沒人認識的無名小卒。巴菲特提到他與妻子蘇西這段期間參加葛拉漢晚宴的情形：「我認識了很多朋友，包括『史葛柏博物館』（Skirball Museum）的傑克・史葛柏（Jack Skirball），後來他變得非常有名。而所有的這些賓客，有很多人透過班傑明和艾絲提的引薦，成為我的合夥夥伴，艾絲提自己也是其中一員。」事實上，巴菲特與葛拉漢的關係，就是在這個時候，從融洽的學術／工作互動，發展成為真正的友誼。巴菲特回憶道：

內人和我不只與班傑明成為朋友，而且我們還和他的妻子艾絲提變成非常好的朋友。他搬到加州、我搬回奧瑪哈之後，我和太太仍經常造訪加州，與葛拉漢一家人聯絡感情。我們住在離他家只有半英里（或許不到）的「比佛利山莊酒店」（Beverly Hills Hotel），然後專程去看他們。後來，我們不僅跟葛拉漢家成為更好的朋友（在我離開葛拉漢—紐曼公司之後），還跟他們的朋友變成朋友……，因此，我們的友誼真正有更大進展，是從我們拜訪加州之後才開始的，當然這是我離職後和他退休後的事。我的意思是說，我在葛拉漢—紐曼公司工作時，葛拉漢對我好得不得了，但是一直到他退休搬到加州之後，我們私下才有互動。

葛拉漢的確是退休了，但是就跟他許多想法一樣，他對退休的概念也很與眾不同。葛拉漢對高爾夫、在泳池畔啜飲馬丁尼，或是連續幾個小時坐在電視機前毫無興趣。相反地，他投入許多學術和智力活動，其中最重要的一項，就是他在加州大學洛杉磯分校備受讚譽的商研所，擔任了十五年的傑出教授。我曾有幸與已故的魏斯頓博士（當時九十四歲的財經系榮譽退休教授）進行簡短的電話訪談。魏斯頓博士是葛拉漢那段時期的同事及朋友，他告訴我，葛拉漢兼容並蓄的興趣和永不停息的求知欲，總是令他驚訝不已。此外，他也盛讚葛拉漢寬廣的跨學科知識令人肅然起敬。

「他出色的地方太多了，」魏斯頓表示。跟葛拉漢許多同事一樣，魏斯頓似乎對他這個朋友的智力和個性深深感到敬佩。魏斯頓同樣語氣堅定地說：「葛拉漢是我認識最聰明的人之一，我相當敬重他。」或許葛拉漢之所以贏得這些尊敬，有個原因是他在加州大學洛杉磯分校教書分文未取。畢竟，葛拉漢熱愛教學，而且絕對不缺錢，這就是他晚年對於金錢的態度。六十二歲搬到加州，財務安全具有充分保障，因此他選擇最能滿足內心求知欲的事情，並積極退出自己不感興趣的部分。葛拉漢仍舊在一些公司擔任董事（最主要的就是蓋可），甚至偶爾從事顧問工作，不過他在加州（及後葛拉漢—紐曼公司時代）大部分的時光，都投入與商業無關的事務。

誠如巴茲所述：「我們住在比佛利山莊時，我想他幾乎整天都待在書房。我們在後花園有一間工作室，他大部分的時間都在那裡，他在那個地方打發時間的身影，我都還依稀記得。」巴茲還透露一件令人莞爾的回憶，「我會溜進他的書房，問他某件需要花時間思考的問題，然後他會忽然回過神來解答我的疑問。他就像是神遊物外那樣，但永遠都在思考某件事情。」亨利・福特（Henry Ford）曾說，「思考是世上最困難的工作，這或許就是為什麼這麼少人會如此做的原因。」但是，對於像葛拉漢這位不朽的思想家來說，福特見解深刻的這句話，似乎完全被顛覆了——不必思考的活動，才是最沉悶累人的。

薩奈特醫生憶起葛拉漢在妻子主辦的豪奢晚宴上，偶爾出現的古怪行徑，最能說明這個狀態：

他是個桀敖不馴的人，不折不扣的士大夫性格。因此，當艾絲提邀來滿屋子的賓客，甚至還有幾個位高權重的人物在場，但班傑明顯然找不到什麼話題和他們交談。丟下十二還是十四個客人，班傑明就這樣突然不見了。艾絲提到處找他，結果他在自己的書房解數學難題或某個費解的問題。

薩奈特醫生將葛拉漢形容為「不折不扣的士大夫」及接近遁世者的性格，我發現這個看法最有意思的地方，就是它和漢柏格醫師及其夫人索尼亞記憶中溫暖健談的葛拉漢，形成極大的對比：「我們和葛拉漢無所不談。」漢柏格夫婦是聖地牙哥人士，和厄文及瑪喬里・詹尼斯（葛拉漢的女婿及大女兒）是親密好友，跟幾年後搬到聖地牙哥的葛拉漢往來密切。一般認為，「兩個葛拉漢」性格上的反差，與瑪莉・露薏絲具有某種程度的關係。

—謎樣的女子—

瑪露的出身背景很難確認，但她絕對是法國公民。根據漢柏格夫婦的說法，跟許多相同年代的法國公民一樣，瑪露「對美國人是極為鄙視的」。不過，她能說一口流利的英文，這絕對是她和小牛頓發展出戀情的重要因素。瑪露究竟是如何成為小牛頓這位美國大兵的情人，詳細過程又是另一個謎。大約比瑪露小二十歲的小牛頓，可能和她自己的小孩差不多大（據說她有一個兒子）。在一九五〇年代初期篤信天主教的法國鄉下，這種行為是有些不尋常的。然而，瑪露的小情人自殺後所發生的事情，才是最令人匪夷所思的；跟剛過世情人的已婚父親談情說愛，是傷風敗俗的事。不過，雖然葛拉漢完全拋棄了宗教信仰及其連帶的傳統價值（至少就感情觀而言），但漢柏格夫婦告訴我，幾年後瑪露和葛拉漢住在聖地牙哥地區時，仍不時會參加天主教的彌撒儀式。

讓這個女子更添神祕的是，羅威在一九九四年寫道：「根據認識瑪露的人說，她在二次大戰期間曾活躍於法國地下游擊隊，並擁有過人的聰明才智。」當然，瑪露參與二戰期間的反納粹活動，絕對吸引了葛拉漢的仰慕之情；但後者「過人的聰明才智」或葛拉漢筆下描述的「智力素質」，才是真正令他拜倒在這個歐洲奇女子裙下的關鍵要素。例如，兩人都能說多國語言，至少精通西班牙文、英文和法文三種語言。漢柏格醫師和巴茲提到葛拉漢講法文時有很重的美國口音，「他的法文說得非常好，但是帶著可怕的美國腔。我的意思是說，簡直就像刻意模仿美國人講法文那樣搞笑。」巴茲說。

關於瑪露的「靈魂素質」，似乎就更難解釋了，她本身的情感表現似乎不太開放。巴茲記得她「有點冷漠」；索尼亞回憶瑪露，「為人封閉，非常疏離冷淡，她要花很長的時間才會敞開心胸。在她準備好之前，你休想推動她半步。」對於他妻子和瑪露的關係，漢柏格醫師表示：「索尼亞是少數幾個讓瑪露友善以對及願意敞開心懷的人。」但是，就像漢柏格點出的，法國人向來不像許多美國人那樣容易掏心掏肺。因此，瑪露這種明顯的「酷」，至少有部分可能是文化差異所致。此外，她顯然不願和一大群人打交道的態度，或許會令某些人反感，不過與葛拉漢卻是一拍即合。

在情感方面，巴茲與漢柏格夫婦對瑪露的記憶，都未指出她有何特別之處。「她對父親的關懷和照顧是很傳統的那種，」巴茲回憶道，「但我母親也是那樣無微不至，至少據我所知是如此。」曾陪伴祖父共度生平最後幾年許多節日的赫塞爾提（與海柔爾的第五個孩子維妮的女兒）——葛拉漢的孫女，對瑪露留下了美好的記憶：「她是個很棒的人，他們的感情似乎很甜蜜。」雖然認識瑪露的人，對她的為人評價莫衷一是，但眾人一致認同，她對葛拉漢的情緒穩定具有正面的影響力。

漢柏格記得，「葛拉漢在認識她之前，似乎非常害羞內向；和瑪露交往後，他變得比較容易溝通，整個人也放鬆多了。瑪露真的幫助他把心放開，我的天呀！那個改變簡直是一夜之間。」說也奇怪，雖然她本身的個性並沒有特別溫暖（至少對某些人而言），卻有辦法大大瓦解葛拉漢的情感「堡壘」。就連對這段關係感到五味雜陳的巴茲，也對瑪露對他父親的影響力留下深刻印象。「他們（葛拉漢和艾絲提）分手讓我很不開心，但是看到父親那麼快樂，瑪露那麼在乎和照顧他，讓我感到動容不已。所以，從這個角度來看，我對整件事的看法是很正面的。」

─家變風暴─

曾經愛戴及敬仰葛拉漢的羅達，對於葛拉漢未能善待她親愛的朋友艾絲提頗有微詞。一九九〇年代中，羅達告訴巴菲特的傳記作家洛溫斯坦：「和班傑明一起生活，並非總是開心的。只因為你是個天才，並不表示你是世界上最貼心的人。」葛拉漢剛開始和瑪露發展戀情時，他的妻子認為瑪露只不過是丈夫找的另一個「樂子」，最後一定會以分手收場。她完全沒料到，葛拉漢和瑪露的這段情，竟然會「馴服」她這個花名在外的丈夫。出乎意料，這對戀人培養出全方面的深厚情感：從知性、感性到性關係都很投合。確實，根據各方說法，葛拉漢與瑪露之戀，在他所有交往過的女性當中，是最快樂也最順利的一段感情。

羅達的先生薩奈特醫生告訴我，葛拉漢於一九六〇年代初期和瑪露開始雲遊四海的經過：「他們待在歐洲沿海附近的幾個小島。他帶她到不同的地方，最後來到了聖地牙哥。」在回憶錄中，葛拉漢曾約略提及他去過亞速爾群島（Azores，位於北大西洋中央的葡萄牙屬群島），巴茲也記得自己曾到瑪露位於馬德拉群島的家拜訪這對情人。

不過，葛拉漢仍然在乎艾絲提，雖然他用自己一貫獨特的方式來表現。他告訴艾絲提，他希望半年跟她住，另外半年跟瑪露住。像艾絲提這樣傳統的女性，不可能同意這樣的安排。這種無情冷酷的行為激怒了艾絲提，因此她要求離婚和一大筆贍養費。薩奈特醫生表示：「大約一九六五年，艾絲提拿到班傑明給她的一百萬美元，但是她並沒有真正提出離婚手續。」也許一部分受到和艾絲提不歡而散的分手壓力，同一年，葛拉漢和巴茲赴馬姆莫斯山（Mammoth Mountain，位於中加州）滑雪時，生平第一次心臟病發作。

儘管葛拉漢和艾絲提並未正式離婚，但是在葛拉漢人生最後十年，他們一直是分居的。葛拉漢第三任妻子雖然獲得高額的贍養費，但是她終其一生自傷自憐，無法從傷痛中走出來。巴茲告訴我，他父母分居後幾乎沒再見過面，他的母親變得終日鬱鬱寡歡：「我想我媽媽鎮日愁容滿面是可以理解，也非常不幸的。」

葛拉漢確實與巴茲維持相當緊密的關係，不過，葛拉漢在兒子青少年前期突然離開比佛利山莊，似乎對巴茲留下了不可抹滅的傷害。不像薩奈特夫婦明確表達不認同葛拉漢對艾絲提的負心薄倖，我在巴茲的家裡進行訪問時，他並未直接表達對父親有任何責難。然而，當我問到他母親和父親教養風格的差異時，他回應的措辭和口氣非常耐人尋味：「不用說，我父親中途就離開了，所以高中階段我實際上是和母親一起住。因此，既然我成長的過程和母親相處的時間比較多，當然跟我媽的關係比較密切。」

高中畢業後，巴茲積極投入民權運動。事實上，在一九六四年到一九六五年這段時期，他前往密西西比州並三次進出牢房。而葛拉漢認識也很喜歡的安德魯・顧德曼（Andrew Goodman）——民運人士羅伯特・顧德曼（Robert Goodman）之子——在巴茲抵達前，才剛在密西西比州失蹤（後來被人發現死於非命），所以就各方面來說，那都是一段煎熬的時刻。葛拉漢絕對認同他兒子對於種族平等的觀點，但可以理解的，他對那時參與這種民運活動的危險感到坐立難安。所幸，巴茲後來安全返家，最後在加州曼杜西諾郡（Mendocino）的郊區成立了一間雙語醫療診所。

據說，就連厄文・卡恩這位葛拉漢的頭號擁護者之一，也是主張葛拉漢的重要性仍然「遭到低估」的人，都認同葛拉漢的婚姻失敗。他在一九七七年一篇標題為〈班傑明・葛拉漢性格之我見〉（*Some Reflections on Ben Graham's Personality*）的論文中寫道：「雖然班傑明是一個盡心盡力的父親，但是比起一般的丈夫，他其實投入更多心力在自己的事業和文化興趣上。」確實，儘管發生過小牛頓之死的悲劇，但葛拉漢身為人父的表現，整體來說似乎相當稱職。然而，他很難為自己做丈夫的行為開脫，尤其是第三段婚姻。葛拉漢尚未與艾絲提分居時，他除了和瑪露有染之外，還經常招惹別的女人。為葛拉漢回憶錄寫序言的查特曼教授，其見解很正確：「為一八九四年出生的男人就其性別歧視的指控進行辯解，似乎沒有太大意義。」但是，和海柔爾不同，艾絲提是全心全意奉獻及忠貞的妻子，從這點看來，葛拉漢很難合理化自己的行為。

葛拉漢的婚姻雖然失敗，但是世人更驚訝於他受人敬仰的其他私生活，那就是他在金錢方面堪為表率、幾乎毫無瑕疵的道德操守紀錄。

第十四章

金錢道德觀

雖然葛拉漢的感情生活膽大妄為，不過在他縱橫華爾街長達四十二年的時光裡，其職業生涯卻顯得高風亮節。有別於金融服務業的某些知名人士，葛拉漢退休時，不論是個人誠信和正直都未留下任何汙點紀錄。然而，特別令人敬重的是，葛拉漢在職務上的步步為營，並非受到世俗眼光的規範，而是真正發自內心的一套道德準則。

道德觀的通用性或客觀性是個複雜的問題，不在本書的討論範圍。不過，也許獲得最廣泛認同和最好的定義是：道德是放諸四海皆準的跨越多元文化或傳統，以各種型態和語言出現的倫理標準。對西方文明來說，它就是鼎鼎大名的「黃金定律」，或是經過德國啟蒙哲學家康德（Immanuel Kant）重新詮釋的「定然律令」——根據個人意志的最高準則行動，同時這項行動必須符合通則。

比方說，某家投資機構決定執行某項慣例，該慣例雖然合法，但顯然對客戶不利。很明顯地，這家機構的經理人不會選擇以這種方式來處理他們自己的個人資產。但是，如果他們管理客戶資金的方式成為「通則」，他們可以說就是被迫「喝下放在餐盤上的同一瓶水」。因此他們的行為雖然合法，卻違反了上述的定然律令。畢竟，這些經理人不會希望這項慣例受到普遍的實施，到頭來反而損及自己的個人收入。

相反地，葛拉漢不只將他的客戶當作客戶，更將保護這些人的資產視為自己的神聖使命。受到外在環境不利和始料未及的壞運氣影響（當然更談不上任何道德疏忽），某次他幫一個客戶（一九一七年的塔辛教授）操盤損失慘重時，他第一次認真想過自殺這件事，從這件事來看，很難想像葛拉漢能忍受自己以任何形式「詐騙」客戶，不管那個作法如何於法有據或「稀鬆平常」。

因此，從他對這些道德問題的行為和著作及演講來研判，葛拉漢擔任投資經理人期間，堅定而持續地謹守康德的定然律令，尤其在金融服務業的崗位上，他的表現可謂無比出色。不只是涉及金錢的事務，葛拉漢對於員工升遷、學生成績，以及各種工作和學術生活，都是以這樣的道德準則在規範自己的一言一行。就像厄文・卡恩在一九七七年的論文〈班傑明・葛拉漢性格之我見〉中寫道，葛拉漢這位他最近失去的朋友、老闆和導師「擁有非常公正的大腦，能夠完全客觀地分辨何謂公平和自私。」當然，以客觀的態度，按照公平原則行事，是定然律令的本質。

這樣始終如一的公正與客觀，從葛拉漢在他的回憶錄以「私吞公款」來坦承自己的金融罪行，就是最好的例證。就像他寫道：「這些事回想起來有點傷我的自尊。」不過，葛拉漢接下來提到的事情，根本不像有些白領階級於死後出版的回憶錄留下的一連串典型的「震撼性自白」。相反地，深受良心譴責的葛拉漢，按照時間順序，說出他人生中最十惡不赦的三大罪行。

他回憶自己還是「小男孩」的時候，想要得到家庭老師所允許的更多糖果。「我時常從母親的錢包偷走一分錢，去自動販賣機換糖果吃。」不過，在意外「偷走」價值五美元的金幣，而不只是一分錢後，葛拉漢想起當時，「一想到自己偷了五美元而不是一分錢，我就感到心神不寧，從此再也不敢偷了。」

接著，時間再拉到約莫十年後——一九一〇年的夏天，那時葛拉漢在一家雜耍戲院擔任帶位員，他回憶自己接受了「一些小賄絡，讓觀眾獲得比他們所持票種更好的座位。」也許更嚴重的是，葛拉漢提到他把自己天生的創造力用在不法勾當的唯一一次：「我還發現一種可以用十張票開放十一個人進場的方法。在經濟拮据的幾個星期裡，我用這個方法私吞了幾塊美元。但是，這件事令我感到寢食難安，所以我很快就罷手不幹了。」最後，葛拉漢陳述了一個事件，並非發生在愛吵糖吃的幼兒時期，也不是沒有定性的青少年時期。引用葛拉漢自己的話：「這是我一生坦蕩的職業生涯上，唯一令我深受良心譴責的一次脫軌行為。」

葛拉漢—紐曼公司投資的一家公司，賣了一些土地給需要蓋新馬路的州政府。據葛拉漢表示，身為該公司的部分股東，葛拉漢─紐曼公司的合夥人「有權獲得合理的賠償金」（賣土地）。但是，購地的政府機構是由「政黨機器所管理」，在對方的授意下，他們告訴葛拉漢和傑若米・紐曼，為了促成這筆交易「快速而滿意地取得結果」，他們強烈建議葛拉漢─紐曼公司「花費巨資聘請『適當』的律師事務所」幫忙。合夥人默許這件事，後來其中有一筆完全合法的交易，極有可能成為葛拉漢長久以來在華爾街及各種經歷中，唯一的一次道德失誤。

在這種情況下，我們跟多數企業一樣，採納了（州政府）符合實務的建議。我的合夥人因為具有律師身分，後來擔任「轉介人」的角色而收到部分律師費。由於我們訂有獲利對分的一般協議，因此他分給我一半的報酬。我不應該接受那筆錢的，但是我收下了──後來我為此懊悔不已。

當然，這三個事件全都是不道德的行為。從法律觀點來看，第一個案例屬於竊盜，不過，考量葛拉漢當時年紀尚幼，這個犯行顯得微不足道；其次，把原本屬於戲院的錢放入自己口袋，絕對是一種小偷行徑；至於第三個案例，雖然賺錢手段殊不高尚，但仍在法律允許的範圍內。葛拉漢明白，整體說來，他「忠厚老實的名譽」，是因為自己「行得端，坐得正」而獲得的。然而，他因為少數幾次犯行而受到的良心譴責，清楚顯示葛拉漢獨特的性格，和毫無悔意的罪犯形成反比。身為這樣一個謹守比法律規範更嚴格的職業道德的良民，葛拉漢的悔意似乎比許多違法犯罪者大得多了！

葛拉漢不僅嚴以律己，而且和金融業許多人不同，他還有一套神奇的竅門，能夠以無比的精準和洞察力看出別人的品格。因此，至少在專業領域，幾乎所有葛拉漢的同事，都同樣具有品格高尚的特質。不過，他的回憶錄提到早年有個員工盜用公司錢財，還暗指至少有一個未指名的專業人員可能有不法情事。

一九七一年（葛拉漢退休六年後），傑若米向蓋可董事會提出辭呈時，蓋可董事長就巴菲特接替紐曼的董事職務一事，尋問葛拉漢的意見。葛拉漢寫給董事長克瑞格（David Kreeger）的信函內容，清楚透露他對於操守和能力的重視：「我百分之百支持這個構想。我與巴菲特密切往來多年，我必須說，我從來沒遇過像他這樣兼具高尚品格和卓越經營能力的人才。」

雖然在同一封信中，葛拉漢提到巴菲特「擔任基金經理人的投資績效是無與倫比的」，但值得注意的是，在這封讚譽有佳的推薦信中，葛拉漢先盛讚巴菲特的「高尚品格」，其次才是「卓越經營能力」。顯然，葛拉漢對巴菲特的投資能力給予最高的肯定，但他似乎更敬重巴菲特非凡的正直人格。葛拉漢了解，賦有保護投資人財產神聖使命的投資經理人，人品和能力的評價同樣重要。

在回憶錄中，葛拉漢便透露他「鄙視濫用信用和名譽的小人。例如，在我眼中，吉米·

沃克（Jimmy Walker）一九二五年到一九三二年擔任紐約市長的行為是不名譽的。他垮臺後獲得的高支持度，和他死後被追捧為聖者，使我對同胞失望透頂。」對葛拉漢來說，「濫用信用」的投資經理人，只不過是比較沒名氣的「吉米．沃克」。

在葛拉漢任職於華爾街的大部分時期以及管理龐大資金時，選擇找律師傑若米．紐曼擔任自己的投資管理公司合夥人，是極為有利的。葛拉漢知道他可以秉持操守靠自己處理所有的財務問題。但是，邀請哥倫比亞大學法學院畢業生及紐約州律師加入成為對等夥伴，有助於確保葛拉漢—紐曼公司的營運活動符合法規及道德。精明幹練的葛拉漢一眼就看出，普遍認可的道德行為標準和法律條文之間，具有不完全正相關的關係。如同我們在前一章強調的，葛拉漢—紐曼公司不僅是一家獲得高度推崇、有責任感的華爾街公司，更以高規格的誠信和資訊透明度來對待客戶。

葛拉漢—紐曼公司敏感性比較高的作業，例如投資配置、支付股息給股東等，由葛拉漢負責主導，他的道德良知和資訊揭露程度風靡了整個投資界。當然，這家公司堪為表率的道德操守紀錄，很大程度上反應了葛拉漢本身的行為。確實，如果他一生寥寥可數又「微不足道」的財務失當行為，成為華爾街「密室」的標準，好幾千名的證券機構監管人員和律師，就幾乎沒有存在的必要了。這就是為什麼葛拉漢目睹金融倫理的重大失序——投資界和許多「上市公司」的行為違背股東的利益時——會感到如此痛心疾首的原因。此外，就像下一段的討論，葛拉漢還將保護葛拉漢—紐曼公司投資人以及廣泛投資大眾，當作自己的責任。

投資人的正義使者

「當股東們心急如焚時，公司的財務人員卻在呼呼大睡。」三十八歲的葛拉漢如是說，他在自己高度推崇的雜誌發表了三篇系列文章，並在其中第一篇寫道：「《富比世》專門以揭發股市及企業界的不公不義和失衡現象為樂，他們以無所畏懼、直言不諱和趣味橫生的系列報導，來披露這些祕辛。」身為一個成功謹慎的投資人，又有能力以散戶容易了解的風格寫作，葛拉漢把協助教育大眾認識各種投資風險視為自己的責任。

除了提供低風險但具有獲利保障的投資架構外，葛拉漢在保護投資人權益受到合理對待的努力，也令人印象深刻。像葛拉漢這樣公正無私的人，或許不論他在哪個領域任職，他都會以自己富有洞察力的智慧，竭盡所能地檢視任何不公平的待遇。葛拉漢在華爾街任職時，碰巧遇到最弱勢族群（股東）的利益受到損害的頻率，高到令人擔憂的程度。

其中尤其令人感到憤怒的是，葛拉漢一九三二年在《富比世》的系列文章引發關注，使投資人發現，美國很多公司的股價遠遠低於「公司庫房裡按比例折算的現金」（也就是，一家公司總持有現金按比例分攤的股權，以每股的股權比例來表示）。但是，對這麼重要的事情似乎視若無睹的股東，實際上竟然允許這些公司「將現金捲走」。

怒不可抑的葛拉漢感到大惑不解，為什麼股東沒有看出自己是這些企業的部分擁有人，而放任公司將股東的資金「在（股東）自己急需資金時，處於現金餘額過高的無效率狀態。」葛拉漢提出強烈的主張，假如投資人堅持公司以「所有權人」來看待他們：「我們就不會看到腦袋不清楚的財務人員握著滿手現金，而公司所有權人在一團混亂中放棄自己應得的利益（即他們的持股）。」換言之，企業所有人發現公司手上突然滿手現金時，一般都比較希望公司配發部分現金給他們。因此，某些控股公司經理人未分派現金的作法，並不符合企業主──股東的最佳利益。

從葛拉漢在《華爾街雜誌》投稿的一篇文章研判，爭取股東獲得公平對待的權利，最早從一九二五年一月，開始成為他念茲在茲的議題：「企業搬出一大堆藉口，解釋他們沒有按約定經常發布財報的理由。」確實，各種形式的管理瀆職，是葛拉漢針砭金融投資圈問題的核心主軸。

除了卓越的智慧之外，葛拉漢合理的懷疑態度，或許是他處於爾虞我詐的華爾街的最大優勢。他擁有絕佳的能力看穿種種技倆，揭發管理階層看似良善美意的策略，其背後的真正企圖。如同他在《證券分析》所述：「現代的金融手法，和魔術師變戲法沒有什麼分別；兩者都是用不怎麼高明的手法，就能在眾目睽睽下進行。」

其中，葛拉漢認為認股權證是最過分的詐術。認股權證是一種金融工具，當持有人（通常是「利益團體」成員，也就是該公司的管理團隊）行使權利時，可以用本來要配給公司股東的盈餘，獲得約定股數的未來獲利。葛拉漢和陶德寫道：

> 認股權證基本上是一種危險和有爭議的工具，因為它會間接影響且不知不覺稀釋掉普通股的價值……，投資大眾不了解認股權證的價值是犧牲普通股的價值而來，業界才會出現就算談不上惡劣但荒謬至極的慣例……，一家管理完善的企業，只有需要募集新資本時，才會銷售新的股數。

例如，在分析「第一美國暨外國電力公司」（First American and Foreign Power Company）這家公用事業公司時，《證券分析》舉了一個最生動的例子，說明不當運用這種認股權證（及華爾街算術）有多麼可惡：「在華爾街瘋狂的蠱惑下，六百五十萬美元的盈餘，變成市值三億兩千萬美元的普通股，和十二億四千萬美元的認股權證，總價值是驚人的十五億六千萬美元。」如果我們想到，這些數字是引用自原版（一九三四年）的《證券分析》，就更驚人了。顯然，華爾街的行銷人員對「市場先生」施了魔法，讓公司股價漲到超過不合理的範圍。

當時認股權證的漲幅幾乎都是普通股的四倍（普通股當然也漲很多），但是迷惑不了葛拉漢。確實，他注意到華爾街的「不理性魔力」並非全然雜亂無章。事實上，華爾街向來有慷股東之慨、服務公司管理階層利益的特殊傾向。因此，從管理的觀點來看，這樣的作法不見得是「不理性」，但就像葛拉漢看出的，它們對管理團隊的僱主（股東），絕對嚴重違反了信託責任。

同樣地，關於優先股股東的地位（亦即股息派發頻率與金額，及對公司資產和盈餘的所有權主張，優先股股東的地位優於普通股股東），葛拉漢和陶德澄清，事實上，管理階層對於這些投資人的一般待遇，是沒有那麼「優先的」：

他們認定犧牲優先股股東的目前收入來交換未來福利——亦即保留公司可用來分配股息的現金，來應付未來緊急狀況乃至於未來業務擴張的需求——是經過同意的財務政策……，值得一提的是，本來企業可以繼續派發配息，卻以「為了股東未來利益考量」為由而宣布保留股息時，股價都會應聲重挫，表示投資市場對於真正對優先股股東最有利的作法，與董事會的意見不一致。

換句話說，儘管優先股股東這種公司所有權人對於定期收到股息會抱持合理期待，但即便是最「尊榮」的股東，管理階層也經常罔顧對他們的信用責任。

當然，管理團隊管理控股事業本身的利益衝突，和採用有問題的會計方法，至今仍是一個令人頭痛的問題。

著名的經濟學家高伯瑞（John Kenneth Galbraith）於二〇〇六年過世前兩年，出版了倒數第二本長篇著作。在《揭開皇后的面紗：造成現代亂象的經濟學迷思》（*The Economics of Innocent Fraud*）一書中，高伯瑞說明許多美國企業，表面上是為了股東利益在運作，實際上根本是由為了謀取私利的管理團隊在經營。這位赫赫有名的經濟學家暨公共政策權威，在書中探討從股東到管理階層不健全的「權力過渡」（又稱「權力增生」）現象。

高伯瑞著手撰寫這本書的時候，美國正陷入史上最令人髮指的一連串企業會計醜聞案。高伯瑞寫道：「一個作者對於自己的著述立言，很少如此堅定不移。」的確，從二〇〇一年到二〇〇四年，安隆（隱匿巨額虧損）、世界通訊（私下貸款給執行長）、泰科（執行長及財務長盜用公司大筆資金），和南方保健（吹噓獲利）占據了報紙版面。二〇〇四年開始，企業醜聞不斷，陸續爆發像美國國際集團（將十七億美元的貸款記錄為「營收」）、伯納德・馬多夫（大規模非法吸金）、雷曼兄弟（在公司破產前隱匿虧損）等重大新聞事件。當然，這些是最惡名昭彰而轟動一時的例子。葛拉漢如果看到康寧漢形容的「真正以股東優先的美國經理人僅占少數」，而且因為這種系統性缺陷而衍生各種形式的企業弊案仍層出不窮，他一定會感到痛心疾首。

從葛拉漢的著作及他在生涯中為股民挺身而出的事例（例如，在第七章提到的北方油管事件中，葛拉漢為了替股東爭取合理的條件而四處奔走），足證他對於管理階層的詭詐幾乎毫無耐心可言。葛拉漢對華爾街的欺瞞成性更是忍無可忍。比方說，以下這段節錄自《證券分析》的文字，貼切表現出葛拉漢對泯滅良心的承銷商（即募集或發行新股的管理單位）的挖苦態度：「他們大可盡情高估股價，然後頭頭是道地賣股票。一九三三年發行的新股，其股價高估的程度，完全取決於出售機構的良心。」葛拉漢於一九七〇年代初寫下這段話，將近四十年後，他會沮喪（但幾乎毫不驚訝）地發現，華爾街以投資人的長期成本（股市最後會修正一開始的錯誤，股價也會跌回與公司真實價值更相稱的水準），肆無忌憚地追求短線獲利的風氣仍絲毫未減。

葛拉漢對那些負責發行及推銷價格高、品質低的股票承銷商，在一九七三年版的《智慧型股票投資人》寫道：

一九六〇年至一九六一年，及一九六八年至一九六九年這段期間，市場前所未見地大量發行最低品質的新股，以荒謬的昂貴承銷價賣給投資大眾，其中很多股票受到漫天炒作和部分人為干預的影響，股價愈拉愈高。有些頗具分量的華爾街機構，或多或少也有參與這些不太光彩的活動，顯示司空見慣的貪婪、愚昧，和不負責任，還沒有從金融業消失。

厄文．卡恩告訴我，那就是為什麼「為證券安全提倡某種標準要素」，成為葛拉漢對投資金融界最重要的貢獻之一。葛拉漢藉由在投資專業的寫作、演講，以及建立認證機制不可或缺的角色，來達成這項成就。葛拉漢對他那個年代許多華爾街專業人士普遍低落的能力與誠信，極度不滿。的確，關於券商給客戶的建議，葛拉漢在《智慧型股票投資人》注意到，一般的華爾街公司傾注最大的心力，「協助客戶在他們多半會受到數學原理的懲罰而終致虧損的領域（短線交易）賺錢。」這種「短線交易」正好和葛拉漢比較有系統的方法——以長線投資法和「安全邊際」為核心的交易概念形成對比。

一九七三年，葛拉漢和年輕一代的基金經理人代表，曾就此事交換意見。奎爾特（John Quirt）在《機構投資人》（*Institutional Investor*）發表的一篇文章回憶說：

> 葛拉漢詢問某個基金經理人，假如他認為股市即將重挫，對他操盤會有什麼影響？「沒有影響，」對方回答，「我只看相對績效。如果股市大跌，而我的基金跌幅比大盤小，這樣就算過關，我的責任已了。」葛拉漢責備他：「我會寢食難安，你不會嗎？」還有另外一次，一名與會的基金經理人辯稱，他真的分不出投資者和投機者的差別。葛拉漢聲若細蚊地嘀咕說：「這就是問題所在。」

—葛拉漢的公民意識—

值得一提的是，葛拉漢不只關心投資大眾的財產安全，就像他在原物料儲備貨幣方案

（請參考第十章）所展現的，他也很在意整個社會的總體經濟福利，尤其是比較脆弱的部分。葛拉漢的經濟哲學，大約介於卡爾・馬克思和艾茵・蘭德（Ayn Rand）這兩派之間。葛拉漢絕對不同意馬克思認為追求利潤本身代表不公不義和剝削的主張，同樣地，他也駁斥蘭德提倡資本家不必為別人的福利負責、只要為自己謀福祉的觀念。事實上，葛拉漢認為一九二九年的社會動盪，是數十年來自由放任的資本主義毫無管制的後果。當然，就像他在個人事業所展現的創業精神以及他對「賺大錢、花大錢」的企圖心（至少在他年少輕狂的時期），葛拉漢本身絕對是一個積極的資本主義者，他相信美國的「自由企業」制度整體來說是有利的。

不過，葛拉漢也對篤信放縱的資本主義對社會絕對有利者，抱持著懷疑的態度。從葛拉漢—紐曼公司退休後才幾個月，葛拉漢就在一場演說中，針對亞當・史密斯經常被人引用的「看不見的手」這個原理——在資本主義的經濟裡，每個市場參與者都是根據對自己最有利、最終對整個社會有益的動機而做出買賣決策——做出以下的評論：

> （史密斯的「看不見的手」）這個觀點仍然有效，但不是放任主義倡議者所提的那種過度狂熱的方式。現在彼得・杜拉克表達的一個補充性論點，已經可以與之抗衡……「一個政策除非對社會有益，才可能對企業本身有益。」

確實，在社會經濟政策的領域中，葛拉漢是開明利己主義的熱情信徒。作為一個歷史的忠實讀者（尤其是歐洲史），當「社會大眾」的情況惡化到一定程度時，葛拉漢或許會警覺到可能發生什麼事。更明確來說，他認為失業者、未充分就業或陷入困頓的消費者，絕非企業之福。

葛拉漢在同一場演講表示：「我想我們已經發現，政府的基本社會福利活動——著重在各種形式的社會安全，包括失業保險——對企業的價值，多過他們負擔的高額稅金成本。」有別於同時期的許多美國企業人士，當富蘭克林．羅斯福總統提倡更有力的政府規範及干預，而後來幾任總統延續或擴大這項政策時，葛拉漢事實上是感到歡欣鼓舞的。

如同他在一九六二年版的《證券分析》所述，葛拉漢很欣慰看到，在「二次世界大戰後，美國政府承擔了防杜或改善大規模失業的責任。聯邦政府的介入是新的變數，我們認為它對景氣循環和公司價值都具有重要的潛在影響力。」談到如何確保一定程度的社會福祉（尤其是就業），葛拉漢絕對是政府行動主義的堅定信仰者。海耶克可能比凱因斯更欣賞葛拉漢的貨幣主張，但葛拉漢對於總體經濟的一般觀點，與凱因斯的主張更為貼近。葛拉漢曾在一九五六年聲明：「沒有什麼比提升生活水平和窮苦人家的購買力，對整體商業活動更有利。」

關於葛拉漢對這些議題的想法，一九六四年有一份幾乎被世人遺忘的文件，具有莫大的啟發意義。這份標題為《班傑明．葛拉漢對彈性工作制的觀點：失業問題的解套對策》

（*Benjamin Graham on the Flexible Work-Year: An Answer to Unemployment*）的文件，由一個自稱為「民主機構研究中心」的美國智庫出版，文中斷言只要稍微減少每年的工作時數，就能獲得大幅降低失業率的重大成果。

葛拉漢以他一貫有條理和詳盡的風格，為這項假設提出強而有力的說明：「每年縮短五十個小時的工時——相當於每週減少工作一個小時——可讓一九六二年的失業人數減少一半。」並總結說：「假如縮短工時的作法兼具想像力和實用性，並且應用得宜，彈性工作制度應該能給我們控制失業率的力量，而不是受制於失業問題的威脅。」換句話說，藉由縮減支薪的工作時數，僱主將更有能力留下更多員工，因而把失業率降至最低。

葛拉漢自己從工作崗位退下來後，只有一小部分資金仍然投資其他事業，並且分文未取地長期投入於諸如失業率及其對社會上經濟最弱勢成員帶來的影響等問題，足可證明葛拉漢對全體公民的誠摯關心。關於這個議題，從葛拉漢發表的另一段有關彈性工作制度的文章，便可窺見他強烈的社會良知（這個特質同樣決定了他兒子巴茲的人生和事業，他的得意門生巴菲特當然也深受影響）：

> 一九四七到一九六二年，這十五年多以來，（失業）相關的百分比並沒有重大改變。極其不幸的例外是黑人，他們的失業率從百分之五點二上升到百分之十一，而白人的失業率僅從百分之三點二略升到百分之四點九。

大慈善家

一八四四年，狄更斯寫道：「慈善由家庭做起，正義從鄰里開始。」換句話說，大聲疾呼要求社會更樂善好施、更符合公平正義的人們，應該帶頭奉行這些高尚的價值理念。顯然，這位偉大的小說家非常痛恨那些大肆吹噓「社會良知」，但私下卻絲毫未表現出慈善與仁愛的偽善行為。葛拉漢固然有其個人缺點，但任何形式的偽善，絕非他天性的一部分。因此，葛拉漢對社會議題發表的那些熱情激昂的言語，不僅反應出他在財務事項的個人操守，也表現了他異於常人的慷慨大方。

夏綠蒂・瑞特寫信給我時，曾提到她祖父為人慷慨的事蹟：「班傑明每年都會贈與我父母三千至六千美元。每年夏天他們都會利用那筆錢，趁我父親任職時耶魯大學放假時去旅行，經費足夠玩上十個禮拜！」「據我所知，班傑明是公平而可敬的人，他也會給其他成年孩子相同數目的錢。」

當然，葛拉漢對孫兒女也很慷慨，不只是物質方面。Pi（π的發音）・赫塞爾提（她媽媽以數學符號來為她取名）印象中的外祖父「溫和可親」，她記得和他一起玩過好幾個小時有趣的數學遊戲。但是，一九六四年出生的赫塞爾提，只認識晚年的葛拉漢。葛拉漢長女（比赫塞爾提的母親維妮大十六歲）的女兒夏綠蒂表示，雖然「班傑明爺爺」一直對她很好，但是他待人熱誠的程度與日俱增：「隨著我年紀愈來愈大，他對我也益發熱情和慷慨。」

葛拉漢對朋友及漢柏格醫師也同樣慷慨。我在迷人的加州拉荷雅家中訪問漢柏格醫師和他太太索尼亞時，他告訴我一九六一年的春天，葛拉漢如何幫助他們夫婦買下那間房子：

我有一個房貸、一個次級房貸，和一筆五千美元的游泳池貸款。班傑明・葛拉漢那時住在比佛利山莊，不過他經常過來拜訪我們。有一次我身陷絕境時，他向我伸出援手。我的意思是說，我的財務真的有困難時，他借給我一大筆錢。後來我繳清了屋款，順利完成所有貸款手續，把那筆錢還給他。不過在我左支右絀時，他似乎並不指望我會還錢，他一點都不在意。他為人非常慷慨，可是態度一點都不傲慢——他是非常嚴肅的企業家，他認為我的財務行為荒唐可笑！

我詢問厄文・卡恩關於葛拉漢性格中博愛的一面。卡恩詳述葛拉漢參與的種種慈善活動（在康乃狄克州出資蓋非裔美國人的教堂、擔任「猶太盲人公會」的主席等），並且表示「他做了很多慈善工作，捐錢時不分種族。」或許因為他親身經歷過貧窮的痛苦，對葛拉漢來說，除了為自己和家人提供一定程度的經濟舒適外，金錢並非用來炫耀之物；相反地，它提供一個幫助別人的機會。誠如洛溫斯坦所述：「（葛拉漢）把很多錢捐給慈善機構，並且表示死後名下還有超過一百萬美元的人都是笨蛋。」值得注意的是，生前就已經決定將幾乎所有財產捐給慈善機構的巴菲特，也是抱持類似的觀點。

巴菲特對葛拉漢的聰明才智推崇備至，不過，他在一九七七年為《財務分析師期刊》執筆的一篇謝詞中，表示他更欽佩葛拉漢的慷慨大度：

我所認識的班傑明，是我的導師、老闆，和朋友。不管是哪一種關係——我身為他的學生、員工和朋友——他絕對都會毫不保留、義無反顧地大方分享他的看法、時間與心情。如果你需要釐清思路，葛拉漢就是你最好的目的地；如果你需要鼓勵或建議，班傑明隨時等著你。

直到今天，巴菲特仍然驚訝於從前這位導師、老闆和朋友的慷慨無私。巴菲特除了對葛拉漢為人的大方感到吃驚之外（例如，巴菲特夫婦的長子出世時，葛拉漢致贈昂貴的生日禮物），也對葛拉漢熱切分享他大腦的「寶藏」感到震驚無比：

你可以說，班傑明當時在創造自己的競爭對手。當他在紐約金融協會開課時（他時常開班授徒），華爾街人士經常修他的課，就為了想從他舉的案例來獲得選股構想。當然，這麼做會損及自己的收入，但是他毫不在乎……，他從來沒有表示我欠他什麼，當然，我欠他的太多了。葛拉漢吸引人的地方就在這裡，他打從骨子裡就是為人師表。他是一個出類拔萃的奇才，真正是獨一無二的。

的確，葛拉漢的慷慨不限於金錢，他對遭遇困難的人自然而然地感到同情。有時，人們最需要的不是他的錢，而是他的時間和建議。例如，在紐約市顛沛流離的二次大戰德國難民，找到了葛拉漢這麼一位熱心助人、富有同理心、慷慨解囊的朋友。同樣地，卡恩回憶說：「葛拉漢總是向生活艱苦的同事伸出援手，而且永遠是匿名的。」最後這項評論尤其顯示出，對葛拉漢來說，幫助別人本身是目的，而不是討好同儕的手段。

在八十歲大壽的家庭聚會上，葛拉漢發表了簡短但難忘的演說，致詞中有一段向他的英雄班傑明・富蘭克林致敬的內容：「（富蘭克林）擁有一切我所渴望的特質——智力卓絕、勤奮上進、具有創造力、幽默、和藹可親、對別人的錯寬容為懷。不用說，或許我也有和富蘭克林相同的弱點，尤其在兩性平等方面。」

—蒙塵的聖人—

相對於葛拉漢一生在各方面的高尚行為，他在「兩性平等」的弱點，明顯無可否認。不過，我相信任何客觀的人，只要檢視過所有證據後，都很難歸納出葛拉漢是「壞人」的結論。即便是羅達——曾表明自己鄙視葛拉漢對艾絲提的所作所為——也證實她這位已故表哥的職業道德實在無可挑剔的不爭事實。羅達曾經提到，只要談到和金錢有關的一切事務（或涉及任何方面的經營業務）：「他對於正直絕不容有半點妥協。」

班傑明．富蘭克林的自傳（葛拉漢最喜歡的其中一本書），有一段關於正直的名言，正好和葛拉漢的泰半人生觀點不謀而合：「我愈來愈相信，人與人之間的交往，坦率、真誠與正直是幸福人生最重要的東西。」除了比較激烈的「北方油管事件」之外，大家都很好奇，葛拉漢是否曾經和其他人有過如此的唇槍舌戰（女人，尤其是他的老婆們，就另當別論了）。

巴菲特一九七六年於《財務分析師期刊》寫給葛拉漢的謝詞中，特別提到葛拉漢在死前不久，曾說過一段發人深省的話：「幾年前，當時將近八十歲的班傑明．葛拉漢，跟朋友表示他希望每天都能做一些傻事、一些具創意的事，和一些慷慨的事。」一九八七年十一月，《財星》雜誌刊出一篇文章，標題是〈價值投資之父〉（*Father of Value Investing*），談到葛拉漢的投資觀點如何變得風靡一時。《財星》雜誌的筆者引述葛拉漢上述關於傻事、創意，和慷慨之說，並輕描淡寫地提到葛拉漢的風流成性，語帶調侃地說：「發明證券分析和價值投資，是葛拉漢展現創意和慷慨最有力的證據。那麼傻事呢？葛拉漢通常起床前就把傻事辦完了。」這番話雖然幽默，但是戲謔背後暗諷葛拉漢具有雙重性格，便有失準確了。

事實上，將葛拉漢視為具有某種「化身博士」（Jekyll and Hyde）性格，認為當他離開辦公室（或教室），他的善念就會消失於無形，只要一踏出大門，就會變回邪惡和罪惡的一面，這種說法是非常不公平的。真正的事實遠比這種英雄／壞蛋的二分法來得細微多了。

在某些個人關係中，葛拉漢也許感覺有點冷淡。此外，在與艾絲提的相處中，他顯然極度漠視妻子的感受和她比較保守的婚姻觀；和海柔爾那段婚姻，可能是妻子率先「出軌」，從道德的角度來看，情況就複雜多了。然而，就我所知，縱然和海柔爾有過口角，葛拉漢從未對他的兒女或配偶施加過任何語言或肢體暴力。此外，雖然葛拉漢不是那種最擅於表達情感的人，但是他付出真心的努力，和所有子女維持緊密的關係。

因此，即便葛拉漢在一家之主的角色相對較為失敗，但他絕不是壞蛋。總的來說，葛拉漢既非「天使」，也不是「魔鬼」。但是，持平而論，他的行為值得讚揚的部分，遠遠多於該受的譴責。誠如瑪喬里告訴我的，關於她的雙親葛拉漢和海柔爾：

我現在對他們的觀感比以前正面多了。小時候，父母不合讓我很不開心，但是回過頭看，我想，他們兩個都是了不起的人。他們在這個世界各司其職，以各自的方式參與奉獻，努力幫助這個世界變得更美好，不只是為了他們個人，也為了身邊的人、與他們共事的人，還有那些受到他們幫助的對象。

當然，葛拉漢在許多領域和應用層面留下的專業遺產，其持續滾出的「紅利」，是葛拉漢確實「幫助這個世界變得更美好」的進一步證明。我們在下一章將深入探討這點。

第十五章

燦爛如新的投資哲學

人生最後幾年，葛拉漢飽受諸多健康問題所苦。這段時期曾去拜訪的布蘭帝，記得葛拉漢罹患了痛風。葛拉漢的朋友和同樣住在拉荷雅的居民漢柏格醫師解釋道：「痛風引發葛拉漢的腎出問題，葛拉漢有腎臟疾病、攝護腺肥大症，和高血壓性心臟病。」漢柏格醫師回憶起自己如何成為葛拉漢非正式醫師的過程：

我是班傑明的祕密武器。我本身是小兒科醫師，因此我對他沒有個人責任，但我們和瑪喬里一家的關係十分密切，後來也和葛拉漢形同家人。因此，身為家族的成員，不管發生什麼事，葛拉漢從來不打給他的醫師，但他會打給我，然後我會聯絡本地的內科醫師，他是我一個很好的朋友，由他負責替葛拉漢診療。

這麼多種症狀，必須進行複雜的療程，準確平衡各種用藥來施予治療。漢柏格醫師回憶，葛拉漢身體有很多毛病，至少在他與瑪露分配時間往返拉荷雅和普羅旺斯的那幾年，顯然是因為負責照顧他的普羅旺斯醫師，沒有能力妥善控制用藥平衡而造成的：

他總是生龍活虎地去法國，回來時卻一身是病。他在接受毛地黃治療，而毛地黃的劑量控制必須非常精準。毛地黃毒素是一種心臟用藥，法國醫生從來不做劑量調整，所以他回家的時候，都因為沒有服用足量的毛地黃而引發心臟衰竭。那些醫生根本就沒有費心幫他做好控制。他去法國的時候，瑪露會帶她特別親信的醫生回家。法國醫生的好處是，他們會到病人家裡問診，而現在美國醫生已經不再出診了。不過，美國醫生的醫術高明，而法國醫生的醫療水準卻是差勁透頂。假如事實不是如此，我不敢這樣大聲說出來。至少對葛拉漢來說，法國的醫療照顧糟透了，所以他每次都是病懨懨地回來。每隔六個月，他就會拖著病體返家。我的內科醫生和我都要花三到六個禮拜，才能讓他恢復健康。

—「或許，是時候送我走了」—

葛拉漢的健康危機大部分都發生在法國，或從法國回來後不久，看來這位退休長者在海外並未受到妥善的照護。確實，其他人也注意到，漢柏格醫師絕對有好幾次救了葛拉漢一命。有個例子發生在一九七〇年。那時候，這名拉荷雅的小兒科醫師在加州大學聖地牙哥分校（UCSD）擔任醫學院院長，該所學校在整個聖地牙哥郡擁有多家醫院，因此漢柏格醫師具有顯赫的地位。

一九七〇年，他從法國回來的那次，他的情況危急到內科醫師馬上把他送來我的醫院。就這樣，班傑明住進了十一樓的病房——唯一有私人病房的樓層，其他樓層都是公共的。這家醫院是加州大學聖地牙哥分校位於希爾魁斯特（Hillcrest，聖地牙哥中部一帶）的附設醫院。我走進病房說：「班傑明，我來了。」他大汗淋漓、呼吸困難、用力喘著氣，確信自己就快死了。於是他說：「或許，是時候送我走了。」我告訴他：「錢的事我什麼都不懂，但你對於醫學也是一無所知。你只需要在這裡接受幾天的治療，就可以像重獲新生那樣健步如飛。」就跟我保證的一樣，三天內，他就活蹦亂跳地回到了拉荷雅。

葛拉漢是古代斯多噶派大哲學家的終生信徒，尤其崇拜奧里略（Marcus Aurelius）。他在一九五七年寫下的短文〈自畫像〉（*Self-Portrait*）中說，從年輕開始，他就一直將禁欲主義當作「上帝捎來的真理」那樣信奉。斯多噶學派的核心精神，是接受自己的命運，絕不怨天尤人。比方說，如果一個人晴天出門散步，卻突然下起雨來，這時他可能會滿腹牢騷地認為「真不公平，我才正要享受大好時光……」相反地，斯多噶學派的反應，就是接受現況，盡所能去適應它。在前面敘述的健康危機中，葛拉漢坦然接受他相信自己大限已到的事實，沒有表現出絲毫的痛苦或抱怨，就是葛拉漢忠於自己信仰的最佳例證。

確實，儘管身體有許多毛病，葛拉漢仍努力享受他的晚年餘生，或許過得比人生任何時期更快活。引用瑪喬里的話，她表示父親「最後幾年是他最開心的一段日子。他變得更溫暖……，家人都團聚在他身邊……，但不只是基於責任，我們對此都很期待。」葛拉漢的孫女夏綠蒂，對於祖父愈來愈親近人群，和我分享了一段愉快的小插曲：

一九七〇年或一九七一年，我、派翠克（後來成為我第一任丈夫）朋友賈克・舒伯格，在前往墨西哥的途中開車經過拉荷雅。爺爺帶我們三人到「安東尼魚洞餐廳」（Anthony's Fish Grotto）——拉荷雅市中心一間很棒的海鮮餐廳吃午餐。他對我朋友的名字有一番幽默風趣的妙語。當然，爺爺一如往常，滿懷喜悅地付了帳單。

—市場先生的召喚—

葛拉漢一九七〇年的入院格外引人矚目，因為那次驚動了巴菲特前往探視。同一年，巴菲特同意協助葛拉漢準備第四版的《智慧型股票投資人》——這本書後來在一九七三年出版。葛拉漢自從編修完第四版的《證券分析》之後（一九六二年出版），就很少發表對市場的看法，寧可將他驚人的智力和寫作技巧用在像「彈性工作制」等議題、西班牙小說《劫後餘生》（*The Truce*）及各種希臘古典文學的英文翻譯（例如羅馬詩人奧維德的作品），和琳瑯滿目的工作計畫，包括相當大比例的回憶錄內容。在那八年期間，葛拉漢似乎盡量避開股票市場，以追求知性與藝術的最大滿足。

是什麼因素重燃葛拉漢對股市的興趣，原因並不是很清楚。當我請巴茲談談這時期的葛拉漢，他說：「我並沒有感覺他想大肆宣傳自己，或提高他留給後世的遺澤之類的。」相反地，葛拉漢沒有向別人宣揚他的理念，反而是別人來尋求他的建議。如巴茲所述：「那些年，很多人帶著各種想法和資金來找他。對我父親來說，我想在他眼中的股票市場，只是使他樂在其中的智力挑戰之一。」儘管健康情況日趨棘手，葛拉漢在金融投資方面所做的最後智力衝刺，成為他一生中創作力最旺盛的時刻。完成《智慧型股票投資人》第四版的編修工作，就是他這時期最重要的成就。

不過，一九七〇年代的初期，葛拉漢也投入相當多時間在準備第五版的《證券分析》，可惜並沒有在他死前完成（直到一九八八年才出版）。此外，葛拉漢也找時間構思和測試一些新的投資技巧。其中最著名的，就是在他過世前幾個月，和里亞（James Rea）——加州基金經理人，葛拉漢和他在加州大學洛杉磯分校一起開了幾門金融投資課程——共同成立了一個新基金。但是，這檔命名為「里亞—葛拉漢」的基金（Rea-Graham Fund），結果因為名字取得不好而出師不利，基金成立不久葛拉漢就去世了，後來的績效表現也不佳。

一九九九年的《富比世》雜誌有一篇文章，就對「里亞—葛拉漢基金」（後來改名賣掉了）進行評估，並總結說：「這檔基金毫無價值……，它勉強維持百分之七的平均年報酬率……，一九八〇年代末期，基金最大的資產規模也僅五千萬美元。」此外，評估當時經理人最近一次交易，《富比世》反問，「價值型投資人會買這種股票嗎？混合兩種不同投資風格的基金要怎麼操作？這真是，假如葛拉漢泉下有知，肯定也會死無寧日。」所幸，另一名打著葛拉漢名號的西岸投資人，比較忠於葛拉漢的投資哲學，因此操盤成果更能呈現葛拉漢的遺風。

—葛拉漢門徒現身—

一九六〇年代中期，在匹茲堡土生土長的布蘭帝搬到西海岸，在聖地牙哥州立大學攻讀研究所。一九七一年，他在「羅伯特—史考特公司」（Roberts, Scott & Co. Inc.）擔任股票經紀人——該公司隸屬紐約證券交易所旗下成員，坐落在拉荷雅鬧區心臟地帶的展望街，剛好和葛拉漢與瑪露的拉荷雅公寓只隔幾條街。葛拉漢受到那年他為第四版《智慧型股票投資人》所做研究的激勵，決定進行自一九五六年後即很少見的買股動作。他快步走到「羅伯特—史考特」辦公室，一個年輕人為他下單買進「國際普仕多工業」（National Presto

Industries）的普通股（葛拉漢在第四版的《智慧型股票投資人》特別以這家公司為例，提到它當時「淨值」具有吸引力的投資機會）。現在已是聖地牙哥億萬富豪的布蘭帝向我表示，回想起來，這段看似與年長的葛拉漢不期而遇的邂逅，令他終身受教，成為他事業上最具里程意義的一刻。

> 他買進國際普仕多的股票時，我們交談了起來。他在拉荷雅的艾德茲大道（Eads Avenue）的小公寓有一間辦公室，我曾到那邊和他見過幾次面。我們在他的書房碰面（房裡永遠堆滿了許多書和文件）。無論如何，他絕對很樂意和我分享他的知識。我到那邊向他求教的當下，從來沒想過「哇！這是改變人生的時刻」，不過當然後來確實如此。直到今天，他的投資原理仍然在很多方面都適用。

就像葛拉漢任教於加州大學洛杉磯分校拒絕收取任何一毛錢，他為布蘭帝做的非正式價值投資講座，也完全建構在葛拉漢樂於和別人分享知識的動機上。布蘭帝對這位年老師長的投資原理深感敬佩，進而反覆閱讀《證券分析》和《智慧型股票投資人》，強化自己對葛拉漢投資方法的理解，及如何將它們運用在各式各樣的投資情境。

布蘭帝與價值投資之父巧遇的幾年內，便成立了「布蘭帝投資夥伴公司」。自一九七四年以來，該公司已躍升成為頂尖的全球價值導向投資機構，管理超過三百四十億美元的資金。布蘭帝將基金規模的巨大成長，直接歸功於葛拉漢。在他二〇〇四年出版的《高獲利價值投資法》一書中，布蘭帝寫道：「我非常感激我的恩師——班傑明・葛拉漢。他的基本投資原理，為我的跨國投資成就奠定了扎實的基礎。」布蘭帝至今仍是葛拉漢傑出的西海岸信徒及擁護者。在他的聖地牙哥辦公室總部，布蘭帝將主會議室命名為：「班傑明・葛拉漢會議室」。

─散發慈暉的文藝復興人─

一九七四年五月九日是葛拉漢的八十大壽。祝壽大會提早幾個禮拜舉行（四月十一日），由瑪喬里負責策畫。出席者包括葛拉漢的兒女、孫子女（當時加起來有幾十個人）、瑪露、他的哥哥維克多，以及葛拉漢所說「諸位前來與我相聚的親愛朋友。」當時也有出席的孫女夏綠蒂表示，慶生會在拉荷雅市中心一間華麗的私人包廂舉行。除了家族成員和朋友發表許多感人的演說之外，葛拉漢也做了極為激勵人心的致詞，幸運的是，致詞內容被後人抄寫了下來。

葛拉漢維持一貫的風格，即使在相對簡短的八十歲生日致詞當中，仍然引述了亞歷山大大帝、維吉爾、荷馬、西塞羅、凱撒大帝、拿破崙、丁尼生、班傑明・富蘭克林及馬克・吐滬等各大文學與歷史巨擘的名言。身為出類拔萃的文藝復興人，葛拉漢勉勵他的聽眾，尤其是一大群孫子女，享受文化生活——也就是文學、哲學和藝術。接著他引用羅馬偉大的演說家及哲學家西塞羅的話：「這些學習滋養了我們的青春，撫慰了我們的歲月。」

這場演說最值得注意的，是它坦率的自我反思。儘管嘗過挫折與磨難，但葛拉漢一反孩提時代對未來抱持的灰暗看法，表示自己的人生結局是「成就非凡，甚至是幸福的」。葛拉漢的人生，有輝煌的事業成就（在許多方面），也有不幸的個人悲劇，值得注意的是，到最後，他放棄一九五七年〈自畫像〉中充滿自艾自憐的態度，選擇以知足喜樂來回顧自己的一生。

有趣的是，那篇致詞稿也有別於冷戰時期的末日悲觀思想：「在我看來，這個世界似乎就要隨著雙輪馬車毀滅（一如出租馬車的命運）。」葛拉漢哀嘆道。接著，他表達自己對子孫未來的憂心忡忡。葛拉漢的預測似乎有失準頭。畢竟，相對於他經歷的全球大屠殺年代（一次大戰及二次大戰），和前所未見的經濟大災難（經濟大蕭條），他的子孫一直生活在相對和平繁榮的時期。不過，令人津津樂道的是，葛拉漢本著道德良知，引述了丁尼生一八三三年的詩作《尤里西斯》（*Ulysses*），以「來罷！朋友，追尋一個更新的世界永遠不嫌遲」這種振奮人心的口吻，作為致詞的結語。

—九局下半的再見全壘打—

同年稍後，葛拉漢發表了另一席出色的演說，這一次是在專業場合的致詞。一九七四年九月二十三日，葛拉漢受邀為「特許財務分析師協會」主辦的研討會擔任主講人。不負眾望所歸，他針對「價值的文化復興」（Renaissance of Value）這個講題，做了一次激勵人心、考證詳盡的演講，內容後來刊登在《財務分析師期刊》。

一九七三年和一九七四年，股市經歷了一次最長的衰退時期。葛拉漢把握這個機會，說明有些股票價格在這種特殊的熊市被高度忽略了價值。他表示，創下歷史新低的股價，提供投資人絕佳機會買進「低於營運資本價值的股票」，並指出「有一百檔這種低價股」，就列在一九七四年八月知名的投資期刊《價值線》（*Value Line*）。不過，向來對持債過多及其對股票安全的影響懷有戒心的葛拉漢，對某些債券提出了警語：「我們目前遇到的問題是，所有債券都在賣高收益，但很多公司的債券部位已經過度擴張了。」

這篇講稿獲得《巴隆》週刊的大量引述，並重新印行在當天的財經報刊上。葛拉漢疾呼投資界趁股市低迷時買進體質強健的股票，似乎掀起了超乎他想像的影響力。根據羅威表示，受到「華爾街院長」本人的鼓舞，隨著投資人的活動日趨熱絡，股市表現開始回升：「班傑明激勵失去信心的投資大眾大膽買進持股，引導股票市場走向了復甦。」雖然葛拉漢明確主張買進股價遭到低估的股票（不是大盤指數本身），但值得注意的是，道瓊工業指數在五年期間上漲將近百分之四十，十年期間的漲幅更超過一倍。

—永恆的目光—

一九七四年初，葛拉漢遇到另一次嚴重的健康危機，同樣發生在他和瑪露住在法國的期間。跟一九七〇年那次住院一樣，葛拉漢相信自己最新的併發症將會致命。雖然他再次努力活了下來，不過從他八十歲生日致詞的人生回顧，和最後一次為《財務分析師期刊》撰稿的文章標題〈普通股的未來〉（*The Future of Common Stocks*，一九七四年九月出刊），就可嗅出葛拉漢自知大限將至的端倪。年老力衰的葛拉漢，秉持著深思熟慮的天性，對於這次終將難逃一死有充分的自覺。〈普通股的未來〉一文，讓人感覺到筆者預期多年後將不會對股市發表評論的印象：

> 從我對未來股票的整體選股方法，應該可以清楚看出，我不認為像能源危機、環境壓力、匯率波動這類被大肆宣揚的問題，應該成為決定財經政策的核心要素……，它們對未來的影響若交由經濟學家和股票分析師評估，或許也能獲得和過去這類預測具有相同或毫無準

確度的成果……，因此，根據經驗，股票（近來）受到各式各樣的威脅……，和過去普通股面對及克服的其他障礙並沒有太大不同。

大約十八個月後，一九七六年三月六日，葛拉漢這種大嘆不如歸去的態度更是明顯。在接受《財務分析師期刊》的特許財務分析師巴特勒（Hartman L. Butler Jr.）專訪時，葛拉漢表示，「華爾街一點都沒變。這一刻顯得過度樂觀，下一刻又變得過度悲觀，然後一再地周而復始。」同時，葛拉漢也表達他對華爾街最激烈的一次批評（如同我們在前一章提過，在他龐大的金融投資著作當中，隨處可見他的嚴詞批判）：「不論華爾街人士將來有什麼行為，我對他們都沒有信心。我認為這個貪婪的行業——這個存在過度希望與恐懼的行業——只要有人類，就會與我們同在。」葛拉漢的「永恆觀點」，以及他對華爾街的深切懷疑，隨著他生命走到盡頭而益發熾烈。

—真正的智者—

在後半段的人生中，當愛因斯坦不再認同自己的理論時，這位古怪的物理學家不惜放棄甚至懷疑它。例如，一九二六年，愛因斯坦向一個朋友抱怨物理學的某個「新論點」，朋友指出愛因斯坦抱怨的其實是「你在一九〇五年發明的理論！」對此，愛因斯坦反駁道：「一個好的笑話不該說太多次。」顯然，到了一九二六年，愛因斯坦認為自己的特別相對論是「一個好笑話」。他對許多事物的思想，發生如此劇烈的改變，使他開始質疑乃至於輕視過去的結論。在愛因斯坦多采多姿的知識生活中，他經歷不只一次這樣的過程。

誠如傳記作家艾薩克森（Walter Isaacson）在《愛因斯坦：他的人生他的宇宙》（*Einstein: His Life and Universe*）一書所澄清的，這位諾貝爾獎得主對這些觀點的「一百八十度轉向」，尚未證明其正確性。不過，這種為了追求更崇高的真理，不惜和過去支持的理論切割（尤其是自己提出的理論）的決心，展現出真正的智者風範。也就是，對真正的智者來說，追求知識的主要目的，在於尋覓更偉大的理解，而非個人名利。

被厄文・卡恩形容為擁有「絕對客觀」大腦的葛拉漢，就是這種追求純粹知識的典範。風燭殘年的葛拉漢，對自己的理論進行了一次重大的「一百八十度轉向」。到了一九七〇年代中期，葛拉漢已經不再相信《證券分析》或《智慧型股票投資人》提出的完整選股方法，是對絕大多數的投資人最好的方法。臨終前不到七個月，葛拉漢向《財務分析師期刊》的特許財務分析師巴特勒坦承：「這麼多年來，對我傾注全力所完成的證券分析細節，我已經失去大部分的興趣。我覺得它們不是那麼重要，因此我在一定程度上，反對整個（財務分析）產業的發展。」相反地，這位促使個別股票選股法受到大眾愛戴的投資大師，現在轉而偏好他形容為「簡單明瞭的投資方法」。

這個方法根據「幾個簡單的標準」，評估遭到低估的一組股票（例如股價低於帳面價值百分之六十七以下的股票），「不看產業別，也不必刻意關注個別公司。」就像他在一九七六年接受《醫療經濟學》（*Medliceal Economics*）專訪時所透露的：

過去幾年來，我一直在測試根據幾個簡單的標準選擇價值低估股的結果。我的研究顯示，應用這個方法建構出來的投資組合，長線的投資報酬率是道瓊工業指數的兩倍。

然而，就跟愛因斯坦的晚年觀點不如早年突破性的理論那樣有魅力，對專業投資人和新手投資人來說，葛拉漢流芳百世的地位，同樣是由他早年發明的證券分析及選股方法所奠定的。在二〇〇七年波克夏・海瑟威的年度大會上，巴菲特告訴波克夏的全體股東：「我在十九歲的時候，讀了《智慧型股票投資人》；到了七十六歲，如今我所做的事情，就是重溫十九歲時我讀這本書所學到的相同思考過程。」不過，無論葛拉漢晚年的結論是否正確，他挑戰自己智慧遺產的決心都是值得敬佩的。

堅持逆向思考到最後

除了對華爾街普遍抱持的懷疑態度之外，葛拉漢對於成為許多學術人士和投資人信仰的「效率市場假說」（Efficient Market Theory）也沒有什麼熱情。就像他告訴巴特勒先生的：

這些人（效率市場假說支持者）聲稱，如果他們對於效率市場的基本論點是正確的，那麼投資人該做的，就是設法研究股票價格行為，想辦法解讀股價走勢來獲利。對我而言，這不是個鼓舞人心的結論，因為如果說我在華爾街這六十年來有什麼心得，那就是人們並不能成功預測股票市場的變化。

在那次的訪談中，葛拉漢的反對立場仍然堅不可摧，一如他敏捷的機智：「過去幾年來，有這麼多大型企業經營到每年虧損五千萬美元或一億美元，實在令人咋舌……，你一定是天才，才有辦法虧那麼多錢。」從巴特勒先生發問的恭敬態度（您是什麼時候決定執筆撰寫《證券分析》這本經典教科書的？），以及葛拉漢在年度會議獲頒「財務分析師協會」象徵最高榮譽的莫洛多夫斯基獎（Molodovsky Award），便可充分顯示葛拉漢在投資界的崇高地位。CFA 協會表示，莫洛多夫斯基獎是頒給「對於改變（財務分析師）專業發展方向，及提高成就標準具有傑出貢獻的個人」。

—寧靜辭世—

結束「價值的文化復興」這場備受讚譽的演講約兩年後，一九七六年九月二十一日，葛拉漢在瑪露位於普羅旺斯艾克斯的家中，安詳地在睡夢中與世長辭。漢柏格夫婦表示，葛拉漢送入火化前，家人根據他的臉型訂製了一頂死亡面具（可能交由瑪露收藏）。葛拉漢的骨灰被運回美國，葬在紐約市北方一處猶太墓園，長伴在他「最貼心、最勇敢、最心愛」的艾薩克・牛頓・葛拉漢（又稱大牛頓）身旁。（小牛頓則與葛拉漢家族葬在同一個墓園，與葛拉漢的兩個哥哥、母親及其他親戚葬在一起。）

同年十月十日，厄文・卡恩在哥倫比亞大學這個對葛拉漢一生意義非凡的地方，為葛拉漢策畫了一場追思會。這所常春藤盟校不僅是葛拉漢的母校，也是他幾乎終其一生宣揚及精鍊其投資方法的講堂。幾個月後，厄文・卡恩及羅伯特・米奈用以下這段文字，來描敘那場追思會：

上百名班傑明的老朋友都來了——他的事業夥伴傑若米、哥倫比亞大學校長、威廉・麥基爾、大衛・陶德、詹姆士・邦布瑞特教授、班傑明五十年的老同事，眾多投資圈及學術界的人士。葛拉漢生前各界的朋友也都有出席。康乃狄克州橋港市的錫安山浸信教會一組十人的信徒，特地來向這位幫助他們能在自己的教堂做禮拜的陌生人致意。

—複利效應：如雪球般愈滾愈大的影響力—

葛拉漢的房地產價值，估計約有三百萬美元（我們在前一章提過，根據洛溫斯坦的說法，葛拉漢死前就已經將大部分的財產贈予出去）。羅威表示，葛拉漢把大部分的錢遺留給他第三任妻子艾絲提。不過，薩奈特醫生提到，葛拉漢在過世前很久，就已經付了一筆一百萬美金的贍養費給艾絲提。不論如何，瑪露可能有分到一部分的財產，加上拉荷雅的公寓，以及葛拉漢更早之前買給她的普羅旺斯艾克斯的房子。

葛拉漢的女兒瑪喬里、伊蓮和維妮，可能也有獲得一部分的遺產。那個時候，維妮已經被診斷出罹患癌症；不幸的是，她父親去世後不到三年，她也不敵病魔而撒手人寰。巴茲獲得葛拉漢的版稅繼承權，他告訴我，這些年來的版稅收入非常可觀，他把這個功勞歸功於巴菲特毫不猶豫地為《智慧型股票投資人》宣傳之故。

當葛拉漢所愛的人因為他的財富而富足時，數百萬的投資人也因為他遺留的智慧遺產而雨露均霑。身為一個開創性思想家，葛拉漢在人類重要領域（金融投資界）的影響力，是不可遭到低估的。葛拉漢發揮的影響力，最顯著的例子就是巴菲特現象、CFA持有人數的增加，以及因《證券分析》、《智慧型股票投資人》和許多其他著作的先知灼見而受惠的數百萬投資人。

此外，在財金學界與時俱進的領域中，葛拉漢的地位愈來愈重要。舉例來說，羅爾（Richard W. Roll）——加州大學洛杉磯分校應用財務學的教授，也是《財務分析師期刊》「葛拉漢與陶德最佳觀點獎」最新得主——寫信給我，表示葛拉漢仍然是「財金界的開路先鋒」，而且「在現代資產定價模式（學術）的文獻中，也可以找到葛拉漢／陶德的投資方法」。同時，葛拉漢對其他相關議題的觀點（以最著名的總體經濟學為例），數十年後仍然可以在學術界的最高殿堂及公共政策獲得迴響。

此外，在今天投機與詐騙風氣蔓延而受到危害的投資環境中，葛拉漢樹立誠信正直的專業形象，也成為他極其重要的流風遺澤。嚴守誠信又成就非凡的葛拉漢，堪為年輕投資專家和廣大企業人士的理想表率。

一九九七年，巴菲特對於葛拉漢長期穩健的投資原理，做出以下評論：

對於造成許多投資人和企業人士心有旁騖的政治與經濟預測，我們仍將保持視而不見的態度。三十年前，沒有人能預測到越戰將愈演愈烈、薪資與價格管制、兩次石油危機的衝擊等……，不過令人驚訝的是，這些轟動一時的事件從未讓班傑明・葛拉漢的投資原理受到絲毫損傷……，恐懼雖然是盲從者的敵人，但卻是基本教義派的朋友（即對於葛拉漢基本原理深信不疑的投資人）。未來的三十年，一定還會發生一連串不同的重大事件，我們不會試圖去預測它或是從中獲利。

如同巴菲特及許多成功價值投資人的熱烈迴響，即便二十一世紀初遭遇到重大的政治、軍事和經濟「衝擊」，葛拉漢的投資原理仍然屹立不搖。事實上，它們不僅屹立不搖，而且應用層面不斷擴大，不但突破規模和疆界的限制，更跨越了學術範疇。例如卡蘭朵（Joseph Calandro）二〇〇九年的著作《應用價值投資》（*Applied Value Investing*），就將葛拉漢的投資原理，應用在企業併購、另類投資，及過去未曾普遍應用的現象。

二〇〇五年，在回應「我們今天還能找到班傑明・葛拉漢嗎？」這個問題時，巴菲特表示：「你不需要第二個班傑明・葛拉漢，也不需要第二個摩西；現在世上只有十誡，我們還在等待第十一誡，而葛拉漢的投資哲學將會永存於世。」葛拉漢的墓誌銘，呼應他八十歲生日致詞的結語，引用了丁尼生《尤里西斯》的詩句「永不低頭」（And Not To Yield），這四個字刻印在墓碑上，就在生卒年下方。顯然，葛拉漢的智慧遺澤也絕對不會低頭。就像所有以書立言的先知智者，葛拉漢的智慧之光將會永遠閃耀。

新商業周刊叢書　BW0486

葛拉漢永恆的投資智慧

The Einstein of Money: The Life and Timeless Financial Wisdom of Benjamin Graham

作　　者／喬・卡蘭（Joe Carlen）
譯　　者／黃怡芳
企劃選書／陳美靜
責任編輯／簡翊茹
版　　權／黃淑敏
行銷業務／周佑潔、張倚禎

總 編 輯／陳美靜
總 經 理／彭之琬
發 行 人／何飛鵬
法律顧問／台英國際商務法律事務所　羅明通律師
出　　版／商周出版
臺北市104民生東路二段141號9樓
電話：(02)2500-7008　傳真：(02)2500-7759
E-mail：bwp.service@cite.com.tw
發　　行／英屬蓋曼群島商家庭傳媒股份有限公司　城邦分公司
臺北市104民生東路二段141號2樓
讀者服務專線：0800-020-299　24小時傳真服務：(02)2517-0999
讀者服務信箱E-mail：cs@cite.com.tw
劃撥帳號：19833503
戶名：英屬蓋曼群島商家庭傳媒股份有限公司城邦分公司
發　　行／英屬蓋曼群島商家庭傳媒股份有限公司　城邦分公司
訂購服務／書虫股份有限公司客服專線：(02)2500-7718；2500-7719
服務時間：週一至週五上午09:30-12:00；下午13:30-17:00
24小時傳真專線：(02)2500-1990；2500-1991
劃撥帳號：19863813
戶名：書虫股份有限公司
E-mail：service@readingclub.com.tw
香港發行所／城邦（香港）出版集團有限公司
香港灣仔駱克道193號東超商業中心1樓
E-mail:hkcite@biznetvigator.com
電話：(852) 2508-6231
傳真：(852) 2578-9337
馬新發行所／城邦（馬新）出版集團
Cite (M) Sdn. Bhd. (45837ZU)
41, Jalan Radin Anum, Bandar Baru Sri Petaling, 57000 Kuala Lumpur, Malaysia.
電話：(603) 9057-8822　傳真：(603) 9057-6622　E-mail：citek@cite.com.tw

封面設計／黃聖文
內頁排版／菩薩蠻數位文化
印　　刷／鴻霖印刷傳媒股份有限公司
總 經 銷／高見文化行銷股份有限公司　電話：(02) 2668-9005　傳真：(02) 2668-9790
行政院新聞局北市業字第913號

國家圖書館出版品預行編目（CIP）資料

葛拉漢永恆的投資智慧／喬・卡蘭（Joe Carlen）著；黃怡芳譯. -- 初版. -- 臺北市：
商周出版：城邦文化發行，2012.12
面；　公分

譯自：The Einstein of money : the life and timeless financial wisdom of Benjamin Graham

ISBN 978-986-272-282-4（平裝）

1.葛拉漢（Graham, Benjamin, 1894-1976）　2.投資分析　3.傳記

563.5　　101022840

■2012年12月06日初版1刷　　Printed in Taiwan

城邦讀書花園
www.cite.com.tw

定價　420元

ISBN 978-986-272-282-4

商周出版

廣　告　回　函
北區郵政管理登記證
台北廣字第000791號
郵資已付，免貼郵票

104 台北市民生東路二段141號2樓

英屬蓋曼群島商家庭傳媒股份有限公司
城邦分公司　收

請沿虛線對摺，謝謝！

商周出版

書號：BW0486　書名：葛拉漢永恆的投資智慧　　編碼：

請於此處用膠水黏貼

商周出版

讀者回函卡

謝您購買我們出版的書籍！請費心填寫此回函卡，我們將不定期寄上邦集團最新的出版訊息。

姓名：________________　性別：男　女

生日：西元________年________月________日

地址：________________

聯絡電話：________________　傳真：________________

E-mail：________________

學歷：1.小學　2.國中　3.高中　4.大專　5.研究所以上

職業：1.學生　2.軍公教　3.服務　4.金融　5.製造　6.資訊

7.傳播　8.自由業　9.農漁牧　10.家管　11.退休

12.其他________________

您從何種方式得知本書消息？

1.書店　2.網路　3.報紙　4.雜誌　5.廣播　6.電視

7.親友推薦　8.其他________________

您通常以何種方式購書？

1.書店　2.網路　3.傳真訂購　4.郵局劃撥　5.其他______

您喜歡閱讀哪些類別的書籍？

1.財經商業　2.自然科學　3.歷史　4.法律　5.文學

6.休閒旅遊　7.小說　8.人物傳記　9.生活、勵志　10.其他

對我們的建議：________________

____

____

____

請於此處用膠水黏貼